初心

「市民のための裁判官」として生きる

Toshihiko Morino
森野俊彦

日本評論社

はしがき

私は、裁判官を四〇年余り勤め、六か月の休養のあと、私立大学の法科大学院の実務教育に携わり、約二年後には実務教員と重なる形で弁護士登録し、まもなく実務教員をやめて、その後は弁護士の仕事に専念し、現在に至っている。裁判官時代は、「仕事に没頭した」というと嘘になり、テニス、プロ野球観戦、読書などの息抜きにも精励したが、まとまった文章を書くことはそれほど多くなかった。時間がないというよりは、裁判官の仕事の大部分は、事件の心覚えのための「手控え」にせよ、審理終了後に手がける判決書や審判書にせよ、その作成には相当な労力を費やし、時には精も根も尽き果てる状態になってしまい、とても、「書くこと」に注力する余裕がなかったのである。

もっとも、時には、裁判官の同期会誌や、所属していた青法協裁判官部会の会誌「篝火《かがりび》」に身辺雑記を載せたこともあるが、それは仲間内での近況報告程度のものであって、市民の方に裁判官の考えや意見を申し述べるというものではなかった。さらには、裁判官がその在職中にそうした文章を書いて世間の方に読んでもらうという風潮もほとんどなかった。

私にとって、そうした状況に大変化が起きたのは、一九九九年の日本裁判官ネットワークの発足である。従来、裁判所内において、ともすれば官僚的になりがちな雰囲気を自由で闊達なものにしようと、いろいろな場面で物言う裁判官が少なからず存在し、私も、その人たちの後塵を拝する形で発言を続けてきたが、残念ながら、そこでどれだけ真剣に、あるいは激しく議論がなされても、市民の方々とは無縁の出来事であった。われわれは、それを打ち破るべく、裁判所のことを広く市民の方に知ってもらおうと活動を始め、機会あるごとに市民の方といろいろ話をし、意見を言い合い、時には厳しい批判を受けた。そしてその活動の一環として『裁判官は訴える』という書物を出し、そのなかに市民の方に読んでいただくべく執筆したのが本書第2章の1「現場が好き」である。私にとって世に出した初めての随想であるが、これが機縁となってネットワークからの出版物にとどまらず、他の雑誌からの執筆依頼がくるようになり、折角だからということで「書く」作業だけは間違なく続けた。その結果、内容はともかくも相応の量になったので、このたび、後期高齢者到達の記念として、一冊の本としてまとめさせていただいた。

本書に収めたのは、私のものごころついてから裁判官を終えるまでの半生をコンパクトにまとめたもの、学生向けの法律雑誌に連載した随想、担当した仕事の思い出、実務での困難問題に対する相応の解決策の提示、興味と関心から市民の方と一緒に考えた陪審制度や裁判員制度のこと、裁判官当時に「裁判官の状況」について考えたこと、退官後少し時が経過した時点での裁判所に対する感慨など、テーマとしていささか拡散しているが、その折々の所産としてご容赦願いたい。なお、始めに「私の半生」から読んでいただければ、裁判官の仕事なり転勤生活の実情なりについて理解が得られやすいと思う。

書名についてひとこと。「市民のための裁判官」という言葉を採用するについては、編集者の方々と話し合った結果であるが、私として忸怩たる思いもある。しかし、その昔、私の一〇年後輩ながらその感性と識見を敬服してやまないN裁判官が、判事任官まもなくの（大阪から地方の支部への）転勤の挨拶状に書かれた「『市民のための裁判官』を目指して頑張る」との一文に接して以来、私も彼のひそみに倣って今後二〇年余の裁判官生活を歩もうと決意したことを思い出し、ともかくもその気持ちを大きく変えることなく裁判官生活を全うした褒美として、使わせていただくことにした。

令和四年六月

著者

目次

第8章　出会った人々

23期裁判官としてともかくも生き延びて

読者の理解の便宜のために、最初に主な経歴を示します。私の裁判官としての経歴は、すべて裁判だけに関与し、所長・支部長の経験が全くないのが特徴（自慢）です。

昭和四六年四月大阪地裁判事補　↓四九年四月広島家地裁尾道支部判事補
↓五二年四月大分地家裁判事補
↓五五年四月大阪地裁判事補大阪高裁判事職務代行〈昭五六年四月大阪地裁判事〉
↓五八年四月佐賀地家裁判事　↓六二年四月松江地家裁判事
↓平成三年四月大阪地家裁堺支部判事　↓八年四月大阪家裁判事
↓一一年四月和歌山家地裁判事　↓一五年四月京都家地裁判事（七月京都家裁判事部総括）
↓一八年四月大阪高裁判事　↓平成二一年二月福岡高裁判事部総括↓二三年九月定年退官

1　司法修習生になるまでのこと

私は、父・工業高校の教師、母・普通の主婦の間に、その長男として生まれた。父親は、経済的理由で大学教育を受けられなかった無念さを梃に、私と三歳下の二男の教育に全精力を投入することによって自分の夢を託した。兄弟のどちらかが医師、他方が法律家（当初は弁護士）になってくれれば思い残すことはないと、ことあるごとにいっていた。

私は、ものごころがついたころ父の望みを知ったが、小さくない問題が生じた。五歳ころから小児喘息が出るようになり、発作が時々ひどくなっては、父の背中に負われてかかりつけの医院の扉を何回もたたくことになった。父の背に負ぶさりつつ、息を吐く苦しみに耐えながら、子どもごころに、この苦しみを緩和する治療法を見つけ出すために医者になることが自分の宿命かなと思ったりした。しかしながら、越境入学までして入った高校において、物理の授業に全くついていけず、理科系は無理とあきらめ、それではと社会の医者たる弁護士になろうと決意し、大学法学部を目指し、受験した。本当は京都大学に行きたかったが、親元を離れたり、大阪市港区の市営住宅から遠距離通学したりするのは身体的に無理ということで、大阪大学を選んだ。大学に入って一年目から、ひとりで司法試験の基本書を読みつつ、味気ない文章にあきては、岩波新書の戒能通孝『裁判』、上田誠吉・後藤昌次郎『誤った裁判』、大内兵衛・我妻栄『日本の裁判制度』、光文社（カッパ・ブックス）の正木ひろし『裁判官』などを読み漁った。一方で、ドイツ文化研究会に入ってドイツ文学に親しんだ。

大学在学中のあるころ、前記した正木ひろし弁護士が大学に講演に来られ、広島高裁がそのころ言渡した八海事件の有罪判決を酷評し、「日本の裁判所で冤罪が起こるのはなぜか。それは日本の裁判官の心が真っ黒だから」と言い放った。私はそれを聞いて、学生ながら、勇気を振り絞って質問した。「それでは日本の裁判はいつまでたってもよくならないのでは」と。これに対して正木氏は「そうなんだ」と答えるのみで、打開策は示されなかった。その時点で、私の心の片隅に「それなら自分が裁判官になってやろう」という気持ちが芽生えた。

大学四年生の秋、その年受験した司法試験で短答式は合格したものの論文式の出来が苦手の商法で失敗したため芳しくなく、さりとて浪人生活も心身が持たないと考え、恩師の中野貞一郎教授の誘いを受けて大学に残ろうと思っていたところ、幸運にも合格の通知を受けた。

2 司法修習生時代のこと

司法修習生としての生活は、ほかの同期の方々と同様で、改めて記すべきことはないが、初めて親元を離れての生活は楽しかった。喘息も大きな発作は出ず、青法協にも誘われるままに入った。公害産業である安中の工場見学や、聖路加病院の看護婦さんたちとの交流会、白鳥事件の村上国治元被告の講演会、主催者が違うが、反戦自衛官の小西誠氏の講演会などにも顔を出した。

一九七〇(昭和四五)年になって裁判所がきなくさくなり、青法協会員が裁判官であることは相当であるのかどうかなどが問題となってきた。大阪修習の修習生の間でも盛んに議論され、当時の甲論乙駁が懐かしいが、不思議なことに、裁判所の反動化を非難する方たちのなかで、自ら裁判所に入って裁判所を改革していこうとする者はいなかった。私は、当初目指していた弁護士は体力的に無理と考え、そのころには、裁判官を志望するようになっていた。ちょうど、裁判修習の際の副指導官（民事、刑事とも青法協会員であり、特に刑事は検察官に厳しいとの評判の梶田英雄判事であった。大阪の裁判所にはまだそういうところが残っていた）から勧められたこともあって、任官の意思を固めた。

一九七一（昭和四六）年初頭に話は飛ぶが、裁判官志望者、特に青法協に加入していた者の間で、任官採用面接の際の質問にどのように答えるかが議論になった。「答えたくない」と答えるとか、裁判官になれるなら「青法協に加入していない」と嘘をついてもいいのではないかという意見も出た。結局は各々がその時の自分の気持ちに正直に述べるしかないことになった。

同年三月末、裁判官採用面接に臨んだが、私は、予想もしなかった質問に遭遇した。「裁判官会議でなんでも決めることをどう思いますか」「大阪では、部総括判事を選挙で選んでいるが、その点について意見がありますか」など、未だ裁判所内部の事情に通じていない者に対する質問としてそぐわないもので面食らったが、「裁判所でも民主主義は大事ですので、そうあってしかるべきです」と答えた。裁判官を志すに当たって影響を与えた人物についても聞かれ、私は上記の青法協裁判官の名を挙げたが（ここでは、当局寄りの主指導官の名を出せばよかったかなとちょっぴりだが反省した）、そうした答えをしたためか、面接の終わりに、「君は、同じ主義主張の人たちだけと話をしているようですね。勤務地では、違う考えの方とも話し合った方がいいですよ」と忠告された。勘のそれほど鋭くない私でも、判事補として採用され任地は大阪になることをほぼ確信した。

3　四〇年余の裁判官生活

(1)　初任のころ──独身と新婚時代

裁判官になって大阪地裁の総務課に赴き、着任簿に署名押印して部屋を出ると、件の梶田英雄判事が待ち構えていて、ある書面に署名してくれと要請された。見ると、「宮本裁判官再任拒否について理由開示せよ」という最高裁宛の要望書である。もとより拒絶する理由はなく、友人の新任裁判官（当然同期である）とともに署名した。

これが私の裁判官としての最初の仕事であり、これによって大阪地裁の裁判官の署名は八八名に上った。あとで、君らふたりは必ず署名すると踏んでいたので着任を待っていたのだと聞かされた。着任したその当日において、違う考えの方と話し合えとの忠告を忘れ、同志と目すべき裁判官の列に連なったことになる。自分の裁判官生活がいわゆるエリートコースではない途を歩むことになることを覚悟した。

所属部は刑事裁判官として高名な児島武雄判事が裁判長の刑事一〇部で、これまた高名な石松竹雄裁判長と同室であった。裁判長は、刑事裁判の目的は無辜の発見であることを毎日のように述べられ、検察官が公判に遅刻しようものなら「訴追の意思を失ったのか」と厳しく非難された。検察官の自白調書の証拠調べ請求書に、起訴後の調書がないかをチェックするのが左陪席たる私の仕事であった。

裁判官になって最初の裁判官会議で、「宮本裁判官の再任拒否理由開示の要望」を大阪の裁判所として提出すべきだというのが自由討論として議論された。侃々諤々の議論があって、未特例判事補たる私は、議決権がなく傍聴するだけだったが、そこは自由闊達な大阪地裁のこと、許可を得て発言することができた。私は、勇気を振り絞って、「再任拒否が重大なことはいうまでもありませんが、われわれ同期でも、裁判官になってふさわしい者が大量に拒否されたのを忘れないでください」と発言した。裁判官会議での私の最初の発言で、そのとき膝が強く震えたのをいまでも忘れないが、これが終生の発言癖になってしまうとは思いが及ばなかった。

この「宮本裁判官再任拒否の理由開示」の要望問題は、七月ころ正式の議題とされたが、所長が、高裁に職務代行に出ていた地裁判事まで出席を要請してまで多数派工作をして、採決がとられ、否決された。

その後も、私は（もとより私だけではなく裁判所の民主化を重要視する先輩裁判官もだが）、裁判官会議でしばしば発言した。思うところを素直に述べたつもりであるが、ある時、裁判長から「発言するのはいいが、慎重にするように。俺が発言を使嗾しているように思われても片腹痛いから」といわれたのはショックだった。私の裁判長は、私が主任として御堂筋デモ事件で凶器準備集合罪などに問われた被告らに対して公安条例違反の部分については可罰性がないとして無罪判決を書いたものの、折角の言渡しの際喘息が出て法廷を欠席したとき、「実はこの判決はきょう休んでいる裁判官が書いたのだ」といってくれるほど（このことは塡補で入った同期の裁判官から知らされた）人情味があり、刑事裁判官としても尊敬する方であったが、裁判所という狭い社会では、いろいろなことを気にしなければならないのだということを痛感させられた。

裁判官一年目であるこの年にはさらにいろいろなことが起こった。宮本判事補再任拒否に危機感を覚えた裁判官が結集して全国裁判官懇話会が一九七一（昭和四六）年一〇月に開かれ、われわれの部は裁判長、右陪席ともども三人とも参加した。その際、私は次のとおり発言した。

「新任拒否も再任拒否同様重要な問題であるし、最高裁を信頼せよといわれても、前後のいろいろな動きを見ると無条件に信頼するわけにはいかない。きょう乗車した新幹線から見た富士山は雲がほとんどどかからず澄みわたっていた。最高裁の人事行政もそのように澄み切ったものであってほしい」と述べた。この発言は後に「富士山発言」としてかなり有名になった。

裁判所（司法研修所）の公式行事として、新任判事補研修も行われた。

二三期裁判官は、早くも一年目（一九七一（昭和四六）年）の九月に会誌「碑」（いしぶみ）の創刊号を出すほど連帯感があったが、翌七二年の四月に出された第二号に掲載された「判事補研修雑感」の掉尾に、私は次のような文章を記している。

「私の現在の関心事は、一四期裁判官の再任問題と二四期修習生の任官問題、それに罷免された阪口氏の行く末である。まもなく我々にとって忘れられない四月がやってくる。毎年桜の季節がやってくるたびに悲しい出来事を思い出さなければならないことは私を何ともいえない気持ちにさせるが、七人の任官拒否を受けた我々にとってそれは忘れられないことであり、また断じて忘れてはならないのである」

大阪の二年目が終わるころ、裁判長や隣の部の裁判長と同期（修習二期）の弁護士の娘と結婚した。幸か不幸か、いまも結婚生活が続いているが、この先長い裁判官生活をなんとか乗り切れたのは、ひとえにその妻の叱咤激励と献身のおかげである。忘れないうちにこの段階で記しておきたい。

大阪の三年目は保全部で仮処分事件等を担当したが、若気の至りか、労働者勝訴の仮処分命令異議事件においては、できるかぎり原決定を維持しようとややバイアスのかかった心構えで臨んだことが、いまとなってはなつかしい。

(2) 尾道・大分での判事補時代

三年後大阪から尾道へ、そしてその三年後大分と、瀬戸内海に沿って異動した。赴任地での仕事や生活は、個人としてはもちろん、夫婦さらには家族共同体としてそれぞれに思い出深いものではあるが、裁判官としては定めといえる転勤生活であるので、詳しくは述べず、二、三のことにとどめたい。

尾道在勤中、先に述べた大阪地裁での御堂筋デモ事件の判決起案中に思い悩んだ考えを小論文としてまとめた。報道機関が放映したテレビニュースを録画したビデオテープを裁判の証拠として当然のように利用することについて疑問を感じ、証拠利用が許されるのは無罪立証の場合や、職権濫用罪など公務員の非行に係る犯罪の有罪立証の場合にかぎるという見解を「ビデオテープの証拠利用について」という題で、青法協裁判官部会研究ノートとしてまとめた（法律時報四八巻一号九二頁）。残念ながら、私の述べた結論は、検察官から「報道機関を偏向した政治的立場に位置付けようとするもので賛成できない」などと批判されたが、私としては、報道機関のビデオテープが日常茶飯事的に裁判に利用されることに一石を投じたかっただけで、検察官の批判はもとより覚悟のうえであった。それより私にとっては、小稿であれ、青法協会員として公表したことの方が、裁判所内で旗幟を明らかにしたということで大きな意味を持った。

大分地家裁ではこんなことがあった。他の地方の県庁所在地の本庁と同様、裁判官はすべて地家裁併任であったが、裁判所の司法行政は、常任（常置）委員会で議論され、その諮問を経て所長が決めることになっている。私は、地家裁いずれの常任委員にもなれず、傍聴もその都度許可を得なければできなかった。二度ほどそのようなことがあったのち、所長から、森野君は特例判事補で、裁判官会議の議決権を有するからその都度の許可は必要ないといわれた。当時の所長は、大阪の保全部の総括から大分に来られた方で、私が前記のとおり三年目に保全部にいた時に同じ部屋で仕事をされていて、私が大阪から尾道に赴任する際、折からの国鉄ストのため関西汽船で弁天町から旅立つに際してわざわざ見送りに来てくださった方である。裁判所ではこうした縁がなにがしかの僥倖となって、最高裁から多少ともにらまれている者に対し、立場上正面から支持するとはいえないが、若造の心意気に対して隠れた同志として暖かく応援してくれる方が相当数存在したということである。最高裁の人事方針について異議を述べるところまではいかないのが限界ではあるけれども。

大分では、家事と少年が主な仕事ではあったが、週一回は法廷審理をしたいと希望し、当初の二年間は簡裁の民事事件を、後の一年間は地裁の刑事単独事件を担当した。わずか一年間であったが、自分としては「刑事裁判官」の基礎を固めるつもりで、必死に頑張った。

(3) 大阪高裁と佐賀での民事裁判

一九八〇（昭和五五）年四月、大阪地裁判事補兼大阪高裁職務代行の発令を受け、民事部に配属された。裁判官一〇年目でまだ判事補であるのに、高裁の仕事をすることなど夢にも思わなかった。それも民事担当になるとは。

部総括にそのことを尋ねると、「君は民事に向いている」といわれた。私は、もともと、「真っ黒な裁判所」といわれる裁判所を少しでも改善すべく、「疑わしきは被告人の利益に」の原則を出来るかぎり貫徹しようと意気込んで裁判官になり、初任の二年間刑事裁判官として尊敬しうる裁判長のもと仕事もそれなりに頑張ったのに、いきなり「民事」といわれて愕然としてしまった。裁判官は、普通は民事志望が多く、相対的に刑事志望は少ないので、刑事志望をすると当然に認められると思ったのが甘かったかもしれない。

思い当たることといえば、初任時代、親友の裁判官と、勾留却下率を競い、数ある勾留請求についてかなりの割合でこれを却下するとともに、勾留場所を原則拘置所にしたということ（書記官から煙たい顔をされたのはショックだった）くらいであるが、そういう裁判官を刑事部に配属しない（その典型例はこの間退官された寺西裁判官）のは、あまり世間的に知られていないけれども、大問題といわなければならないであろう。

高裁時代は、仕事に追われる毎日であった。刑事裁判官を目指したといっても、民事が嫌いであったわけではない。民事裁判官として、目の前の事件に必死に取り組んだ。高裁の二年目、いわゆる選挙訴訟で、主任裁判官として担当することになり、行政処分等には裁量があることは認めるけれども、選挙の区分割りは、国会議員のよって立つ基盤であるから裁量を認めるのは相当でないとし、国会は出来るかぎり「一人一票の原則」に近づけるべきある旨判決に明示すべきだと主張したが、裁判長からなぜか「一〇年早い」といわれた。違憲判決（大阪高裁昭和五七年二月一七日判決・判例時報一〇三二号一九頁）

には違いなかったが、不全感が残った。

ここでは、地裁の裁判官会議に毎回出席して、問題と感じればすぐに発言したことを述べておこう。私は高裁で仕事をしていて地裁では全く仕事をしないので、地裁に出向いてまで会議に出席する必要はないのだが、地裁判事補（のちに地裁判事）の辞令があるので、毎月、裁判官会議の通知が必ずくる。私はそれを招待状とみなして毎回出ていっては、時に（かなり頻繁に）発言した。裁判官会議が次第に官僚化していく状況を許せなかったからである。あるとき、重大な事案なのに地裁裁判官がなにひとつしゃべらないので、「このような重大問題でなにもしゃべらず黙っているのはおかしい」と一席ぶったところ、翌日登庁するやいなや、裁判長から「森野君、きのう会議で熱弁をふるったそうだね」と揶揄された。職務代行が地裁に出席して議決権（発言権も当然含まれる）を行使することは、例の再任拒否理由開示要望議案の採決の際に実践された歴史的事実で誰も問題視できないので、地裁所長等からの連絡を受けての教育的指導と推測されるが、裁判所というのはそういう裏手から指図が出ることも少なくない。しかし、私は、そうしたことで、出席や発言をやめるほど「やわ」ではもうすでになくなっていた。

ところで、宮本裁判官の再任拒否を契機に始まった裁判官懇話会は、その後もほぼ二年に一回の割に開かれていたが、このころには司法行政に対する批判や提言ばかりではなく、民事、刑事、家事、少年の各分科会でそれぞれ裁判官を悩ませる実務の問題を議論するようになっていた。高裁の三年目の秋、大阪近辺の裁判官数名が民事分科会のテーマである「民事裁判における事実認定」を担当することになり、若い裁判官（私もまだ若かったが）と一緒になって民事の事実認定を論じ報告書作成に注力した。

議論をともにした裁判官はすでに所長、高裁裁判長などを経て定年退官するに至っているのがほとんどだ。往時茫々、そのころが無性になつかしい。

一九八三（昭和五八）年四月に赴任した佐賀では、引続き、民事裁判を担当した。高裁民事の経験が力となった。ただ慢心して、テニスやカラオケに熱中するあまり、事件を少なからずためてしまった。事件を滞留させたことはこの時が最初で最後であるが、いま振り返っても忸怩たる思いがある。

このころ（昭和五九年一月二三日）、青法協裁判官部会は、青法協本体から分離独立を宣言し、翌六〇年八月「如月会《きさらぎ》」と改称されて再出発した。時代の流れといえばそれまでかもしれないが、私を含め、歯がゆさと一抹の寂しさを味わった者が少なからずいたことは記憶されるべきであろう。

そういえば、佐賀に勤務していたちょうどその時期に、青法協に所属していた、かなりの数の裁判官が阿蘇山のふもとに集まって（たまたま妻も参加した）合宿した夜、真剣に話しあったことを忘れることができない。これまで裁判所の民主化のために先頭に立って闘ってきた先輩裁判官が、このままでは地裁の裁判長になれないことが予想され、社会的に重要な裁判に関与できない可能性が高いので運動から撤退したいと発言されたのである。私が兄事する方であったので、驚くとともに無念な気持ちでいっぱいになったが、官僚化が進む裁判所において民主化運動に邁進することとその裁判所で社会に影響を与える判決を生みだす主体になることの双方を果たすことの困難さを象徴した一幕であった。

(4)　刑事裁判を担当した松江時代

一九八七（昭和六二）年四月松江に異動した。前年末、いわゆる年内内示があり、大阪に帰れると思っていた希望はあっけなくついえた。義父の「人生至るところ青山あり」の言葉に励まされて異動を承諾し妻と子ども二名を帯同しての山陰での生活となったが、所属は刑事であった。てっきり民事の仕事が続くと思っていたが、なんでも同時に松江に赴任した右陪席相当の裁判官が「刑事は絶対いや」と民事に固執したため、そのあおりで刑事部所属になったらしい。私は久しぶりの刑事裁判を喜んだ。

松江では、無罪が争われている幼児強姦殺人事件が係属していて（すでに六年余り経過していた）、その審理と評議に腐心した。裁判長は東京出身で、私とは三期しか違わない方であったが、刑事事件には自信をもっておられ、毎日のように（官舎が一緒であったため土曜休日を厭わず）合議がなされ、結局（平成二年三月一五日）無罪判決を言い渡した。判決文は判例時報（一三五八号一四頁）にも掲載されているが、「疑わしきは罰せず」の好個の判決といってよく、末尾の文章を読むだけでもその苦労が分かるというものであった。

単独事件では、町議会議員の選挙違反（買収）事件が忘れられない。いわゆる百日裁判で、迅速審理が要請される事案ゆえ、かなり無理をしてほぼそれに近い期間で有罪判決にこぎつけた。しかし、それは審理のなかで、私が検察官以上に証人や被告人に対し積極的に質問したり追及したりした結果であった。有罪判決はそのまま確定し、議員は失職したが、私は、思いどおりの審理をなし得たことに相応の満足感を覚えた。けれども、一方でそうした法廷の主宰者として振る舞った当の本人が悩むことなく有罪判決をしてしまったことになぜか後ろめたさを感じ、これがひとつのきっかけとなって、アメリカの陪審裁判に興味を持ち始めることとなった。そうした顛末については、後に、「陪審制度のもとにおける裁判官」（佐伯千仭ほか代表「陪審制度を復活する会編著『陪審制の復興』信山社・二〇〇〇年所収）

という小稿で触れることとなった。
松江でも喘息発作が時々でていたが、折悪しく県内の温泉で開いた裁判官会議の夜にも出て、所長や他の裁判官に心配と迷惑をかけた。再発を憂慮した所長が週一度の出雲支部填補を取りやめるなどの配慮をしてくれ、その気配りには感謝しかないが、その所長が、私が体力に自信を失いかけて「郷里近くで簡裁判事にでもなろうかな」と弱音を吐いたのを耳にするや、「本当か。それなら早速最高裁に連絡するよ」といわれたのには仰天した。私は裁判所にとって厄介者ものだろうかと自問自答しつつ、かえって反発し、むしろしつこく生きてやると誓った。同所長は、所長になるまでは最高裁にむしろ反発する方で、裁判官懇話会などにも理解を示されていたが、所長になってしまうと「牙」を抜かれてしまうのだろうか。

こんなこともあった。ある時、出雲支部に長官視察というのがあり、たまたま、初任のときの裁判長であった児島武雄さんが長官として来られ、長官と肝胆相照らす仲であった所長と填補支部長たる私と三人だけの懇親の席を作っていただいたが、二人から口を揃えて「お前はまだお尻が青いのが云々」（青法協の後継である如月会の会員を続けていることを揶揄したもの）といわれたのには、さすがの私も切れかけた。しかし私もすでに「青年」ではなかったので、酒食の席の戯れとみなして、事を荒立てることはしなかった。

(5) サイクル検証に明け暮れた堺支部

一九九一（平成三）年四月関西に戻り、大阪地裁堺支部に着任した。同期の者のなかには、すでに高裁所在地の地裁本庁の部総括になった者もいたが堺支部に不満はなかった。もっとも、堺支部はやや特殊な支部で、本庁に配置すると期の上下関係で部総括指名をつけるかどうかややこしくなるのでそれを防ぐためあえてそこに持って行くという「人事政策上の緩衝地帯」のようなものであった。

それはともかく、今度は民事事件を担当した。ここでは、いわゆる「サイクル検証」を採用して、係属した事件のほぼ全件にわたり自転車で現地を見分し、事件の概要の把握を努めるとともに、事件の処理ではなく紛争の解決を目指した。詳細は、日本裁判官ネットワークが後に出した最初の本『裁判官は訴える』（講談社、一九九九年）の中に所載した「現場が好き」に述べているので、ここでは省略するが、嬉しかったのは、この本を出したあと、同期の元裁判官でその後長崎県で弁護士をしていた吉田哲郎氏が、「事件にかかっている部の裁判官が全く『現場検証』をしてくれないので、森野君のサイクル検証の一文を検証申請を認めてもらうべく参考文献として出したよ」といってくれたことだ。その後の顛末は聞いていないが、長く会ってなかった彼からの電話は懐かしく、同期のつながりを実感した。

堺支部で勤務して丸五年が経過しようとする少し前の一九九六（平成八）年一月の内示時期に、支部長から四月に大阪家裁へ異動してもらうと告げられた。すでに同期で、地裁本庁の部総括をしていた者もいるなか、家裁で「部総括」でもないことに少し落胆したが、これまでの異動の経過からして「そう簡単には部総括にはしないだろう」と思っていたので、腹をくくって「『尼寺へ行け』といわれた心境ですが、応じます」と述べた。

同年三月中旬に開かれた裁判官会議は、いわゆる部総括選挙制の廃止問題で大激論となった。私が最高裁の裁判官採用面接で人事局長からその是非を問われた問題である。かなり昔の下級裁判所事務処理規則の改正（この改正に異議を述べたのはまだ判事補であった児島武雄さんにほかならず、彼が気骨ある裁判官であったことは疑いを挟む余地はない。合議の合間にその話しをよく聞かされたことも忘れることができない出来事のひとつである）で、裁判所の部総括裁判官は最高裁が指名することになっていたが、大阪地裁では、それについては裁判官の選挙の結果を尊重するとの決議がなされており、長く「部総括選挙」が行われていた。ところが、次年度の総括ポストで空くのは二名分なのにたまたま総括になる時期である裁判官が三名いたこともあって、当時の所長が総括選挙の廃止の方向に踏み切ったものと推測された。いやむしろ、そういう事態をあえて招来させて、大阪地裁所長の手腕を期待したという側面があったことは否定できない。

裁判官会議では、賛成派の意見が続くなか、少数の反対派も総括選挙制こそ民主主義の最後の砦であることを力説した。しかし肝心の部総括指名候補者から、選挙で指名を得ることを好まず、最高裁の指名に委ねたいとの意見を開陳されると、反対派としては「錦の御旗」を奪われた感があった。私は、すでに大阪家裁への異動が決まっていたことから、このような問題を個人の好悪によって決めるのは相当でなく、それでなくとも裁判所の官僚化が進む状況のなかで、せめて大阪地裁の部総括は大阪地裁の裁判官で選ぶべきではないか、私にはとってこの会議が大阪地裁での最後の裁判官会議になるが、どうか裁判所の民主化の重要性を再認識して投票してほしいと訴えたが、残念ながら圧倒的多数で敗れ、総括選挙制は廃止となった。

⑹　家裁勤務の一〇年間

一九九六（平成八）年四月大阪家裁に、それも遺産分割部に配属された。全事件、遺産分割か遺留分減殺請求事件であった。遺産分割を本格的にやるのは初めてであるが、折角担当するのであるからと、これまでの意気込み同様、懸命に取り組んだ。

ところが、当事者の遺産に対する執着をまともに受け止めたり、お互いの相手方に対する罵詈雑言に耳を傾けたりしていた疲労がたまっていたのか、同年六月、風邪をこじらせたことが災いとなって、大きな喘息発作に見舞われ、帰路の地下鉄車内で意識不明となり、病院に搬送された。一五時間余の人事不省から、妻の私を呼ぶ声で生還し、まもなく勤務に復帰することができたが、その後は目前に展開される当事者の応酬にのめり込むのはやめ、所詮は一定の親族内における財産争いにすぎないのではと開き直った。そうしたことがよかったのか、体調も回復するとともに、喘息の発作も憑きものが落ちたように出なくなった。人生なにが幸いするか分からないことを、命を失いかけてではあったが、身をもって知ることになった。

民事裁判で実施したサイクル検証を遺産分割事件でも採用し、週末はもっぱら遺産不動産の現状を見分するなどした結果、当事者も当方の熱意にほだされたのか、強硬意見を引っ込めるなどしてくれ、調停成立の運びとなるケースも少なくなかった。

こうして相応に実績を上げた結果かどうかはともかくとして、和歌山及び京都と家裁勤務が続くことになった。私として、いずれ民事裁判で実力を発揮したいという希望も自負もあったのだが、そうした機会に恵まれないまま、合計一〇年家裁勤務となった。

この間、遺産分割を担当し始めてすぐに関心の対象となった「相続させる」遺言に興味を抱き、一九九九（平成一一）年五月それに関する小稿を判例タイムズ九九六号に載せたところ、相応に評価された（後に中川善之助・泉久雄『相続法』（第四版）法律学全集二六一頁の注にささやかながら挙示された）ので嬉しくなり、ふつうは嫌がられる遺産分割事件が好きになった。そして、いっそう審理のやり方や当事者に対する説得に工夫なりノウハウを取り入れ、長期未済で残っていた難物とされる事件を片付けていった。普通、家裁勤務を一〇年も続けると法廷から長く遠ざかる（法服も着なくなる）のでやる気がなくなり、早々に退官する裁判官も皆無ではなく、それが最高裁の魂胆ではないかとする見方もあった。しかし、私は、体調がよくなったこともあって、毎日喜々として仕事をした。

話を少し戻す。裁判官は異動の際に高裁の事務局長に挨拶したうえ赴任地に向かうのであるが、二〇〇三（平成一五）年春に和歌山から京都へ異動する私の場合は同じ高裁管内なので、通過儀礼的なものにすぎず、軽い気持ちで事務局長のもとに行くと、事務局長が少しばかり話があるという。聞くと、森野さんには同年七月には部総括辞令がでる予定なので、どうかそれまでは少しおとなしくしていただきたいと釘をさされたのである。実は、あとで言及するが、一九九九（平成一一）年九月に日本裁判官ネットワークが結成され、いままで裁判所内での民主化運動をもっぱらとする裁判官の運動とは違って、外部の市民と直接交流するという活動に力点を置いたものに変わり、そのため、テレビその他のメディアに露出することが多くなっていた。事務局長はそういう状況のもと、私がメディア等に露出して思わぬ失態をしでかすことを案じて親切心から忠告されたとも思われるが、結局はなにかがあっては困るという「ことなかれ主義」の典型ではないかと思わざるをえなかった。もっとも、せっかくの好意を無にしてはいけないと考え、三か月間は自重した。同年七月前任の部総括の退官に伴い、横滑り的に部総括となったが、おそらく同期のなかでもっとも遅かったし、家裁ゆえ合議事件（忌避事件か裁定合議事件しかないが、実際には皆無といってよい）の裁判長になったわけではなく、仕事に変化が生じたわけでもなかった。

ついでながら、私が京都家裁に赴任したとき、所長は同期のM氏であった。性格的に悪い人ではなかったが、家裁のことをどれだけ分かっているかとなると少なからず疑問であった。いわゆる考課表も所長がつけるので、正直いい気はしなかったが、そんなことはもうどうでもいいような心境となっていた。それだけ感受性が鈍磨してきたことになるが、私はそれをむしろ前向きにとらえ、仕事に専念した。まもなくM氏は栄転し、続いては一期下の裁判官が所長として着任してきたが、こちらは、法務省勤務の経験もあり、戸籍実務にも詳しいので、特に意識することなく平常心で仕事に集中した。

(7) 裁判官ネットワークのこと

和歌山家裁に勤務していた一九九九（平成一一）年九月、現職裁判官だけで構成される日本裁判官ネットワークが結成され、東京の法曹会館で、記者会見を行った。前にも述べたように、これまでの運動が裁判所内で民主的改革を目指していた内向きの活動であったことにあきたらず、市民に直接、裁判所の現状を訴え、いわば市民目線で率直な意見交換をすることにより、裁判所を風通しのよいものにしようとするものであった。準備段階からかかわっていた私も当然にこれに参加し、例会で市民と会話を重ねるとともに、各地に赴き講演活動をしたり、本を出版したりした。私は前述した「現場が好き」でサイクル検証を報告したり、死刑囚の免田さんと対話してその結果を「裁く者と裁かれる者」という題で載せたり（『裁判官だってしゃべりたい』日本評論社、二〇〇一年所収）、このころ加入していた陪審裁判を復活する会の誼で依頼を受けて「裁判員制度の制度設計はいかになされるべきか」という小稿をおこがましくも季刊刑事弁護三三号（二〇〇三年）に著したりした。

折りから司法制度の改革が各所で論議されるようになったが、私は弁護士と学者が行う研究会にも出かけては、裁判所や裁判官の実情の伝達役を担ったが、二〇〇二（平成一四）年そうした研究成果をまとめた阿部昌樹ら編著の「司法改革の最前線」に「裁判官人事制度の見直しについての意見」という小稿を書き、評価制度が整うことには賛成であるが、「正しく評価された。けれども処遇は一貫してひどかった」では救われないと訴えた。

さらには、二〇〇六（平成一八）年三月に開かれた「宮本判事補再任拒否から今次司法改革まで」と題するシンポジウムにパネラーとして出席して、新任拒否の受難経験とそれ以後の裁判所の状況を報告するとともに、宮本氏の古稀を記念して出された論文集に「私が『本当に若かった頃』」という雑感を綴らせていただいた。

自分の名前が世に出てしまい、首枷がほどけて、はじけてしまったという気がしないでもない。

(8) 大阪高裁での充実した時間

二〇〇六（平成一八）年四月還暦の約五か月前、大阪高裁勤務を命ぜられた。裁判官生活もあと五年余りである。残りの年数と所長ポストは考えられないことからすると、京都家裁からの異動先は大阪高裁しかないので予測どおりといえるであろう。しかし当局としては困ったことがひとつあった。すでに私の同期が複数名裁判長になっており、私より期の下の裁判長も少なからずいる。そうした部に私を配属するのはさすがの当局も気がひけたのであろう。上席をされていた井垣（敏生）さんがやむなく引き取った形で、一四部に配属された。

するとまもなく、そのころ世間の注目を浴びていた原爆症認定集団大阪訴訟が控訴されこれが民事一四部に係属し、私がその主任となった。周知のとおり、放射線を浴びたことにより疾病が発症したとして原爆症の認定を求めたのに対し、これを却下されたことを不服として、国を相手取りその取消しを求めた訴訟である。原審の大阪地裁は原告九名全員についてその請求を認めたが、国が不服として控訴してきたものである。このような大きな、かつ社会的にも耳目を浴びている裁判を担当するのは初めてであった。裁判長の井垣さんは、熊本のじん肺訴訟や西淀川の公害訴訟の経験があるので、その体験談を聞くなりして早速記録読みにとりかかったが、六〇歳になろうとする者にとって苦行というべきものであった。しかし、めぐり合わせとはいえそうした大事件を担当することができる喜びはなにものにもかえがたかった。この裁判のことを書いているとエンドレスになってしまうので、途中の経緯をすべて端折るが、結構シビアな合議を経て、原審同様原告全員について原爆症を認定した。二〇〇八（平成二〇）年五月三〇日のことである。

約二年間、原爆症認定訴訟のことが脳裏から離れたことはなかった。それでも、そればかりしていたわけではなかった。こんなことがあった。ある日、裁判長から家事抗告部に常填補で行ってくれといわれた。高裁には家事抗告事件を処理する部が二か部あるのだが、そのうちの一か部が遺産分割の未済でパンクになり、弁護士会からもクレームが出ているというではないか。そこで遺産分割を「三度の飯より好きだ」と公言していた私にお鉢が回ってきたというわけである。そういう自慢はするものではないと自らの妄言を反省したが、填補についてはふたつ返事で引き受けた。早速当該部に出かけてみると、かなり広いロッカー内の上の棚から下の棚まで、記録がびっしりとつまっているではないか。それから一〇か月余り、ややこしい遺産分割の記録を読んではメモし、争点箇所ではすぐに決定に使えるように文章を起案し、時に、代理人に「遅くなって申し訳ないが、遺産の評価については〇〇ということで納得してもらえないか」などと話しをつけるなどして、なんとか大量未済事件を決定等で既済にこぎつけ、記録でいっぱいであったロッカーをほとんどカラにしたのである。同部の裁判長は私より一期若かった。決定書の裁判長は填補で来ている私ではなくその一期若い裁判官がなったが、そのとき、自分が裁判長だと思えばいいではないかと一瞬脳裏をかすめたことを不思議に覚えている。

高裁での仕事は充実していた。しかし、二年近くが経って裁判官としての余命が少なくなってくると、このまま「高裁右陪席」として終わるのか、それは少し寂しいと思わないか、いやそれでもいいのではないかと自問自答する日が増えてきた。二年目（平成二〇年）の一〇月には井垣さんが定年退官されたが、後任の裁判長は私より三期下であった。後輩の裁判長（ただし生年月日は一か月半ほど年長）のもと、提出した起案を直される立場になったが、彼にしてもやりにくかったことは推測するに難くない。彼の好みで起案も修正されたが、不思議となんのこだわりもなかった。

裁判官人事改革の成果の一環として、高裁長官と面談する機会があったが、長官から、高裁としては相応の意見を最高裁に上申しておりあとは最高裁の沙汰を待つばかりであると、私に寄り添うようないぶりをされたのであるが、私は言葉に詰まり、このようなとき他の裁判官はどのような対応をするであろうかと思ったほどで、慣れない状況に戸惑うばかりであった。

そのような日々が続いていたある日、私が妻に、このままでは高裁の陪席で終わってしまうが、思い切って「家裁の所長」の希望でも出してみようかといったことがある。このころ青法協出身者や裁判官懇話会世話人でも家裁所長のポストは退官前の処遇として開かれた形になっていたので、それに便乗しようとしたのである。それを聞いた妻から、「いまになって最高裁に頭を下げるなんて絶対に許さない」『生涯一判事』といっていたのはどこのどなたですか」との怒り交じりの声が返ってきた。最高裁に頭を下げる趣旨ではなかったが、裁判現場を逃れようとする姿勢をみすかされた気がして、沈黙するしかなかった。

明けて二〇〇九（平成二一）年一月一一日裁判長を介して、福岡高裁への異動の内示（最高裁判所の裁判官会議を経ていないので内々示という）を受けた。断わる理由はなかった。

(9)　福岡高裁でのあっという間の二年半

異動先として福岡高裁部総括ときいた瞬間、最初に思ったのは、そうした道筋があるのかということだった。その次に思ったのは「ここまで粘って裁判官をしてきてよかった」ということであった。調べると、同期の石井宏治さんが定年退官となり、その後任であるとのこと。ここでも二三期の縁のようなものを感じざるをえなかった。

福岡といえば、「博ちょん」にあこがれて単身赴任をする男性も多いと聞くが、喘息がおさまっていたとはいえ頑健とはいえない身体ゆえ、妻と一緒の赴任となった。とにもかくにも、年甲斐もなく希望を膨らませての福岡行きであった。

さきほど、高裁の裁判長といわれて「そのような道筋があるのか」と驚いたと書いたが、それはこういうことである。私は、これまでの経歴をみれば一目瞭然であるが、家裁で部総括の辞令をもらったことはあるにせよ、そこで裁判長の仕事をしたわけではなく、地裁では裁判長になったことがない。裁判官は、誰もが所長になれなくてもいいが裁判長にはなりたいと思うものである。それは出世欲というものとは異質の願望であり、単独事件であれ合議の陪席の一員としてであれよき裁判をしようと努力しつつ、そうした営みを続けるなかで、裁判官席の真ん中に座って精魂を尽くした判決を言い渡したいという思いが、忽然と湧いてくるのである。私もその点では普通の裁判官と全くかわらず、左陪席、右陪席、あるいは単独係判事として長く裁判官生活を続けるなかで、かつは同期や少し後輩の裁判官が次々と部総括になっているのを横目にみながら、「そのうち自分も」と思うことがたびたびあったが、家裁の裁判官を一〇年続けるなかで、なかば諦めるようになり、一方で心の底でなお昇進に執着する自分を嫌悪するようになっていった。兄事していた梶田裁判官は、柔和な物腰ながら最高裁に対する敵愾心といったものは人後に落ちない闘士であった。その妥協のなさが彼をして最後まで高裁右陪席判事に留めさせた。前述した妻の一言により、彼ほどの闘士ではないが、同じ運命をたどるならそれも良しと気持ちを切り替えてはいたが、晴天の霹靂ともいうべき内示を受け、梶田さんとは違う歩みをとることになった。

福岡の二年八か月は、全力で裁判に取り組んだ日々であったといって過言ではないように思うが、こここでは、一票の格差が問題となった衆議院議員選挙無効訴訟の裁判と、秘密交通権侵害国家賠償事件判決の判決について触れたい。

二〇〇九（平成二一）年八月に実施された衆議院議員選挙については、もっぱら一人別枠方式を包含する区割り規定の合憲性を争う訴訟が支部を含む全国各地の高裁で提訴された。私は、前述のとおり三〇年前に大阪高裁で同様の裁判に関与し「国会の裁量権を極力限定すべきだとする」判決を起案したが、左陪席の悲しさ、裁判長からなぜか一〇年早いといわれ、著しい不平等を理由とする違憲判決にとどまった。今度は裁判長として関与することになったので、合議を構成する裁判官の賛同を得ることができれば、自分の長年の考えで判決を出すことができるのだ。といっても、その前に立ちはだかっているのは平成一一年一一月一〇日の最高裁判決で、同判決は、一人別枠方式を合憲としているので、その論理を超える必要がある。われわれは、評議を重ね、同判決に五裁判官の反対意見があり、原理的には反対意見こそ採用すべきであること、その後の年月の経過のなかで、多数意見を表明していた裁判官が交替していることなどを根拠に、「ある選挙民が投票に託したその意思が他の選挙民と同等の価値をもって（つまりは公正に）選挙結果に反映されるかという点については、基本的に『誰もが過不足のない一票』を理念とすべきとして出発すべきだ」と判示して、違憲判決を下した。同判決は、後日、最高裁により破棄されたけれども、最高裁がその根拠とする、いわゆる「合理的期間の法理」自体が不当であるので、到底納得することができなかった。

次は、検察官の取調べのあり方を問題とする国賠訴訟である。私は、刑事事件はもう担当することがないと諦めていたのに、接見交通権という刑事実務の最前線の問題にまともにぶち当たったことを喜んだ。そして、初任のころ、令状実務に必死に取り組んだことを思い出し、同事件に本腰をいれて取り掛かろうと思った。そして、一審判決書を見るや、一審敗訴した控訴人（原告）の代理人団の代表が、修習同期同クラスの本多俊之弁護士であったことに気づいてそのめぐり合わせにも少なからず驚いた。

事案は、殺人未遂罪で逮捕・勾留された被疑者との弁護人と接見内容について、担当検察官がこれを聴取したうえ調書化したのは接見内容の侵害に当たるとして、別の弁護士が国に対し（このときの法務大臣は同期で大阪修習でご一緒した亡仙谷由人氏であった）損害賠償を求めたものであり、一審は、「検察官の行為は変遷する被疑者の供述の信用性を判断するために必要だった」として請求を棄却していた。本件については、担当弁護士が報道機関に対し被疑者の供述の一部を公表していたこともあって論点が多岐にわたり、評議も難航したが、結局、捜査機関が接見内容を容疑者に質問すること自体を「原則差し控えるべきだ」とし、接見内容を聴取して調書化し公判に提出した地検の捜査手法は違法と認定して、損害賠償請求を一部認容した（福岡高裁平成二三年七月一日判決・判例時報二一二七号九一頁）。われわれ合議体が心血を注いだ結果たどりついた判断であったが、一部敗訴した国から当然ながら上告がなされ、一審原告側からも聴取を一部容認したことを不服として上告がなされた。われわれのした判決が「捜査機関が接見内容を知ることは許されない」と言い切った志布志国賠の鹿児島地裁平成二〇年三月二四日判決より後退したとみられることは、それなりに予想していたのであるが、われわれとしては精いっぱいの内容であり、私自身は裁判官生活の最後近くに接見内容に聞き耳を立てる捜査実務に一石を投じたものとして自負しているところである。なお、この判決最高裁平成二五年一二月一九日の上告棄却決定によって確定している。また、「刑事訴訟法判例百選（第一〇版）」（有斐閣）八二頁以下にも取り上げられている。

定年退官を間近にした九月下旬の最後の開廷日、傍聴席に妻と大阪からかけつけた娘と息子の姿を認めつつ、数件の判決言渡しを行ったが、裁判官室に戻るや陪席の裁判官から「少し声がうわずっていましたね」と指摘された。ともかくも、裁判官生活を終え、安堵した。

⑽ 終わりに

以上が私の裁判官生活四〇年の素描である。繁簡よろしきを得ずの典型となってしまって申し訳ないが、いまこれを整える余裕がない。

裁判所の任務の重要なひとつに少数者の保護にあることは異論がないが、あるひとりの裁判官が裁判所のなかでいつも少数者であることは必ずしも歓迎すべき事態とはいえないであろう。七月入所組も含めて約六〇名いた二三期の裁判官のなかで、私は当初は少数者ではなかったと思っていたが、青法協、全国裁判官懇話会、裁判官ネットワークのいずれにも参加し、かなり積極的に参加したのは私ひとりである。いつのまにか少数者になってしまったが、いまさらそれを悔いても仕方がないし、むしろ少数者であったからこそ、ここまで来ることができたのではないかと思っている。好きな土屋文明の歌を最後に掲げて終わりにしたい。


少数にて常に少数にてありしかばひとつ心を保ち来にけり

（『司法はこれでいいのか。』〔現代書館、二〇二一年〕所収をもとに書き下ろし）

1 「現場」が好き
——足でかせぐ事実審理

写真や地図ではなかなか頭に入らない

私は、現場が好きだ。

本来、現場とは、いわゆる仕事をするところであり、民事事件や刑事事件を担当する裁判官でいうと、法廷がそうだし、少年事件や家事事件を担当する裁判官では審判廷がそれに当たる。裁判官である以上、そうした仕事の現場から逃げだすことはできず、好きでないといけないわけだが、ここでいう現場は、裁判所内の仕事場ではない。事件が法廷なり審判廷に持ち込まれる以前の現場、すなわち、紛争の出発点である現場のことである。

私は、いま、家庭裁判所で家事事件と少年事件を担当しているが、少し前は、地方裁判所の支部（大阪地裁堺支部）で民事事件を担当していた。日本の裁判所で扱う民事事件は、分かりやすくいえば、犯罪を犯した人を裁く刑事事件、家庭裁判所がもっぱら扱う家事事件（家庭内の紛争や遺産相続をめぐる争いを主として調停で解決する）や少年事件を除くすべての事件といってよい。普通、裁判官は、週のうち一日を合議事件の審理に立ち会い、二日を単独事件の審理にあてている。

もともと民事事件は、原則として裁判官が単独で扱うが、損害賠償事件のうち請求額の大きなもの、医者の過失が争われて事実認定が難しい医療過誤訴訟、ゴルフ場建設差止めといった社会的に注目を浴びる事件などは、合議事件として三人の裁判官が関与する。

そうでない単独事件は、貸したお金を返してほしいと訴える貸金請求、売った商品の代金の支払いを求める売買代金請求といった金銭訴訟から、交通事故に基づく損害賠償請求、またある土地が自分の所有する土地に属することを求める所有権確認訴訟や自分の土地と隣人の土地との境界が分からないのでその確定を求めるといった不動産訴訟、さらには離婚や認知を扱う人事訴訟など、さまざまである。

このうち、現場がいちばん問題となるのは、境界確定訴訟、通行権確認訴訟といった、隣人同士が争う相隣関係訴訟といわれる事件である。こうした事件では、当事者から係争現場の写真や地図が証拠として出されることが多いが、それだけではなかなか頭に入らない。現場に出かけて行って検証なり、現場での尋問を行ったりすればいいのだが、そうすると結構時間がとられて他の事件の審理に影響するし、ちょっと見る程度で足りるのにわざわざ一期日それにあてるというのがわりかし面倒なのである。

こうした理由で、現場に行く必要を感じつつ行けないまま、したがって、必ずしも現場の状況を十分に把握しないまま、審理を行い、判決までしてしまう例がないではない。私は、これまでの裁判官生活のうち二〇年近く民事裁判に携わってきたが、こうした訴訟に遭遇するたび隔靴掻痒《かっかそうよう》というか、もどかしい気持ちをもち続けてきた。

偶然に始まった「サイクル検証」

転機は、突然にやってきた。堺市の中南部にある裁判官官舎から堺市の中心にある裁判所まで、電車で行っても三〇分、自転車でも同じくらいかかるので、健康法をかねて、雨の日以外は自転車通勤を心がけた。堺市は自転車の街、その街にふさわしいではないか。天気のよい日、身体にあたる風は爽快だし、踏むペダルも軽い。思わず、

みどりの風も　さわやかに　にぎるハンドル　心も軽く

と、口ずさんでしまう。小坂一也が唄っていた『青春サイクリング』（田中喜久子作詞、古賀政男作曲）だ。といっても、昭和三二～三三年ころにはやった歌だから、いまの若い人は知らないかもしれない。

そうした自転車通勤の道すがら、ある路地の横を通り過ぎたとき、どこかで見た覚えのある場面が目の前に現れた。なんだ、ちょうどいまかかっている境界確定訴訟のまさに現場ではないか。さっそく自転車から降りて事実上の検証をしてみた。一見、記録から読みとっていた現場には違いないのだ（それゆえ「既視感」が生じたわけだ）が、落ち着いて眺めると、描いていたイメージとかなり違うのである。そういう印象を一旦抱くと、これまで写真や図面だけで読みとっていたことが果たして正確かどうか心配になってきた。そこで、できるかぎり現場に行ってみようという気になったのである。

当初は、自転車で片道一時間程度の場所にかぎり行くことにした。

余談ながら、私は、自動車の免許をもっているけれども、マイカーはもっていないし路上運転の経験

もわずか三時間程度しかない。それならなぜ免許証をもっているのかという質問が当然出ると思う。

実は裁判官になって四年目に広島の尾道で少年事件を担当したときのことである。毎日無免許運転や交通事故の少年を相手に審判をするのだが、自分が運転のことをなにも知らないのでは話にならないと思って免許をとることにした。少年や若者にまじって自動車教習場に通ったことをいまでも覚えているが、何度も補習を受けてやっとこさ免許はとったものの、路上で運転してみて、とてもじゃないけれど自分は運転には向かないと、あきらめた。

もともと小さいころから自転車を乗り回すのが大好きだったから、車なしの生活で別に不自由はない。あるとき、「自転車が好きなんです」といったら、人から、裁判官でも競輪をするんですかといわれたが、そちらのほうには興味はない。

ともあれ、土曜、日曜日の天気のいい日、自転車に乗ってはいろんな現場に出かけた。また通勤経路上少しの遠回りで行けるところは、平日の勤務日、早めに出て、出勤途中に見る。もっともこの場合よく確かめて行かないと、近くまで行きながら目的場所にたどりつけないことがあり、右往左往した挙げ句、開廷時刻に遅刻しそうになって必死でペダルを漕ぐということもあった。

だんだん慣れてくると、距離を延ばすことに抵抗はなく、原則として現場を見ることに少しでも意味があるという事件であれば、頑張って全部見ようという気になってきた。もっとも、堺支部が管轄する地域はそれほど広くなく、官舎からもっとも遠い柏原市東部や河内長野市南部でも片道二時間で行けるので、物理的に不可能ではない。

かなり遠くまで出かけるときは、ほとんど、サイクリング気分である。休日の朝早く、家人が起き出す前に朝食をすますと、寝ぼけ眼《まなこ》の家内に小声で「行ってきます」と声をかけて出発である。東に向かって一時間近く走ると、大阪府でも田園地帯といってよいところに出る。まさに「サイクリング、サイクリング、ヤッホー、ヤッホー」という感じだ。遠くうっすらと見えていた大阪、奈良の府県境の山が、やがてその山肌をくっきりさせてくると、ちょっと遠くまで来すぎたかな、同じ道のりを漕いで帰るのはしんどいなと少し心配になるが、そう思うまもなく、目指す紛争現場に到着した。

土地境界争いの現場である。こういう場合、紛争の当事者に会うと面倒なことになるので、誰も付近にいないのが望ましい。こんなときにかぎって、老人が所在なげにたたずんでいて、自転車でうろうろしている私をうさんくさそうに見る。せっかく遠くまできたのだから、簡単にあきらめることはできない。老人がいなくなったすきに、手早く検証をすませるのだが、結構気をつかうのである。

検証といっても、原則として公道から見る程度で、邸宅や建造物侵入はもってのほかである。でも付近住民が通行を許されていると思えそうな路地は通ってみる。路地にはいらないと、境界はなかなか分からない。「猛犬注意」などのステッカーが張ってあるところでは、いささか躊躇《ちゅうちょ》するが、そんなのは「脅し」だろうと近づくと、犬にとびつかれそうになりびっくり仰天、外回りの営業マンの苦労が思わずしのばれたりする。

「私知を禁ず」の問題について

私の検証は、右のとおり、あくまで健康法をかねての、プライヴェイトな作業なのだが、ここで問題がないではない。裁判をめぐる言葉の一つに「私知（ドイツ語でプリヴァート・ヴィッセンという）を禁ず」というのがあって、裁判では、裁判官が職務を離れて個人的に仕入れた情報を事実認定の基礎にしてはならないとされている。

私が、初任のころ、刑事裁判で左陪席をしていたとき、こんなことがあった。

ある日、勤務を終え、先輩の裁判官とちょっとした飲み屋にいったことがあった。カウンターに腰かけて飲んでいて、ふと店の奥を見ると、どこかで見かけた人がいる。そして思い出した。先日の法廷で、弁護人の質問に答えて「最近では真面目に働いて、遊興もせず、謹慎しています」と答えていた詐欺事件の被告人なのである。幸いにも向こうは気がついていない。

だいたいに、法廷では法服という黒い服を着て、個性が表れるのは顔だけであり、また三人いる裁判官の端にすわっているので、被告人は左陪席（被告人や傍聴席のほうから見て右側の裁判官をいう。裁判官になって五年未満の若い判事補がすわる席である。対して右陪席は、少なくとも五年の経験を有している裁判官である。その昔、あるお嬢さんが、左陪席が見合いの相手だからということでお忍びで法廷に見に行き、向かって左側の裁判官と思って様子を窺《うかが》ったら、すでに髪が薄くなっている人だったので、とんでもないと憤慨したとかいう話がある）の顔を覚えていないことが多い。実は、合議事件では、その左陪席が主任として判決を書くのだけれど、このことは案外知られていない。

それはさておき、一緒の飲み屋で被告人に気がつかれては困るので早々に退散したが、私はこのことを他の裁判官には黙っていた（ように記憶している）。その事件は、被告人に前科がなく、かつ被害者（結構多数の被害者がいたが）に弁償をすませており、執行猶予が相当の事案だったので、合議でも問題なくそのまま執行猶予となったが、あのとき、被告人に気がつかれたら、どうすればいいのだろうと思ったことを覚えている。

裁判によかれと思っても、個人的にした検証のことを内緒にしておくのは問題だし、公明さに欠けていることには違いない。私は、次の弁論期日ないし和解期日に、当事者や代理人の弁護士に、「実は先日現場に行ってきました。思ったより狭い土地ですね」といった形で、検証してきたことを報告し、抱いた印象を率直に伝える。代理人弁護士の中には、現場を見ていない人が結構多く、先を越された感じで、恥ずかしそうに微苦笑したりする。

裁判官のなかには、こうした形でわざわざ現場を見に行くことは問題だとする人もないではない。「わざわざ」と思うから問題なのであって、私は「たまたま」通りすがりに「現場」にぶち当たったのだからいいではないか、ということにしている。いつも通る道の近くに紛争現場がある場合、それを無視することは、かえっておかしいのではと思っている。

私は、こうして好きな自転車を乗り回して、堺市内外の現場を見てまわった。堺市は、先にも触れたとおり、自転車が特産品で、中心部にある大仙《だいせん》公園には自転車博物館があるほど、自転車となじみがある街なので、私はこの自転車で行う検証を自ら「サイクル検証」と名付けることにした。

紛争の背景が見えてくる

サイクル検証は、あくまで趣味的作業であるが、その効果はなかなか捨てがたい。

第一に、記録に出ている図面や写真をあれこれ眺め、想像力を駆使してなんとか把握したと思いつつも、いま一つ鮮明にならずもやもやしていた状況が、一目瞭然となることである。百聞は一見にしかずということわざは、いまも通用する至言である。それに表面的にすぎないにせよ、当事者の生活状態に触れることで、訴訟の一局面だけではなく、紛争の背景が見えてくることが少なくない。

こんなことがあった。やはり境界紛争であったが、仮に原告を甲野さん、被告を乙山さんとしよう。乙山さんが、隣家との境界付近に建てていた古い倉庫を壊して新しくガレージを造ろうとしたところ、隣の甲野さんが、「ずっと以前から倉庫が境界をはみ出ているのではと思っていたが、最近昔の写真などを見てそれがはっきりとした。ガレージを造るなら少し控えて設置してほしい」といい出して、紛争が生じたのだ。

記録によれば、甲野さんと乙山さんは、もともと遠い親戚筋の間柄で、しいていうと、甲野さんが本家筋、乙山さんが分家筋に当たるのであるが、お互いの境界線をめぐってこれまで争いがあった様子は窺えず、どうして、そんな紛争が生じたのか必ずしもよく理解できなかった。例によって軽い気持ちで現場に出かけ、係争場所に臨んだが、なぜか、周囲の雰囲気が冷たいというか、よそよそしいのである。そして、なにげなく、あたりの民家を見回すと、他の名字ももちろんあったが、甲野さんと乙山さんの表札がやたらと多いのに気づき、びっくりしてしまった。

次の期日に、双方代理人に現場に赴いたことを告げたうえ、気になったことを伝えると、被告側の代理人から、実は、甲野家と乙山家は、その地域を代表する有力者であるが、なにか事があると甲野家と乙山家の覇権争いの様相を呈して紛争が深刻化し、これまでも境界争いにかぎらず同様の争いが絶えないのだという。これなどは、現場に行かなくとも、早晩耳に入ってくることかもしれないが、単純な境界争いにすぎないと思っていたのが結構根深い争いであることが分かって、物事は単純ではないんだなと思うこととしきりであった。

検証の第二の効果は、普通、民事事件では裁判官は、多くの事件の要点を一瞥《いちべつ》して理解できるように詳細な手控えをとるのだが、紛争の現場を見ておけば、そういう詳しい手控えが不要になってくるのである。近くの現場であれば、証人調べなどの前にもう一度行けばいい。その状況を頭にいれておくと、法廷での証言や供述が無理なく理解できるのだ。

加えて、効果といえるかどうかともかくも、「現場を見てきました」というと、当事者の対応が、こちらの気のせいかもしれないが、かわってくるのである。少なくとも「事件に熱心に取り組んでいる」と受け取ってもらえ、和解の席などでも、最終的に応じてもらえるかどうかは事件によるけれども、こちらのいう話に「聴く耳」をもって聴いてくれるのがありがたい。

一方、問題点もないではない。まず第一に、こうして現場を見る癖がついてしまうと、現場を見ないと不安になってくるのである。「不安神経症」の初期症状である。また現場に行こうと予定していたのに雨が続いたりして行けないと、「早く行きたいのに行けないなあ」「このまま行けないのでは」と「強迫神経症」にもなったりする。そして、行こう行こうと思っていたのに行けないまま、和解期日に臨み、当事者から「実は和解ができました」といわれたりすると、本当は喜んでいいのに、かえってアンビバレンツな気持ちに陥ったりすることである。

また、現場を見ると、ついよけいなものを見てしまうということがある。「見るべきものは見つ」で、それだけでやめておけばいいが、どうしても見えるものは見てしまう。たとえば、わずかな土地を争う当事者がいるので、あまり土地をもっていないから狭い土地にも執着するのかなと思っていると、いずれも広大な土地の持ち主で、かつ、立派な住居に居住しているのを目のあたりにすると、なんだか北方領土に執着するロシアのことを思い浮かべて、むなしい思いにとらわれるのである。

それに、いちばん問題かなと思うのは、本来は、心身を仕事から解放するためのサイクリングが仕事と結びついてしまうことである。したがって、時には検証とは関係なしに、サイクリングに行くことを心がけるのだが、目的の現場がないと、なにか物足りない気がしてくるという皮肉な結果になってくる。

遺産知りて後の心にくらぶれば……

大阪地裁堺支部で五年間、サイクル検証のおかげかどうかはともかく、「熱心に」事件に取り組んだ結果、事件処理もそれほど渋滞せず比較的順調に進んだ。私は、この「処理」という言葉がきらいで、できるなら全部順調に「解決した」といいたいし、和解で円満解決する事件も少なくなかったけれども、話し合いができず判決になり、自分なりには正しい結論の判決を言い渡したと思っていても、敗訴した側はそれに納得せず、控訴するというケースも結構多い。

それは裁判の宿命といったもので仕方がないが、私としては、表現はやや適切ではないにせよ、楽しい五年間であった。そして、堺支部管内の場所であれば、所番地を聞けば、おおよその見当がつくようになり、このままずっと勤務してもいいなと思っていたのだが、宮仕えは甘くなく、平成八年春、大阪家庭裁判所に転勤を命じられた。

残念ながら堺の官舎から大阪の中心部にある大阪家裁まで自転車通勤することは無理である。電車を二回乗り換えての通勤で、時間的には一時間程度であるが、結構面倒である。大阪家裁では、遺産分割ばかりを専門に担当する部署に配属された。遺産分割は、被相続人の遺《のこ》した遺産について相続人の間で分割の協議が調《ととの》わないということで、裁判所に持ち込まれるものであり、遺された不動産をどのように分割するかが主たる問題となる。

したがって、その観点から検証するメリットも大きく、現場好きの私とすれば、すぐにでも出かけたいのであるが、いかんせん、大阪家裁本庁の管轄区域は大阪市内にかぎらず、その周辺の衛星都市を含み、相当な広さである。堺市の中南部から行くとなると、まず大和《やまと》川をこえていかねばならないので、自転車では無理である。そうした理由で、しばらく検証をみあわせていたところ、転勤して二か月ほどたったある日、喘息《ぜんそく》発作に見舞われた挙げ句、意識不明となって病院にかつぎ込まれ、二週間ばかりの入院生活を余儀なくされた。

実は、私は、すでに子どものころから喘息の持病を抱え、これが結局完治しないまま大人になり、裁判官になって以後も、赴任した先々で、程度の差はあれ、喘息の発作に倒れてはいろんな方に迷惑をかけてきたのであるが、概して、転勤直後が芳しくなかった。転勤直前に無理をするのと、引っ越しの疲れが引き金となるのであろう。しかし、このときの転勤は引っ越しを伴わないし、前に述べたようにサイクル検証のおかげでここ数年大きな発作もなかったので、「今度は楽だ」と高をくくっていた。

しかし、職場の環境が変わったことを軽視してはいけなかった。慣れない遺産分割事件の調停や審判に立ち会って、目の前に展開される、遺産をめぐる先妻の子どもと後妻、あるいは兄弟姉妹相互間の争いを見るにつけ、いまさらながら、遺産争いのすさまじさにあっけにとられるとともに、当事者の不満と怒りに一日中付き合っていると、夕方には疲労困憊《こんぱい》でぐったりとなってしまう。遺産分割争いのこうした人間模様について、私は、のちには、たとえば、

遺産知りて後の心にくらぶれば　昔はものを欲せざるなり

とか、

策こらし遺産分捕り図るとも　世に大阪の家裁は許さじ

などと戯《ざ》れ歌を作る余裕ができたのだが、その当時はそれどころではなかった。それにサイクル検証ができなかったのもストレスをためこむこととなり、喘息発作の誘因となったようだ。

幸い、七月初め退院することができ、八月初めには、思い切って官舎を出て、大阪市内のマンションに転居した。おっと、裁判官とインディアンは嘘をついてはいけない。実は、喘息発作で倒れる少し前に、通勤の便のことも考え、大阪市の南のターミナルのひとつ、天王寺駅近くのマンションを申し込んでいたところ、それが抽選で当たったというのが真相である。

新たに始まった「徒歩《と》とぼ《ぼ》検証」の併用

せっかく、交通至便のところに引っ越したのであるから、これを活かさない手はない。裁判所へも再び自転車通勤に切り替えた。そして、待望のサイクル検証も再開した。以前と同様、大阪市内にある遺

産は、いちばん遠い東淀川区や西淀川区でも一時間程度で行けるので、基本的には自転車だ。不思議なもので、体調もすっかり元通り元気になった。

殺風景といわれる街中でも、結構見るところがあるものである。大阪市内で真っ先に行ったのは、港区の朝潮橋で、そこに遺産があると知るや、さっそくに自転車を飛ばした。実は、港区朝潮橋《あさしお》付近は私がものごころついてから学生時代を経て裁判官になり新婚一年目までの二十数年間を過ごしたところで、ちょっとしたセンチメンタルジャアニーの気分だったが、よく通った市場近くの店舗とアパートを見ながらも、つい思いは、やんちゃであった子ども時代に及び、肝心の遺産の状況を記憶に留めるのに苦労した。その帰途、少し寄り道して大阪港まで足を延ばし、沈む夕陽にうるうるしたりもした。

大阪市に隣接する八尾市や東大阪市の一部は、まだ十分にサイクル検証が可能であるのだが、それより遠いと、ちょっと自転車で行くのはしんどい。自転車は行った距離だけ、正味帰る必要があるので、その点、難がある。そこで、近ごろ巷《ちまた》ではやっているウォーキングを実践すべく、電車と徒歩を使った検証を行うことにした。遺産物件の最寄りの場所までは電車で行くものの、後はもっぱら徒歩である。そのために、サイクル検証に比べて少し計画性が要請される。

だいたい、一回あたり三ないし四件くらいの遺産物件を見に行くことにし、あらかじめ遺産と所在地を摘記したメモ帳を見て何件かたまった段階で行くことになる。そしてサイクル検証では、目的地近くまでくれば、少し迷っても小回りがきくので問題ないが、徒歩の場合は見当を間違えると大変だ。そのため、大阪府の区分地図のほか、ゼンリンの住宅地図が必携となる。私の検証のためだけではないが、裁判所の遺産分割部の部屋には、大阪市はもとより管轄府下全域の住宅地図が備えられている（資料課にかけあってその購入を実現されたO判事に心から御礼を申し上げたい)。

そして、従前の自転車でまわる検証を「サイクル検証」と名付けたのに対し、今度の電車と徒歩による検証については、「徒歩」が基本であることと、私と同様喘息と糖尿病の持病に苦しんだ先人に、好きな中国の詩人杜甫《とほ》がいること、さらに私としては颯爽《さっそう》と歩いているつもりでも、はたから見ればさぞかし人生に疲れた男が「とぼとぼ」と歩いているように映るであろうことから、「徒歩《とぼ》とぼ検証」と呼ぶことにした。

夫婦喧嘩は犬も喰わないといわれる。遺産分割は豚も喰わないといわれる。いや実は誰もそのようなことはいわず、私が勝手にいっているにすぎないのだが、要するに、遺産分割は、あるかぎられた血縁集団の中での争いにすぎず、渦中の人が血眼《ちまなこ》になればなるほど、周りの連中は、当事者の欲と欲のぶつかり合いにあきれ、ついには「勝手にせよ」といいたくなる事件が結構多いのである。そういう遺産分割の調停や審判ばかり、朝から夕方までやっていると、立ち会うだけでも疲れるが、これが毎日となると、単調さやマンネリにどうしても陥りがちになる。

そういった状態を打破するためにもと思って、遺産検証に出かけるのだが、何度も続けていると、今度は、検証自体、なんのためにこんなことをしているのだろうかという思いにとらわれたりする。自分のメモが不正確だったりして方角を間違えた結果、目指す遺産になかなか到達できず、一、二時間も無駄にして結局引き返したり、そんな時に限って途中から雨にあい、空腹感におそわれたりすると、わびしさが募ってくる。検証も決して楽ではないのである。

でも、時に嬉しいこともある。相手方のひとりが何年も、遺産物件を自己固有財産であると争い(遺産分割は当該物件が遺産であること、すなわちその物件が被相続人死亡当時その被相続人のものであることが当然の前提となる。それが被相続人のものではなく相続人が自分で購入したものだとすると、それは遺産分割とは全然関係のないものとなり、また被相続人から贈与されて相続人名義になったものだとすれば、いわゆる特別受益として相続の前渡しと評価されその分相続分が少なくなるけれども、その物件を分割の対象にすることはできない)、最高裁で遺産であることが確定したにもかかわらず、これを不満に思い、遺産分割にもたやすく応じないという意向を示している事件が新件できたので、どんな物件だろうと半分、好奇心もあってあらかじめ遺産物件を検証した。

第一回の単独調停に臨んで、その問題の人に「遺産物件を見てきましたよ」と述べたところ、その本人が「これまでずいぶん裁判で争い、裁判官もかなりの数の人が担当したが、現場を見たのはおそらくあんたが初めてだ。問題の不動産が遺産であるとした判決にはいまも不服はあるが、もう文句はいわず、分割の話を進めてもらってよい」といってくれたのである。その言葉を額面どおり受け取っていいかどうか問題かもしれないが、このときほど、現場を見てよかったと思ったことはない。遺産検証に出ていくのがおっくうになったとき、思い出すのはこの言葉で、それで元気をだしてはまた出かけるのである。

こうして「サイクル検証」と「徒歩《とぼ》とぼ検証」を行ったおかげで、私は再び健康を取り戻すことができた。そして、週末ごとに時間を見つけては、遺産を見にいくと称して出かけていくのだが、そうなると、不思議なもので「遺産を見る」ことよりも、かえって、その途中で見かける、ひっそりとしたお寺、神社、古墳、さらにはちょっとしたお墓などに出合うことのほうが楽しみとなってくる。事件の解決に役立てばということから始めた「現場検証」だが、そういう姑息《こそく》な思いを吹き飛ばすほど、まだまだ日本にはいい自然やほっとする「場所」がいっぱいある。

とにもかくにも、いろんな気持ちを抱きつつ、あちらこちら出かけていると、時がたつのもあっという間である。遺産分割ばかりを担当してまもなく丸三年になろうとする平成一一年の一月、私としては、遺産分割事件をより円満に解決するための工夫はないものか、もっと考えたいと思っていた矢先、今度は和歌山家庭裁判所への異動を命じられ、同年四月から、自宅から和歌山まで電車通勤を続けている。和歌山では、遺産分割だけではなく離婚、それに伴う財産分与や養育料、子どもの引き渡し、扶養と、家事事件全般の担当だ。しかし、そのなかでもやはり遺産分割の占める比重は結構大きいので、検証がまた必要だ。さっそく、市内での検証用に自転車を買い求めたのはいうまでもない。

もし、和歌山の街中で、自転車に乗ってうろうろしている中年男と出会っても、また和歌山県下の田舎道で、地図を片手にぶらぶらしている変なおじさんを見かけても、「怪しい者ではありませんので、好きにさせておいてください」と願う、きょうこのごろである。

日本音楽著作権協会（出）許諾第2205954－201号

（日本裁判官ネットワーク『裁判官は訴える！』講談社一九九九年九月）

2　裁判官にとっても、事実認定は難しいのです。
〔法律実務と周辺学の旬〕

普通、裁判というと、適用すべき法規を大前提とし、その法規を構成する個々の構成要件に該当する事実を小前提として、事実を法規に当てはめ、権利ないし法律関係の存否を確定することによってなされるといわれます。法的三段論法と呼ばれるものですが、実際の裁判では必ずしもそれほど単純ではありません。よくある事例で説明しましょう。

ある信販（クレジット）会社が会社員を相手取って、一〇〇万円余りの立替金を支払えとの裁判を起こしました。会社員の息子（両親とは別の場所に居住する大学生。ただし成人）とオートバイ購入代金の立替払契約をし、そのとおり購入代金を支払ったが、息子の返済が滞っているので、保証人である会社員にその支払いを求めるというのです。会社員は、保証人になった覚えはなく、息子からオートバイの話を聞いたこともないとして、支払いに応じなかったため、裁判になりました。証拠をみると、立替払契約書の保証人欄には、会社員の署名と印影（判子を押したあと）があり、また信販会社の一件書類のなかには、契約締結日の翌日ころ、担当者が保証意思の確認のため会社員の自宅に電話をかけ、会社員の妻（大学生の母）から了解したとの応答を得た旨の記載がありました。大学生は、法廷で「両親の留守に自宅に上がり込み、勝手に判子を押した。オートバイについては母親に中古の安いのを買ったといったことはあるが、保証人のことは話していない」と証言しました。会社員の妻は、信販会社から電話があったことは事実であるが、その内容は息子が大学生であることやその住居の確認等で、オートバイの購入や、その保証人に夫がなるような話までは聞いてしないし、ましてや、そうしたことを夫には話していないと証言します。

文書は、本人の署名又は押印があるときには真正に成立したものと推定されます（民事訴訟法二二八条四項）から、会社員側が本件の保証人欄が自分の知らないうちに勝手に判子を押されて作成されたということを立証しなければなりません。それには息子の証言だけで足りるでしょうか。ある証言が信用できるかどうかは、その時の証言態度だけではなく、客観的な事情と照らし合わせ総合的に判断しますが、このような事例で、息子の証言だけで十分な反証（相手方の出した証拠を否定できるか）とするかどうか、裁判官によって分かれるところです。仮に、会社員のその点の言い分は認めるとして、本件では確認の電話がなされています。妻の証言では、要領のえない電話だったようですが、これに対して、信販会社は、なるほど確認の電話は以前は多少問題のあるかけ方をした例があったかもしれないが、最近は、担当者を十分に教育し、分かりやすく説明するよう指導しているので、妻は「夫も承知している」とまで述べたはずだ、普段は会話の内容をテープにとるのだが、このときはたまたま故障でとっていなかったなどと反論します。

皆さんが裁判官なら、どう考えられますか。このような保証債務の履行を求める裁判で、保証人欄に本人の判子が押されている場合にどの程度の証拠があれば反証と認めるか、電話等の確認にどれくらいの重きをおくか、いつも悩まされる問題です。息子の証言をいわゆる「口先だけの証言」だから反証に値しないとするか、わざわざ法廷で述べる以上少なくとも検討材料としなければならないと考えるか。裁判官がこれまで担当してきた裁判や判例がそれなりの判断の指針にはなりますが、絶対ではありません。現に直面する具体的事件で、どちらをとるかはそのときの決断です。電話の確認にしても、信販会社が要領のえない電話をかけるはずがなく、その電話の内容もそれほど難しくないはずです。そして妻がそうした電話をうけた以上、そのような大事なことを夫に話さないはずはなく、全体の流れからして、息子が勝手に父親を保証人にするとは考えにくいという考え方もありましょう。一方で、電話の確認は裁判になると水掛け論になってしまうので、会社側の内部資料で「確認あり」とするのは問題だし、このときにかぎりテープが故障というのもおかしい、証拠上は会社員本人の了解があったとまでは認め難いとする見方も十分ありえると思います。

このように、一見、簡単な事件のように見えて、結構難しい事件はたくさんあり、そのたびごとに、裁判官は、事実をどうみるのが妥当なのだろうかとあれこれ考えるのです。そして、最終的には、本件では信販会社を勝たすのが相当であるとするか、あるいは反対に会社員の方に軍配をあげたいと考えるか、どちらかの決断をして、判断を下すのです。

いまの例でも明らかなように、法的三段論法といっても、事実を一義的に確定するのが困難な場合には、演繹的思考（一般的な原理からその事実を導く）をさしおいて、「結論」をどうするかという点から事実を見るということがないではありません。もちろん、いつもこうしたやり方をしているというわけではありませんが、裁判のなかにこうした思考過程が入り込むことは否定できないのです。

法廷で現れた形式的な証拠を重視し、それによって認められる事実を単純に法律に当てはめると、それなりの結論は出てきますが、それが、その紛争にとって必ずしもふさわしい解決策とはいえないときがままあります。裁判官にとって一番悩まされ、あれこれ苦しむときですが、こんなとき、私は、当事者に対して率直に「裁判所の悩み」を打ち明け、判決ではなく和解的な解決を選択する余地はないかと尋ねてみます。そして、当事者双方が、裁判所の提案を真摯に受け止められ、お互い話しあった結果、円満妥当な解決策を見いだすということも少なくありません。そのときの喜びは、誰もが「裁判官が味わえる喜びの一つ」として挙げるものなのです。

そうした解決を導きだすためには、裁判官は、やはり当事者のこと、世間のこと、現場のことをよく知らなければなりません。長年、法廷で多くの事件を審理し、判決を数多く書いてきたというだけでは不十分なような気がします。私は、当事者の述べることを少しでも自分の「身体」で理解しようと、紛争の「現場」に出かけて「検証」しているのです（そのことについては日本裁判官ネットワーク編『裁判官は訴える！』講談社）に書きましたので、ご覧いただければ幸いです）が、まだまだ社会的経験不足を痛感しています。その意味では、これから裁判官生活を続けるかぎり勉強を続けなければなりません。この一文は、若い皆さんに対する「案内」の意味とともに、自分自身への自戒と励ましになるようにとの気持ちを込めて書きました。

（別冊法学セミナー「法学入門」二〇〇〇年）

3　調停室に届いた知らせ

〔サイクル裁判官の四季だより・夏〕

はじめに

今年は西暦二〇〇〇年のミレニアム。本誌（法学セミナー）も、『法律学って何やるの？　法学入門2000』という別冊を出しました。私は、そのなかで「裁判宮の仕事」という表題のもと、裁判官の仕事のうち、民事裁判における事実認定の難しさに触れた一文を書かせていただいたのですが、それが縁となって、ここに再登場することになりました。「日頃思っていることを自由に」という編集者のお誘いだったので、二つ返事でお引き受けしたものの、いざ、文章を書く段になって、果たして皆さんのご期待に応えることができるかどうか、いささか心細い気持ちになっています。しかし、実は今年は、私が裁判官になってちょうど三〇年目という節目の年に当たります。せっかくの機会ですので、日頃思っていることを、打ち明け話のような形で気軽に書いてみたいと思います。そうはいいながらも、本当のところ、厚くない胸をどきどきさせているのですが、とりあえず第一回目は、仕事に直接かかわる話から、取り上げることにします。

民事裁判のやりがい

裁判官の仕事で、全体のなかで占める割合が大きく、やりがいもあるのはやはり民事裁判でしょう。なかでも、公害訴訟、医療過誤、学校をめぐる裁判、あるいは労働訴訟等は、訴えの当初から関心が寄せられ、時には審理の途中でもその経過が報道されます。そして、最終的に判決が出ると、新聞やテレビで大きく報道され、その結果は、裁判の当事者はもちろんのこと、ひろく社会一般の大きな注目を浴び、影響も重大です。

こうした事件に関与することになった裁判官としては、事件の重要性に鑑み、当事者の主張を十分に吟味して争点を見極め、当事者が提出する膨大な証拠資料を検討し、さらには関係証人や鑑定人等の証言内容に耳を傾け、心証を形成していきます。多くの場合、こうした重要な事件は合議事件として三人の裁判官が担当しますが、審理の期間中その都度、事件の中身はもちろん、これからの審理の進め方について合議を重ね、それは、深夜、休日にも及びます。裁判の審理日程にも計画性が要求されるうえ、関係者が多数かかわりますので、期日を簡単に変更するといったことは許されません。体調の維持にも気をつかいます。審理が終結するまで、身体がなにか大きな重石を抱えているような重圧を感じ続け、本懐を遂げるまでの大石内蔵助の心境もさもありなんという状態です。

そして証拠調べが終わり、当事者双方が最終準備書面を提出、陳述して審理が終わると、いよいよ裁判所が合議体として結論を出さねばなりません。侃々諤々《かんかんがくがく》の合議がなされるのが常ですし、行き詰まって二進《にっち》も三進《さっち》も行かなくなるという事態もありえます。そうした挙げ句、ともかくも合議の結論が決まれば、主任裁判官が判決を起案することになります。いまでこそ、ワープロやパソコンがあるので、最終結論に至らない段階からそれなりの準備作業ができたり、文章の加除訂正作業がずいぶん軽減されましたが、一昔前までは、そういったことをすべて手作業でしなければならなかったので、その労力は大変なものでした。もちろん、現在でも、判決は、冒頭の事件の表示から末尾の裁判官の署名まで（最近は別紙や別表が必ずといってよいほど添付されるので本当の末尾ではなく本文の末尾になりますが）裁判官が全部作成しなければなりませんし、判決理由を説得的なものにするための、判決文の構成、論理の進め方、文章の推敲《すいこう》等の手間は、昔とかわらず、それこそ心血を注がなければなりません。こうした努力をしてのち、無事、判決言渡を終えるに至ったとき、特に主任裁判官として判決作成に関与したときならなおさら、重要な仕事をやり遂げたという達成感、充実感はことのほか大きく、裁判官を志してよかったと思えるひとときです。

「普通の裁判」こそが重要

こうした大きな事件は、社会的な注目を浴びる分、充実感も大きいことは大きいのですが、実は、裁判官が日頃関与する裁判は、そうした事件ばかりではもちろんなく、「なにげない」といってしまうと語弊がありますが、たくさんの、日常的な争いをめぐる事件を抱えているのです。むしろ、世間の耳目を集める事件は、その裁判官が抱える仕事全体からみれば、氷山の一角ともいえ、実は、水面に現れない大きな固まりとして多数の事件が存在するのです。商品の売買代金の支払いを求める売買代金請求事件、借家の家賃をいっこうに払わないので賃貸借契約を解除したから家から出ていってほしいという家屋明渡請求事件、いままで通行できていたのに急に柵が造られ通行できなくなったのはおかしい、いままでどおりの通行を求めるという通行権確認請求事件というように、社会で惹き起こされるさまざまな紛争が裁判所に持ち込まれてくるからです。

裁判官にとっては、これまで担当してきた数多くの事件のうちの一件にすぎないのですが、当事者にとっては、生まれて初めて訴えた、あるいは訴えられた事件であって、それこそ一生に一度あるかないかの出来事です。仮にも裁判官が、その事件を軽く見て、ぞんざいに扱うような素振りを見せれば、当事者の方々はその裁判官に対して大きな失望感を抱くばかりか、司法一般に対する信頼を即時に失うことになるでしょう。裁判官の一挙手一投足は、その意味でも重大です。裁判官は、普通の事件であっても、全力投球を決して怠ることはできません。

判決以外の解決—和解

当事者がそれぞれの主張が正しいとして真っ向から争う場合、普通、それぞれの主張を裏付ける証拠が、強弱、濃淡の違いはあるにせよ、一応揃っていますから、事実認定は必ずしも容易ではありません（事実認定の困難さについては本章2に紹介した拙文を参考にしていただければ幸いです）。民事裁判の場合、裁判官は、結局は「証拠の優越」により判断し、心証が固まってしまえば、一方の証拠は採り、他方の証拠は排斥するという形で判決を書くことになります。自分では自信を持って下した結論であっても、負けた方の当事者は、争っている度合いが強ければ強いほど、そう簡単には納得せず、控訴されることが少なくありません。これは裁判の宿命ですので致し方ありませんが、それだけ紛争の解決が先に延びることになります。

こうした場合に、判決とは別の解決方法として、和解的な解決を模索することになります。私は、事実認定が困難な事件はもちろん、それ以外の事件でも、けっこう和解を勧めてきました。少し前まで裁判所では、「和解判事になるなかれ」という言葉で象徴されるような、裁判官はまず判決を目指すべきで、安易に和解による解決を目指してはいけないという風潮があったのですが、最近では、和解は判決となららんで、民事紛争を解決すべき車の両輪ともいうべきものであるとの意識が裁判所でも大勢を占めているように思います（この点、自らの実践をふまえて民事訴訟の基本は和解にあるとし、和解に光明を与えたのは畏友・草野芳郎判事です。同氏の『和解技術論——和解の基本原理』〔信山社、二〇〇三年〕は和解を論じる場合の必読の文献ですので、参照してください）。

和解のいい点は、①判決ではどうしてもオールオアナッシングになりがちだが、それを避けて社会的に妥当な解決が見いだせる、②関連事件等を含めて紛争を全体的、根本的に解決できる、③紛争を迅速に解決できるし、判決よりも履行を期待できる、ことなどが挙げられます。もちろん、多くの批判もあり、たとえば、①安易な和解は、力による解決となり、強引な者、駆け引きをする者を保護する結果となる、②当事者が権利の救済あるいは真相の究明を求めているのに、和解ではこれらを曖昧にし「金銭解決」を無理強いする、③裁判官が和解の成立を急ぐあまり、「足して二で割る」とか「まあまあこのくらいで」という説得をして、当事者の納得や結果の妥当性（「紛争の解決」）を度外視した「事件処理」に陥りやすい、等の批判がなされます。私も、これまで当事者に和解を勧める際には、その都度、声高に主張する者に利する結果とならないか、木を見て森を見ないような和解とはなっていないかなど、一歩立ち止まったうえで、当事者にとって望ましい和解成立に心がけてきたつもりですが、果たして実際の和解がそうであったかどうか、かなり時間が経過したいまでも、時々自分のなした和解について思いをめぐらすことがあります。

争いのない事件での和解

原告の請求原因事実について被告が争わないし、特別の抗弁事実（原告の請求原因事実が認められる場合において、被告から主張する、その請求を妨げるべき事実。たとえば貸金請求であれば弁済したという事実）がない場合でも、和解を勧めることはもちろんよくなされます。一〇〇万円の立替金請求に対して一度に払えないから分割して支払う、そのかわり分割払いを怠った場合一時に支払う約束をするなどはその典型ですが、事案の内容から見て、判決では当事者に酷な結果となりそうな場合に、裁判所がやや強引に和解を勧めることがないではありません。

こういうケースがありました。以前、土地の分譲等を行っていた住宅都市整備公団が原告で、分譲した住民に対して買戻し特約を前提に建物を収去したうえ土地を返せという訴えがなされました。その住民が土地の分譲を受けたところは、抽選が実施されかなり高い倍率だったのですが、実は、その住民は友人の名を借りて抽選に応募して当選していたのです。普通、こうした例では、不正が当選直後に判明すれば公団も断固とした処置をとるのですが、分譲後相当期間がたっていると、公団としても「見て見ぬふり」をすることもあるようです。ところが、本件ではどうしたわけか、匿名の住民がその事実を公団に知らせ「壁新聞」でも告発したという事情があって、公団も訴訟に踏み切ったようなのです。

私は前任者から引きついでこの事件を担当することになったのですが、さて、困りました。法律的には公団を勝たせるしかなく（被告の住民からは公団の請求は「権利の濫用」に当たるとの主張がなされましたが、本件では無理な主張と思えました）、この住民はすぐにでも土地を返さなければならないのですが、住民には子どももいて、学校を変わりたくないといい、少しでも裁判を引き延ばそうと代理人を変えたりもしていました。

私は、これまでの経過等からみて、この事件ではすぐに判決をするより話し合いでの解決が望ましいと考え、当事者双方に対し、「『権利の濫用』の有無について証拠調べをするかわりに、それに通常要する期間の限度で和解手続きを行う、判決になると原告勝訴の可能性が強いので、その間、被告住民の方で、学校を変えなくていい範囲内で借家なり適当な土地を探しなさい」と述べました。双方とも、裁判所の申し出に賛成され、それから月一回程度和解の席を設けつつ、その都度、被告住民に適当な土地なり借家がみつかりましたかと聴いて、事態の進展を見守りました。そして、和解期日を重ねた結果、住民は同一通学区域内に適当な土地を見つけ、なんとかそこに新しく家を建てる手はずも整い、無事和解ができました。和解調書をまとめる最終日、原告被告双方の代理人はもとより、被告である住民夫婦が笑顔で感謝の言葉をいわれた時、裁判官をしていてよかったと思わずにはいられませんでした。

思わぬところからの解決

このように、裁判官がそれなりの熱意や思い入れをもって当事者を説得し、その結果（もとよりそれは裁判官だけでできるわけではなく、代理人弁護士の協力や本人の自助解決に対する意欲が大きいのです）、事件が円満解決に至ったときほど、喜ばしいことはありません。その喜びは、まさに「事件を処理」したのではなく、「紛争を解決」したからこそ生まれるものだと思います。しかしながら、裁判所に持ち込まれる事件のすべてが話し合いでの解決ができるほど、世の中は甘くありません。こちらとしても和解解決が一番望ましいものであると思っても、いろんな事情でそうならないことの方が日常茶飯ですし、時には、全然「聴く耳を持たない」当事者もいて、そんなときは泣きたい気持ちにもなります。

ところが、そのような、とても和解ができそうにない事件でも、ひょんなことから解決の糸口が見つかるということがあるのです。

これは、家裁での遺産分割のケースでしたが、父の遺産をめぐって、妻、長男、長女、二男、二女、三女と合計六人が相続人として登場していました。父親の遺した遺産は、大阪市内のアパート（敷地を含む）だけで、その一室に長男も住み、家賃も独占しています。妻は老齢で軽い認知症状も出ていますが、二男が介護しています。長男とその他の弟妹、特に二男との間に確執があり、長男は、二男が母親の面倒を見ているのに必ずしも、遺産分割に協力せず、遺産不動産を評価するにも消極的で、居住者のいるアパートが簡単に売れないことを見越して、競売にでもなんでもすればいいとうそぶく始末です。二男は、長年母親を介護していることの辛さ、デイケア施設への送り迎え、その他介護費用がずいぶんかさんだことなどを、写真などを持参して訴えました。

この事件は、当初から私が単独調停で行っていました。遺産分割では遺産をどのように分けるかという点が一番の争点で、かつ法律的問題が占める比重が大きいことから、調停委員なしに裁判官である家事審判官がひとりで調停を行うことがままあります。調停室は、畳に換算すると十畳くらいの部屋で楕円形のテーブルがあり、そのまわりに、当事者が裁判官と書記官を取り囲むように座ります。長男はなかば開き直りの態度ですが、これに対しほかの弟妹も長男のこれまでの仕打ちに積年の憤懣《ふんまん》をはらすべく、こちらと思えばあちら、あちらと思えばこちらと、怒りの発言が続きます。その交通整理だけでも大変で、法廷のように一段高いところから指揮するわけではありませんから、裁判官の権威もあまり通じません。

それはともかく、私は、調停の席上長男に対して、母親を介護している二男の苦労に報いる意味でも、長男がそのアパートを単独取得するが、その代わりにその他の人には代償金（遺産の価格をもとに算出される各人の相続分に相当する金員）を支払ったらどうかと、かなりねばり強く説得したのですが、長男は、遺産の評価自体に難色を示すとともに、それだけの代償金も出せないとして、埒《らち》が明かず膠着状態が続いていました。

ところで、そのころ、私は、母親が膵臓癌で入院し日々衰弱してきたため、家内や弟の妻とで交替で病院に泊まり、時に病院から裁判所に出勤するという生活を続けていました。入院生活も約二か月がすぎ、予断を許さない状態となっていた折から、意識が混濁しつつある母親の容態を気にしながら病室を後にして裁判所に直行したある秋の日、ちょうど件《くだん》の調停が入っていました。

その日もはかばかしい進展を見ないまま、当事者を前にしてどのようにして解決の糸口を見いだそうかと苦慮していたところ、同じ部に所属する書記官が調停室に入ってきて、妻から母親がたったいま息を引き取ったとの連絡が入ったと伝えてくれました。私は、出席していた当事者に対し、事情を簡単に説明し「母親の付添いはそれなりに大変でした。お母さんを看ておられる二男の方《かた》はもっと大変ではないですか」と告げて、次回期日を決めて退席しました。

約一か月半後、その期日がやってきました。私は、この事件はもはや円満解決は難しく、調停を打ち切って審判をするしかないが、アパートの競売を命じてもあまり意味がないなあ、とあきらめの気持ちで調停室に入ったところ、問題の長男がいきなり、「二男のいう値段でそのアパートを引き受けることに同意する。次回期日にお金を持参するのでその方向で話をまとめてほしい」というではありませんか。これには私もびっくりしました。長男がそのように決心するに至ったことと前回期日での出来事がどの程度関係したか、その点を確かめたわけではありませんので断言できませんが、私としてはなにがしかの影響があったと思わざるをえないほどの態度の変化でした。結局、長男の申し出に従う形で無事調停が成立し、円満解決の運びとなりましたが、長い間裁判官をしていると、難航している事件が思わぬきっかけで一挙解決に至るという事態にも遭遇するので、人の心の複雑さというか、人生の機微を垣間見る思いをすることも少なくありません。

では、今回はこの辺で。

（法学セミナー五四七号〔二〇〇〇年七月号〕）

4　少年よ、裁判官もつらいんよ

〔サイクル裁判官の四季だより・秋〕

初めて少年事件を担当したころ

裁判官は、まず判事補からスタートする。判事補も五年以上になると法律により判事と同じ仕事をすることができ（もっとも最高裁判所の指名が必要）、これを特例判事補というが、裁判官になって五年間は「未特例判事補」と呼ばれ、単独で訴訟事件の審理を行うことはできず、判決を言い渡すこともない。普通、初任の二年間は、大都市の本庁で民事部あるいは刑事部のどちらかに配属され、主に合議事件の左陪席として裁判に関与する。二年（私が初任のころは三年）の勤務を終えると、大多数の裁判官は、地方へ転勤となる。転勤生活のスタートだが、裁判官が合計三人の支部（昔は、甲号支部と呼ばれた）へ異動することも少なくない。そしてそこで、初めて少年事件を担当する。このように、裁判官は、比較的早い段階で「少年」と向き合うことになる。

かくいう私もそうであった。私の場合は、大阪から広島地家裁の尾道支部に転勤を命ぜられ、民事や刑事の合議事件に関与するかたわら、少年事件を担当することになった。当時、私はもうすぐ三〇の大台にのるというころで、相手の少年たちは、一四歳以上二〇歳未満であるから、少し隔たりはある。しかし、少し前の自分がそこにいるような気がしないでもない。少年に付き添ってくる父親あるいは母親はもちろん私より、ちょうど少年の年齢ぐらい年上である。

審判では、少年に対し、いわば人生という道を少しだけ先に歩いている兄貴分として語りかけることになるが、いかんせん迫力不足は否めず、少年からは頼りない先輩にみえたことだろう。厳しく接しているつもりでも、どれだけ話が通じて少年の骨身にこたえているか分からないので、つい饒舌になるが、こちらが声高になればなるほど、少年の口は重くなり、自分の叱責の声だけが審判廷にむなしく響くということも稀ではない。時には、少年よりも保護者である親のほうが問題だというケースもあり、そうした場合、人生の先輩である保護者であっても、臆するのはかえっておかしいので、思い切って、「ふだんのしつけをもう少ししっかりしてもらわなければ困ります」とか「お父さんたちの生活態度がルーズだから少年が真似をするんです」とはっきりいうことになる。

たいていの父母は、子どもが裁判所の世話になって面目《めんぼく》ないという気持ちがあるためか、当方のいうことを神妙に聴いて、「よく分かりました。これからはちゃんと気をつけます」と子ども以上に恐縮し頭を下げるのだが、本来、向こうからみて、どこの馬の骨か分からない裁判官から怒られるのは、気持ちのいいものではないはずだ。なかには「若造がなにを偉そうにほざいているのか」という表情をする保護者もいる。こちらは、それを見ると「なめられてはいけない」と思うものの、貫禄がないことはどうしようもなく、逃げ出したい気持ちを抑え、ぎこちない空気の流れるなか、なんとか無難に審判を終えようとするのみなのである。

「懇切を旨として、なごやかに」

「審判は、懇切を旨として、なごやかに、これを行わなければならない」と少年法には規定されている（二二条一項。今年すなわち二〇〇〇年の法改正で、同条項に「自己の非行について内省を促す」ことが追加されたが、従前の運用を確認したものにすぎないと理解されている）。少年審判は、少年のした非行に対し厳しく責任を追及するのではなく、あくまでも少年の健全育成を第一の目的とするので、審判の場も、大人の刑事裁判が厳格な手続きのもと、ある種の権威をもって行われるのとは違って、裁判官の自由裁量で行えるようにしたうえ、なごやかな雰囲気のもとで行うこととされたのである。

「懇切」については、審判が始まる前に、家庭裁判所調査官の調査面接で、少年審判の手続きについて時間をかけて説明を受けているので（軽微な非行で、再犯のおそれがない少年については、警察官の取調べや調査官の調査を受けたことで十分だとして審判を開くまでもなく終了する「審判不開始処分」で終わることになる）、ある程度まかなえるけれども、「なごやか」さを確保するのは必ずしも簡単ではない。審判廷で駄洒落《だじゃれ》や冗談（なにを隠そう、私は結構駄洒落が好きなのだ）をいうわけにはいかないし、少年のほうも、まだすれていなければいないほど、緊張や不安の度が強いうえ、先にも述べたように口も重いので、審判がつい堅苦しいものになってしまう。裁判官それぞれに工夫していることだが、裁判官は他の裁判官の審判を見学することは皆無なので、こればっかりは自分でノウハウを見つけるしかない。

私は、記録からうかがわれる少年の生育史や生活環境で、自分と共通の部分があればそれをとりあげて、話題にしたりする。野球やテニスが好きな少年を前にして、「裁判官も下手ながらするんだよ」というと、緊張した顔が一瞬ゆるむのが分かる。小さいとき喘息で苦しんだという記載があれば、「実は私も喘息で、大人になっても治らず大変だった」と話したりする。しかし一方で、そうした共通項を語ることは、えてして少年の前に、裁判官が「人生の成功者」として登場することにもなりかねないので、常に謙虚さが必要だ。時には、少年の顔や面立ちが歌手とか芸能人に似ていると、「似ているといわれないかい」ということもある。それでうまく緊張がほぐれた例も経験したが、最近の若い少年をみると、みな同じような顔に見えるので、このやり方も、とれなくなりつつある。

ついこの間、身柄（重大な事件やそうでなくとも要保護性の高い少年の場合は、心身の鑑別の必要があるとして少年鑑別所に収容される。そうした少年ないし事件を「身柄」と総称する。いわゆる業界用語で好ましくないが、一言で言い表せて便利なのでそのまま使用する）の審判でこういうことがあった。なにかの拍子にシンナー吸引が嗜癖となり、家によりつかず不良交遊を続けている少女であったが、鑑別所のなかで懸命に漢字を勉強したことが分かったので、「漢字を覚えるのには四字熟語を勉強するのも一方法だが、なにか君の性格にあてはまったり、君がモットーとしている四字熟語はないかい」と質問してみた。これから自分に対してどのような処分が言い渡されるのかという、大げさにいえば自分の運命が決まる場面であるから、少女の口から、たとえば、「一生懸命」とか「一心不乱」とか「明朗快活」とかの言葉を期待していた（難しい言葉では「堅忍不抜」といったのが出れば嬉しいが、これは少し無理かなと思っていた)。ところが、彼女の口から発せられた言葉は、「自由奔放」であった。これには、私のみならず、立ち会っていた書記官、調査官、鑑別所の職員までもが一瞬びっくりし、次の瞬間には笑ってしまった(「破顔一笑」とはこのことをいうのだろうか)が、これなどは、少女自らが期せずして「なごやかな」雰囲気を出した希有なケースといえるだろう。

少年院送致決定を言い渡すとき

審判が開始されたときに、少年に対しなしうる処分の選択肢は、それほど多くはない。保護処分までの必要がないと認めるときは不処分の決定を言い渡すことになる。警察の調べや調査官の調査を経ている間に自分のした非行に対し相当反省しており、そのうえ、もう一度裁判所に呼び出されて裁判官から注意をされればこれに懲りて(何度も呼び出されて面倒くさいというのもひとつの歯止めとみてよい)、さらには保護者からすでに注意を受け今後はその監督のもと、再び非行には走らないだろうということで、「今回は裁判官が注意するということで終わっときます。不処分という処分です」と言い渡す。少年たちは、その瞬間はきょとんとしているが、やがて審判の意味が分かると、ほっとしたように母親あるいは父親を見る。わずかではあるが、肩から重荷がとれたようだ。時々、審判を終えて、階上の裁判官室から外を見ていると、たったいま許された少年が、母親とならんで帰る姿が眼にとまることがある。笑い顔が見えたり、軽くVサインをしていることもある。裁判官をしていてよかったと思うひとときである。

裁判官の注意だけではすまない場合、保護処分になるが、保護処分の種類は、分かりやすくいうと、保護観察処分か、少年院送致しかない（ほかに中学生が対象となる児童自立支援施設送致というのがあるが、保護処分としてなされる例はきわめて少ない）。保護観察は、少年を施設に収容することなく、元の家庭に帰したうえ、保護観察所の監督のもと、保護司の指導、援助を得て更生を図ろうとするものである。保護観察決定を言い渡す際には、遵守事項といってこれから守るべき事項をあわせて言い渡すのだが、「強い心を持って誘惑に負けないこと」「夜遅く街に出歩いたり盛り場をうろついたりしないこと」などは、言い渡している途中で、一番守るべきは言い渡しているこの私自身ではないかと思い至って、思わず口ごもることがある。立ち会っている書記官がそれと気づいて、にやっと私の方をみるではないか。照れくさいことこのうえない。保護観察は、少年と接触する保護司にその人を得て初めて実効性を持つのだが、それでなくとも世代間のギャップがいわれる昨今、保護司の高齢化が大きな問題となっている。

問題は、少年に少年院送致を言い渡すときである。年長少年が殺人などの重大非行を犯し、少年としての保護処分では処遇しきれないときは検察官送致となって裁判を受けることになるが、それ以外では、つまり保護処分としては、少年院送致は少年にとってこれ以上の不利益はない。

この少年院送致は、少年にとって大きな試練であるように、裁判官にとってもひとつの試練である。刑事裁判では、刑の言渡しは前もってそのためだけの期日が定められており、結審してから言渡期日までどのように刑を量定するか、特に実刑か執行猶予にするか迷いだすときりがなく、その日の朝、場合によっては入廷直前まで決めかねるということがままあるけれども、法廷に入り、判決主文を読み始めてしまえば、あとはそれほど困難ではない。被告人との距離もかなりあるし、高さも違う。極端にいえば、被告人の顔をみなくても、やろうと思えばできる。ところが、少年審判の場合は、同じ高さで、それもわずか幅一メートル半程度の机をはさんで対峙するから、少年の顔をみないわけにはいかない。それでなくとも心臓の弱い私にとっては相当の難事である。少年事件を担当した当初のころは、翌日に身柄審判、特に少年院送致を免れない審判があるとなると、前夜から審判期日での進め方をあれこれ想定するあまり、夕食がのどを通らないこともしばしばであり、当日も、その審判がすむまでは仕事がほとんど手につかなかった。

そして、いよいよ審判を始めるのだが、「少年院送致」をいつ少年に告知するか、そのタイミングは難しく、かけ出しのころの私は、その告知がいやで、あれこれと先延ばしをしつつ、話すべきことが尽きた最後になってようやく言い渡すということが多かったが、ある時から、それほど長い時間をかけずに言い渡すようになった。すなわち、少年に、非行事実自体に対する弁解、それまでの生活体験とそれがどのように非行に結びついたかの認識、鑑別所で反省した内容、将来に対する抱負などを述べさせたあと、保護者の陳述、立会い調査官の意見を聴くといった必要な手続きをすませる(もちろんそれらが形式的なものに終わることのないように配慮は十分するけれども)と、あとはあまり脇道に入らず、少年に対しきっぱりと「今回は少年院に行ってもらう」というのである。

ある少年を少年院に送致するかどうかの判断は、たいていの場合、審判に臨むときにすでに結論が出ているわけであるが、なかには審判廷における反省の態度如何にかかることも少なくない。こうした場合でも、私は、審判の途中で、「少年院送致もやむをえない」と判断すると、それほど躊躇せず、できるだけ早めに言い渡すことにしている。少年は、少年院送致をある程度覚悟はしていても、常に一縷《いちる》の望みを抱いている。審判廷での裁判官の様子から中途半端に希望をもったところ、最後に「それでも少年院に行け」ではよけい救われないと思うからである。そうはいっても、そのような告知方法が少年にとって納得のいくものであるかどうかは、また別問題であろう。少年はひとりひとり決して同じではない。ケースによってそれ相応の工夫もし、柔軟な姿勢を心がけているものの、自分のこれまでなした少年院送致が少年にどこまで納得してもらえているかとなると、心もとないかぎりである。

「少年の納得」の問題については、忘れられない経験がある。ごく最初のころのことだが、審判の途中から「少年院送致」の気配を察して、「少年院はいやだ。悪いことは絶対にしませんから、今度だけは許して下さい」と泣き出した少年がいた。保護観察の成績も悪く、試験観察中の再犯でもあったので、帰すわけにはいかないと、心を鬼にして少年院送致を言い渡したが、少年の泣き叫ぶ声は大きくなるばかりで、私がなにをいっても聴く耳もたずの感でとりつく島がない。小一時間しても埒《らち》があかないので、やむなくあとを調査官らにまかせて退席した。その後顛末《てんまつ》を聞くと、調査官、書記官が必死に説得してみても泣きやまなかった少年が、鑑別所職員から「スキーで足の骨を折って長めの入院をすることになったと思えばよい。一年なんてすぐさ」といわれるとけろりと泣きやんだという。言い方もあるものだと感心したが、まさか裁判官がその手をつかうわけにもいかないだろう。

久しぶりに少年事件を担当して

私は、昨年（一九九九年）四月、大阪家裁から現在の和歌山家裁に転勤したが、家事事件のほか、少年事件も一部担当することになった。これまでも通算すればかなりの期間、少年事件にタッチしているが、ここしばらくは離れていたので、野手に転向したあと再びマウンドに登ったタイガースの遠山投手のような気分である。

久しぶりに審判廷に入ると、これまでとずいぶんと感じが違うのである。なんのせいかと考えたが、すぐに合点がいった。私の前にいる少年はすでに、私の子どもよりも若く、付き添ってやってきた父親にしろ母親にしろ、全員、私より年下なのである。思わず、私も年をとったなと、歳月の歩みの早さに慨嘆したが、嘆いてばかりいてはいられない。茶髪にはもう驚かないが、朝早くからターミナル駅の正面の地べたに座り込んでギターをひく少年たちにはちょっとついていけない。こうした世代の違う少年に対して、どのような言葉で語りかけるのがいいか、また、そうした子どもを持つ両親に対して、子どもの育て方を説くのが果たしていいのかどうか、どれひとつとしてすぐに正解はみつからないが、私としては、若者に対し、あるいはその保護者に対しても、しいておもねることなく、自分の正直な気持ちを語りかけるのが一番ではないかと思っている。

最近になって、少年による残酷かつ陰惨な犯罪が続発して、世間を震撼させているが、こうした事件報道に接するにつけ、少年事件を担当している者としてよりも、ひとりの人間として「本当に悲しい」

という思いが先に立つ。特に、少年とは全く関係のない人が、たまたまそこに居合わせたというだけで生命を奪われ、あるいは大きな傷害を負うという事件には、救われないという気持ちになる。被害者遺族の立場を考えると、少年の保護をいうこと自体がなんだかむなしくなるが、かといって、少年に対する厳罰化、あるいは実名報道の許容で、解決できるとも思えない。少年審判あるいは裁判所という枠組みのなかだけで論じるだけではなく、広く国民が真剣に考えるべきものとして突きつけられている問題であろう。

ことに、自転車大好き人間である私にとってショックだったのは、野球部の後輩部員をバットで殴り重軽傷を負わせ、その直後に無抵抗の母親を撲殺した少年が、岡山から秋田まで一〇〇〇キロ余りの道をひとり自転車で走ったことである。凶行現場から少しでも遠く離れたいという気持ち、あるいは修学旅行の思い出の地である北海道で安らぎをえたいという思いもあったろう。心の闇を抱えて、どれほどの苦しさのなかでペダルをこぎつづけたのか。心理学者も指摘するとおり、最後はペダルをこぎつづけることが自己目的となってしまったのかもしれないが、それは、健康法のためにスポーツジムで自転車をこぐ姿と対極のありさまだ。いまとなっては取り返しがつかないが、少年には自転車に乗るときはいつも楽しい、あるいは充実した時間であるような人生を送ってもらいたかったと思うばかりである。

（法学セミナー五五〇号〔二〇〇〇年一〇月号〕）

5　夫婦って何だろう
――離婚調停に見る人生模様〔サイクル裁判官の四季だより・冬〕

「こちら三号調停室です」

「三号調停室、調停が成立しました」と、少し離れた場所にある書記官室から電話が入る。急いで、各調停事件の内容と経過を一枚のB5版用紙にまとめた「手控え」を取り出して、どの事件かを確認する。妻が申立人で、「借金をして働かない」夫に愛想を尽かして離婚を求めた、子どものいない夫婦のケースである。確か、前回の期日に立ち会った折り、夫も離婚に合意しており、離婚だけならすぐにでも調停が成立したのだが、妻の方から、解決金として一〇〇万円でもいいから支払ってほしい、夫に支払能力がないのは分かっているが、夫の両親は資力を有しているから、できれば両親から借りてでも支払ってほしいとの要求が出て、一回続行したのだ。前回、離婚についての合意ができた段階で、私自身も調停室に足を運んでいるので、おぼろげながらもその夫婦の容貌を思い浮かべることができた。

当事者を一旦退席させた調停室に入り、男性、女性各調停委員から様子を聴くと、夫の両親も匙を投げていてお金を出す気はないという返事であり、一方、妻のほうは、夫の返事に不満を残しつつもそれほど期待をしていなかったせいか、なにも貰わず離婚を成立させてよいという。調停委員両名と「離婚で仕方ありませんね」と話をして、申立人、相手方双方に調停室に入ってもらう。ふたりとも表情は暗いが、それほど「不幸」そうでもない。前回立ち会った審判官であることを告げたうえ、念のため「お二人とも離婚ということでいいですね」と確認する。双方ともうなずく。「それでは離婚が成立しました」ということで、調停が終了する。相手方はそのまま立ち去り、申立人には、少し説明することがあるので書記官室に立ち寄ってもらうが、要するにそれで終わりである。

いままで夫婦であったものが、明日からといわず、その瞬間から「他人」になるのだが、それにしてはあっけない幕切れである。おそらくそれぞれに、相手に対する恨みつらみもある反面、新婚時代の楽しかった生活のひとこまが脳裏に浮かぶこともあるだろう。それゆえに、結婚生活が結果的に失敗に終わったことに対する悔恨の念などもあるはずであろうが、それまでに話し尽くしてしまったのか、最後はみんな案外淡々としている。したがってこちらも、それほど感傷的にならずにすむのだが、あまりに淡泊な別れに、「夫婦ってもろいものだな」とかえって考えさせられてしまう。部屋に残った二人の調停委員と「夫がだらしないのがそもそも問題でしたね」と雑談していると、別の書記官が顔を覗かせ、「五号室の調停が難航しているので来て下さい」という。急いで、その事件の手控えを探しつつ、五号室のほうに小走りでかけつけようとするのだが、廊下に出たとたん、たったいま別れた夫婦のことを忘れつつある自分に気づいてしまう。仕事とはいえ、人生の重大事である離婚を数多く日常的に扱うことによって、家裁に来る人のつらさや苦しさを忘れては裁判官としては失格である。せめて、二人のこれからの人生が実り多いものであることを祈って、次の調停に向かおうではないか。

飛び入り御免の調停立会い

調停の実施機関は、調停委員会が行うとされ、調停委員会は、裁判官と二名以上の家事調停委員で構成される（旧家事審判法三条二項、二二条。平成二五年施行の家事事件手続法では、二四八条になった）。したがって、本来なら、裁判官（家庭裁判所で家事事件にタッチする裁判官は家事審判法では「家事審判官」と呼ばれていたが、前記手続法で「裁判官」に戻った）も、常に調停委員（夫婦関係調整事件では普通、男女各一名からなる）とともに、調停室に入って当事者の話を聴かなければならないのだが、同じ時間帯に何件もの事件が同時に入っているので、裁判官が全部の事件に立ち会うのは物理的に不可能である。時には、調停が成立し、あるいは合意ができず不調となった最後の段階で、初めて当事者にお目にかかることだってある。

こうした形で当事者とご対面になるのはさすがに心苦しく、私は部屋に入るなり、例外なく、「ほんとは裁判官も調停委員の方と一緒に調停室に入ってお話を聴かなければならないですが、他に多数の事件がありますので、やむなく、調停委員の方にお任せしていました。もちろん、これまでの経過はお聴きしています」と、弁解することになる。

このような状況に対して、「裁判官不在の調停」ではないかとの批判がなされることがある。家事事件担当の裁判官は、その批判を真摯に受け止めて、たとえば、せめて第一回の調停期日には立ち会うのを原則としたり、調停の実施に先立って、あるいは（現実にはこちらの方が圧倒的に多いが）調停が行われたあとで、調停委員に裁判官室に来てもらって、その日の進行状況の報告を受け、今後のやり方を評議するなどして、裁判官も実質的に調停に関与するという形を維持しようと努力しているのが現状である。私も、基本的には同じやり方を踏襲しており、時には調停委員の控え室まで出かけて、評議の機会を確保しようとするのだが、「現場が好き」な者としては、当事者の顔をみないのが、なんとも歯がゆいし、こころもとない気がしてならない。

そこで、私は、少しでも時間があれば、当事者の話を直接この耳で聴くべく、調停室に出かけることにしている。「調停現場」に乗り込むのだ。予告もなく、突然に闖入《ちんにゅう》するので、当事者はもちろん、調停委員も怪訝な顔をされたり、話の腰を折られて不満げな表情を示されたりすることもあるが、それにひるんではダメである。もっとも、和歌山に着任してまもなくのころ、まだ私自身の顔が売れていなかったためか、調停室に入ったとたん、調停委員の方から「部屋を間違っていますよ」と注意を受けたのにはびっくりした。あわてて裁判官であることを名乗って、追い出されずに済んだが、さすがにいまはそういうことはなく、だいたいにおいて「いいところに来られた」「お待ちしていました」と歓迎される。

そうした対応がまた嬉しく、私をますます積極的にさせるのだが、やはり、間接的に話を聴くのと、実際当事者と対峙して話を聴くのとは大違いである。当事者の顔を見ることにより、申立人が離婚にあくまで固執するのはなぜか、この夫婦が和合する可能性があるかどうか、など肝心なことは、その場に流れる雰囲気からおおよそ分かってしまうから不思議である。私はこのやり方を「飛び入り御免の調停立会い」と称して、さながら「廊下とんび」のごとく実行している。

夫婦不和のありようは、さまざまなようで似ている

実は、家庭裁判所では、家庭生活に悩みや不満を持つ人のための「相談窓口」をいつでも開いているし、簡単に夫婦関係の調停申立てができるように、定型の申立用紙も用意されている。そこでは、どういう内容の調停を申し立てるか（「申立の趣旨」）について「離婚を求める」ものか、それとも、「婚姻関係の円満調整を求める」ものかを、○で囲むことになっているし、不和となった事情を書く欄も設けられているほか、さらに申立ての動機として、①性格があわない、②異性関係、③暴力をふるう、④酒を飲み過ぎる、⑤性的不満、⑥浪費する、⑦異常性格、⑧病気、⑨精神的に虐待する、⑩家族を捨ててかえりみない、⑪家族と折合いが悪い、⑫同居に応じない、⑬生活費を渡さない、⑭その他　と列挙され、申立人は、当てはまる番号を○で囲み、そのうち最も重要と思うものに◎をつけることになっている。夫婦に亀裂が生じ、破綻に至る主な事由はそこに網羅されているといってよい。

人は一旦離婚を決意するとなると、「坊主憎けりゃ袈裟まで憎い」心境になるのか、「好きおうて一緒になった仲なのに」、申立ての動機欄の項目のほとんどに○をつけてくる申立人（離婚申立ては圧倒的に女性が多い）がいないでもない。私はどちらかというとフェミニストであるので（これが誤解を受けて、私の姓になぞらえて「木＝気が多い」と評されることもある）、か弱き女性をここまで追いつめるとはと、まだ見ぬ申立人に同情心を抱いてしまう。しかし、そういうケースに限って、いざ調停を開いてみると、どちらかといえば妻の方が勝ち気で「わがまま」なのに対し、夫の方が素直で柔和であった

りし、不和の度合いもそれほどでもないというのがあるから不思議である。

夫婦関係が不和になる原因は、個々の夫婦によってさまざまであり、まさに、トルストイが『アンナ・カレーニナ』の冒頭で述べているように「幸福な家庭はみな同じように似ているが、不幸な家庭は不幸なさまもそれぞれ違うものだ」(原卓也訳)。しかし、夫婦の離婚調停に数多く関与し、いろいろな夫婦のありさまをみていると、代表的な破綻事由である夫の不貞、暴力、不就労による生活破壊などで離婚を求めてくる例では、どれもが似たり寄ったりで、トルストイの名言も少しは修正する必要がありそうだ。

そのような典型的な事例でない場合、夫婦破綻の原因は一言ではかたづけられないものの、結婚の際、誰もが幸せな人生を願い、偕老洞穴《かいろうどうけつ》を誓っていた二人が、ほんのちょっとしたボタンの掛け違いから不信感が芽生え、その傷口がだんだんひろがり、やがて大きな亀裂が生じ、ついには坂道を転がるごとく破局に至る経緯を何度も見ていると、それぞれに共通する人間の弱さが見いだされ、「生きていく」ことの難しさを痛感するとともに、結婚生活二七年余りになるわれわれ夫婦が曲がりなりにも無事で来られたのもなにか偶然の賜物のような気がしてくる(「なにいっているの。私が辛抱してきたからじゃない」との配偶者の声が飛んできそうだが)。

若者は辛抱しなくなっているか

辛抱という言葉の連想から話をつなぐと、近ごろの若い夫婦は「辛抱」が足りないように見えることは確かである。結婚後わずか一、二年で、「夫の顔をみるのもいや」という若い妻や、時には乳飲み子を抱えながら「別れたい」と主張する妻を目の前にして、調停委員、特に女性委員が「少し我慢したらいいこともあるかもしれないよ」とか「子どもさんが生まれたのだからご主人も変わりますよ」と話すのだが、その可能性が乏しいと見切ったからこそ離婚を申し立てたのだという。こうなると、周りからの説得は無理だし、相手方の夫のほうも、実にあっさりと離婚を応諾してしまう。もちろん、間に幼い子どもがいる場合は妻が育て、夫がなにがしかの養育料を払うということになるのだが、それさえ手当てがつけば、調停委員会としてはそれ以上にとやかくいえる筋合いではないので、そのまま調停成立となる。

昔は「子は夫婦のかすがい」といわれ、しっくりいっていない夫婦も、子どもの誕生により心機一転仲良くなっていくというのが一つのパターンだったように思うし、そういう形で危機を乗り越えている夫婦も数多くいると思われるが、見方によれば、それは妻に、あるいは母となった女性に「辛抱」を強いてきたことになるのかもしれない。現代の女性は、まさに自分に正直に生きることを欲して、あえて困難な道を選択しているのであろうか。

ところで、(子どもが、特に乳幼児がいる)若年夫婦が離婚を余儀なくされる場合母親である妻のほうが子を育てていくと相場が決まっていたのだが、最近では、若い夫のなかに、離婚には同意するが、子どもは自分が育てたいとして親権に固執する者が増えてきているのが興味深い。こうした例では、特に不都合がないかぎり母親が養育して問題はないし、調停の席でもこれまでそれほど揉めなかったように思うのだが、最近では「父親だって子どもを育てる権利がある」とか「母親優先は男女平等に反する」

と強硬に主張する人が、若い人の中に結構多いのである。仮に親権は譲っても、子どもとの面接交渉権はぜひ確保したいと、一歩もひかない。

父親が子どもに会いたいという気持ちは分かるのだが、子どもの情緒なり感情なりを一顧だにせずに「権利」「権利」という父親を前にすると、「子離れしない」父親の典型をみるようで、ちょっと複雑な気持ちになる。それがもう少し年齢の高い夫婦になった場合、小学校から中学校にかけての子どもをどちらが養育するか、あるいは面接交渉をどうするかという問題になって、時に深刻苛烈な争いに発展する。離婚調停で、一番困難な問題といってよいが、ともすれば、肝心の子どもの福祉はどこかに飛んでしまい夫婦双方のエゴのぶつかり合いの場に転じてしまう。

もちろん、これは他人ごとだからいえるかもしれないのだが、子どもにとって離婚は、親の急死以上に克服しがたい悲劇といわれるのに、その親権をめぐって親が激しい争いを展開すれば、子どもはますます傷つくことになる。最近目にした、ジュディス・S・ウォラースタイン、サンドラ・ブレイクスリー著の『セカンドチャンス　離婚後の人生』(草思社、一九九七年)によれば、自ら望んで離婚した者の大半は以前よりも幸せな人生を送ってはいるが、一方、その陰には離婚を望まなかった者と両親の離婚に巻き込まれた子どもたちがおり、離婚がもたらす心理的な悪影響を長年にわたってこうむり続けているという。大人たちが、①少なくとも一方にとって耐え難くなった結婚生活から逃れるため、また②新たな人生を築く再出発のために離婚を選択するにせよ(私はそれが正しい選択であることを否定しないけれども)、同時に子どもへの悪影響をできるだけ最小限にとどめるべきではないか。離婚を求め親権を争う親たちに出会うたびに、そのように力説するが、時には理解してもらえるものの、双方が、子どもの親権を譲らずに長引いたあげく、折り合えず不調となるケースも少なくない。

熟年離婚のむなしさ、はかなさ

若年離婚はまだいい。まだしも将来がある。しかし、中年をすぎ老境を前にしての離婚には、身につまされることが多い。夫が長年勤めた著名な電機会社を定年で退職したとたんに、妻から離婚の申立てを受けるという例があった。妻の言い分はこうである。「夫はいわゆる会社人間で、ほとんど家庭を省みず、結婚生活は味気ないものでした。二人の子どもをもうけましたが、養育はもっぱら私が担当し、夫はほとんど協力しませんでした。もちろん子育ては、子どもを大きくする楽しみがあり、成長していく子どもを見て充実感も持ちましたが、それは本来の私の人生ではありません。子どもも独立したいま、残りの人生を自分のためだけに生きてみたいと思うのです。ついては三〇年余りに及ぶ労苦と辛抱に見合うものとして相当の金員を貰って別れたい」と主張する。

離婚状を突きつけられた夫としては、まさに晴天の霹靂《へきれき》である。「仕事人間で、妻とあまり会話をしてこなかったことは認めるが、それは決して妻を遠ざけたわけではなく、むしろ、妻が（銃後で）家庭を守っていてくれたからこそ安心して会社で働けたし、業績も上げられた。これから二人で一緒に旅行やガーデニングをしようと思っていたのに、別れ話などとんでもない。離婚は絶対しない」という。

まず別々に話を聴く。妻の話は単純明快で、離婚の意思は固い。ずいぶん前からひとり身での老後の生活を考え、楽しい人生設計を夢見ている感がある。一方、夫のほうは、自分がいかに会社のために尽力し、特に海外に派遣されて、異国の現地法人の発展のため頑張ったことを力説する。妻の家庭での役割に感謝するとはいいながら、夫の話のなかには妻はほとんど登場しない。こちらが制止しないと、会社でいかに重要な地位をしめてきたかの話が延々と続くのだ。だいたい、こうした場合妻から離縁状を突きつけられると、それなりに反省して急にやさしくするものであるが、プライドが許さないのかそれもせず、話題はもっぱら会社での業績と、いまいる子会社での仕事ぶりばかりである。そして、海外出向中、妻は自分の許に来てくれたし、そのときは結構観光もしたのであって、妻の言い分が全く理解できないと、涙ながらに訴える。

妻は、夫が話した内容を私や調停委員から聴かされるや、もちろん楽しいときが全くなかったわけではないが、夫に付き合わされたという感じが強く、外国に行ったのも、夫が配偶者である自分を現地の人々に見せるのが主な目的だったと、こちらは淡々と述べる。われわれが妻の述べたことを夫に伝えても、夫は妻の言い分が理解できない。これが本当に三〇年以上連れ添った夫婦なのだろうかと唖《あ》然とする。

われわれは、次に、夫と妻を同席させて、お互いの言い分を述べてもらうことにする。いわゆる同席調停といわれるやり方で、調停が膠着状態になったときなどに有効であることが多いが、本件では、あまり会話がはずまず、最後まですれちがいであった。そして、夫が頑として離婚を拒否したため、調停を不成立とせざるをえなかった。妻の調停での口振りからみて、離婚の意思に動揺はないものの、あえてすぐ離婚の裁判を提起するとは思われない。しかしながら、一旦別離の意思を明らかにした妻と、突然の別れ話にショックを受けた夫とで、いったい、これからどのような生活が続いていくのだろうか。

表面的にはこれまでと全く変わらないものであるにせよ、それは、もっともわびしくて孤独な夫婦生活ではなかろうか。私は暗然たる思いで夫婦を見送り、調停委員ともすぐには口がきけなかった。
そうしたしんどい調停を終えて帰った日、私は出迎えた妻に対し「きょうも一日元気だったかい」と普段より相当優しい声で尋ねるのだが、敵もさるもの、すかさず「なにか後ろめたいことでもあるの」という答えが返ってくる。女性のカンはやはり鋭いといわざるをえない。

（法学セミナー五五三号〔二〇〇一年一月号〕）

6　雌伏のとき、至福のとき

――三たび「再任」されて〔サイクル裁判官の四季だより・夏〕

再任辞令を受け取って

私は、内閣から平成一三年四月六日付けで「判事兼簡易裁判所判事」に任命された。もっともその日に辞令が交付されるわけではなく（数日後辞令が届いた）、「再任」されることは前もって所長から知らされていたので、四月六日当日は格別の儀式もなく、普通の一日として過ぎ去った。しかし、いささか拍子抜けの再任劇であったにせよ、私自身は、こうして無事再任されたことについてそれなりの感慨がある。今回は、やや懐古（回顧）的になって申し訳ないが、いままでの裁判官生活を振り返りつつ、この「再任」の意味を考えてみたいと思う。

さきほどから「再任」という言葉を使っているが、裁判官は最初、判事補に任命された後、一〇年を経過した段階で「判事」に任命されることになる。これが再任といわれるものだ。一般に、わが国では、裁判官は、一度裁判官になればそのまま終生裁判官として勤めあげると思われており、実際、そういう人が多いのであるが、実はこれは憲法の建前とはやや違うのである。憲法八〇条一項は、「下級裁判所の裁判官は、最高裁判所の指名した者の名簿によって、内閣でこれを任命する。その裁判官は、任期を十年とし、再任されることができる」と規定して、裁判官の任期が一〇年であることを明言している。つまり、裁判官は一〇年の任期が満了すると一旦は退官し、新たな任命がないかぎりはそれで終わりなのである。憲法がこのように任期制を定めたのは、法曹一元（裁判官の給源を裁判官としての職務以外の法律に関する職務に従事したもの、特に弁護士から任命することを原則とする制度。昭和三九年の臨時司法制度調査会意見書では「将来の望ましいあり方」として方向づけされたが、実現には至っていない）の裁判官制度が採られることを予定したからだといわれるが、それはともかく、この再任を「新任」と全く同様なものと考えると、少なくとも、定年まで裁判官を続けようとして裁判官になった者に対して、最高裁判所（任命権者は内閣であるが、それに先立つ最高裁判所の「指名」が重要で、実質的には最高裁判所が決定しているといってよい）が恣意的に再任拒否ができることになり、そうなると、下級裁判所の裁判官の身分保障は著しく弱いものになるので、一般には、「再任されることができる」とは再任を原則とするという意味に理解され、著しい成績不良など、特に裁判官としての適格性を欠く明らかな事情がみられるときにのみ再任拒否が許されるとされてきた。そして、実際、そのように運用されてきたといわれてきた。しかし、そのような運用が覆されたことが実際に起きたことがある。

宮本裁判官再任拒否事件などについて

ここで話は三〇年前にさかのぼる。壺井榮は、「十年をひと昔というならば、この物語の発端は今からふた昔半もまえのことになる」という文で、有名な『二十四の瞳』を書き始めたのであるが、ここでの話はそれよりもまだ「半昔」前になる。古いことで、多くの読者にとっては生まれる前の出来事になるが、大事なことなので我慢してほしい。

さきごろ、わが国では裁判官の妻が犯罪を犯したとされることに関して、その捜査を担当した検査官がこの裁判官に捜査情報を漏らしたということが問題となった。それとは別に、裁判所の職員が、この事件の令状請求書等のコピーを上級庁である高等裁判所に渡したということが判明して関係者が注意を受けた。さらに、当該裁判官が、裁判官として限度を超える行為をしたとして戒告処分になって、裁判所で仕事をする者にとっても、一般の人にとっても驚天動地のことが起きて、連日新聞やテレビを賑わしたことが記憶に新しいが、実は、三〇年前にも、裁判所ないし司法のことが社会問題化して新聞の一面に取り上げられたことがある。

すなわち、最高裁判所は昭和四一年にいわゆる全逓中郵事件判決という画期的な判決を出したのだが、その後の昭和四二年ころから日本の裁判所の「左傾化傾向」に危機感を持った政府自民党、右翼、財界の青年法律家協会（昭和二四年に二八〇名ほどの若手法曹・法学者によって結成された憲法擁護を標榜する団体）に対する攻撃が始まり、これに呼応するかのように、最高裁は昭和四五年九月ころから、いわゆる青法協に所属する裁判官に脱会するよう勧告し始め、昭和四五年五月、石田和外最高裁判所長官が、軍国主義者・共産主義者は裁判官として好ましくないと表明していたところ、最高裁判所は昭和四六年三月三一日の裁判官会議で、司法修習一三期にあたる宮本判事補について再任を拒否した。また最高裁は、同日の裁判官会議で、裁判官を志望していた二三期修習生六二人のうち、五五人は採用したものの、残り七名についてはこれを採用せず、いわゆる大量任官拒否事件が起きるに至った。この七名の任官拒否事件については、同年四月五日司法修習終了式で、修習生たちが当局に説明を求めたりしたところ、最高裁は終了式を混乱させたとしてクラス委員長であった阪口修習生を罷免するなど、司法界を揺るがす事件が次々と起こったのである。

宮本判事補は青法協会員であった。拒否された裁判官志望者も大部分が同様、青法協会員であった。おそらく最高裁が、彼らが青法協会員であることを嫌忌して拒否をしたに違いないと思われるが、最高裁はその理由を明らかにしていないので、その真相はいまもって不明である。しかしながら、これらの処置（新任拒否も不当であるが、従来の慣行に照らして特に再任拒否）が、裁判官の身分保障を危うくするものであることは明らかであり、多くの裁判官がこれに抗議し、少なくとも本人に対してその理由を開示せよとの声を挙げたのは当然のことであった。しかし、最高裁は、それらの声を黙殺した。

同時期に任官した者として

なにを隠そう、私は、そのとき任官しえた五五名のうちのひとりである。私自身も、修習生時代、青法協会員としてそれなりに活動し、任官希望者の有志と日夜「どういう裁判官になるべきか」という議論を闘わせ、また青法協会員であることを特に隠してもいなかったので、ひょっとしたら拒否されるのではという不安を感じていたことは事実である。しかし、私は結局のところ採用された。私は、自分の採用の知らせを聞いたのち他の何名かが不採用となったことを知ったとき、次のような思いを抱いたことを未だに覚えている。——おそらく、最高裁は、私を他の不採用にした人に比べて「たいしたものではない」と判断して採用したに違いない。私以上に元気な、骨太な彼らがいたから採用されたのであって、彼らがいなければ私が不採用になったかもしれない。そうだとすれば、私は、裁判官になれなかった彼らの分まで、裁判所で頑張らなければ申し訳が立たないのではないかと……。

新しく裁判官になった喜びと期待に胸をふくらませつつ、心の片隅にこのような思いを秘めて、私は、初任地の大阪地裁に赴任した。当時の大阪の裁判所は、民主的な雰囲気が残り、自由闊達に意見を言い合える裁判所として知られていた。その大阪地裁に着任したとたん、先輩裁判官から、同期で一緒に任官した、仲のいいもうひとりの裁判官とともに呼ばれた。用件は、ほかでもない、宮本判事補についての最高裁に対する要望書に署名をしてほしいというもので、内容は、「宮本裁判官の再任拒否についても少なくとも本人である宮本裁判官にその理由を開示せよ」というものであった。新任判事補不採用についてもその理由を明らかにしないことをおかしいと考えていた私は、躊躇なく、友人とともにそれに署名したが、これが裁判官としての初めての仕事であった。結局、大阪地裁では合計八八名の裁判官が署名して要望書を提出したが、最高裁は、前にも述べたように、これに対して何らの返答をしなかった。

こうして私は、初任早々最高裁にささやかな抵抗を試みたわけだが、それが、結局私の裁判官としての生き方を決めることになるとは、私自身思いもよらなかった。

「普通の」裁判官として

その後、私は仕事にせよ、生活にせよ、ごく普通の裁判官として歩んできたつもりである。大阪を振り出しにし、尾道、大分、大阪、佐賀、松江、堺、大阪、和歌山と多くの転勤をしてきたが、その間、都市では忙しいけれどもいろいろな事件に接する喜びを味わい、地方では比較的余裕を持って仕事をし、その地その地の風物に触れて人間らしい生活を送ることができた。もっとも、単独事件を本格的にやりだしたころ、仕事の要領が悪いのにもかかわらず「遊興に走って」事件を溜めたことがあり、また持病の喘息の発作のため周囲に迷惑をかけたことも少なからずあって、こうした一時期の停滞を指摘されれば弁解の余地はなく、忸怩たる思いが募る。しかしながら、三〇年を総じて振り返れば、おそらく他の裁判官とそれほどの逕庭はなかったのではないかと、やや甘いかもしれないが思うのである。

ところで、仮にも、私が「普通の裁判官」と違っていたとすれば、それは、裁判所においてその時々抱える課題や考え直すべき問題について、思うところを臆せずに発言してきたことだと思う。それは、裁判所のなかにこそ、憲法と民主主義の精神が充溢していなければ、およそ、国民に対して立派な裁判を提供することができないと考えたからであり、裁判所にそうした民主主義を実現させるために裁判官になったのであるという思いがあったからである。任官した当初のころは、私もまだ若く、大勢いる裁判官会議の場で発言することはとても度胸がいることであった。それでも思い切って意見を述べると、先輩裁判官のなかには、「嘴が黄色いのに」という顔を露骨に示したり、苦虫をかみつぶしたまま「聞く耳は持たない」ような素振りをした方もおられたが、一方では、「どれ、ここは若い者の意見を聴いてみよう」と耳を傾けてくださった年輩の裁判官がおられたり、それとなく頷く裁判官の姿を認めては勇気づけられたものであった。時には思わぬところから賛成意見や同調する意見が出、そのときは、涙が出るほど嬉しかった。私の意見は、ほとんどの場合、少数意見にすぎなかったが、まだまだ孤立してはいなかったように思う。

しかし、いつのころからか、裁判官会議やその他の会議で、発言することがむなしく感じられるようになってきた。なぜか、皆が議論を好まなくなり、裁判所の司法行政は所長や最高裁に任せておけばいいという風潮が強くなってきた。いままで共に「裁判所をよくしよう」といっていた人までが沈黙し、事件に埋没するようになった。私は、そうした人たちに「事件が大事なことは分かるけれども、裁判所全体のことも考えるべきでは」と、任官時からかかわっていた裁判所民主化のための運動に誘っても、「自分は立派な裁判をしたい。そうしたチャンスを失いたくない」といって断る人が増えてきた。

そのようにはっきり話してくれればまだ救いもある。いつのまにかいなくなる、例えていえば、飛べなくなった渡り鳥がその群から離れるように、黙したまま、消え去っていく人がいるのが何とも寂しい。もちろん、このような見方はある意味で僭越であって、もともとそうした群などはなく、私の方が孤立した「負け犬」なのかもしれない。それにしても、皆が皆、裁判所で起きている問題に発言しなくなれば、それでなくとも「官僚制の弊害」を批判されている裁判所は、裁判所としての名に値しないものになるのではなかろうか。

転勤という最大の足かせ

なぜに裁判官はこのように沈黙するようになったのか。ひとつには、事件が多くて忙しいという要因も確かにあろう。しかしながら、最大の問題は、転勤であると思われる。もともと、裁判官は、一定程度の転勤は覚悟してなっている。裁判所は、特定郵便局ほどではないにせよ、全国津々浦々に位置するのに対し、多くの裁判官は東京、大阪その他の大都市、その近郊、地方であっても中核都市の勤務を希望するので、全部の裁判官の希望をかなえるわけにはいかないからである。

転勤が、ある種の平等が徹底された形で行われればまだ納得しうるけれども、残念ながら、そのようには行われないのである。ある裁判官はほとんど大都市ばかり勤務するのに対し、ある裁判官は、地方ばかりをさまようということがかなりの頻度で行われる。そうなると、時には「見せしめ」の意味もでてくるようになる。

普通、大都市に三年間勤務したものは、次に地方に行く番となる。地方で三ないし四年「望郷」の思いで過ごしたものは、次期の異動期になると都市に帰ることを期待して、朗報の来るのを待つ。裁判官なら誰しも経験することである。同じ時期に同じ都市から地方に赴任した二人の裁判官がいる。やがて予定どおり年貢を納めて異動期が到来する。一方には念願の「帰りの切符」が来たのに、もう一方には、来なかったり、回り道になる裁判所が内示される。当局からは特段の説明はなされない。その内示を断ったとしても、次にはそれより条件のいい任地は示されないことが通例だから仕方なく、その示された任地に赴く。その悔しさをバネに、「最高裁なにするものぞ」との気構えができればいいが、なかなかそうとはならずに「せめて次回の異動で希望がかなえられれば」という気持ちになってしまう。そして、あすはわが身であることを裁判官は誰よりもよく知っているので、誰もその人を責めることはできない。こうして、知らず知らず、「最高裁」の意向を気にし、余計なことはいうまいと口をつぐんでしまうのである。

外からやってきた改変の動き

ところが、裁判所改革の動きが思わぬところからやってきた。一昨年（一九九九年）春に設置された司法制度改革審議会が、日本の司法全体をオーバーホールする形で見直しを行い、さまざまな提言を行っている。その審議の過程でもいままでヴェールに覆われていた裁判官考課表の実態なども明らかにされている。昨年（二〇〇〇年）一一月に発表された中間報告では、裁判官改革の具体的方策として、①給源の多様化、多元化、②裁判官の任命手続きの見直し、③裁判官の人事制度の見直し（透明性、客観性の確保）に分けて改革の道筋を打ち出された。さすがに最高裁も、この流れをせき止めることができずに、裁判官数の増員や判事補制度の改革など、中途半端な形ではあるけれども改革案を提起せざるをえなくなっている。

ここで、冒頭に述べた宮本裁判官の再任拒否のことを思い起こしてほしい。あのとき、多くの裁判官がせめて本人に対する理由開示をと切なる願いをしたにもかかわらず、最高裁判所は、「急行列車が真昼の沿線を小石のように黙殺した」（横光利一）ごとく無視し、今日に至るまでその理由を明らかにしていないことを。それが、このたび、最高裁は、新任不採用あるいは不再任（再任拒否）については説明責任を果たすという趣旨から、申し出があれば可能な限度でその理由を本人に開示するという方向で検討したいという意見を出すに至っている。その理由が場合によりある程度抽象的、総合的にならざるをえないとしているので、手放しに評価するわけにはいかないが、それでも三〇年前の対応と比較すると雲泥の差であり、隔世の感がする。

しかしながら、最高裁が提案する程度の改善では、まだまだなのである。裁判官を沈黙させる転勤制度がいまのまま温存されれば、根本的にはかわらないのである。私が所属している「日本裁判官ネットワーク」の有志は、その改善策として、「転勤の応募制」「裁判官人事委員会の高裁単位での設置」「転勤をできるだけ平等に行うローテーションシステムの採用」等、現実的、具体的提案を行っているが、この問題は、もはや審議会だけで議論すべき問題ではない。裁判官がまさに自分の問題として考え、積極的に発言していくべき課題である。

雌伏から「至福」へ

私は、このたび再任されたが、実は旧制度のもと、つまり、国民の意思が反映されない形で、いわば「内緒で」再任されたことになる。「無事再任」と喜んでいいのかどうか、複雑な思いにとらわれる。このうえは、本来の仕事はもとより、あるべき裁判官制度についても、積極的に意見表明をしていくことで、「再任」に値したといえる裁判官になりたいと思っている。

今回はテーマがテーマだけに、少し固苦しくなった。でも、私自身は「石部金吉」ではない。今年、再任を間近に控えた時期に、ある弁護士会に招かれ講演する機会があった。きょう述べたこととほぼ同様のことを話したが、そのとき、私は次のように下手な駄洒落で話を締めくくった。「いままでの三〇年は、裁判所内部で発言しても必ずしも報われず、かえって不利益を受けつつそれに耐えてきたという、いうなれば「雌伏」の時代であった。しかし、先に述べたような改革の動きがでてきたのであるから、これからの一〇年、曙光が見えてきたといえ、いますぐではないにせよ、少なくとも私の裁判官生活が終わりを告げるころには、裁判所は現時点では想像もつかないくらい、風通しのよい職場になっているかもしれない。そうとすれば、それは私にとって「至福」といえる時になるのではないか」と。そう思うと、まだまだいいたいことがいっぱいいでてきたが、今度は「紙幅」が尽きたようだ。

（法学セミナー五五九号〔二〇〇一年七月号〕）

7　裁判官をめぐる二、三の本について
――夏休みの読書から〔サイクル裁判官の四季だより・秋〕

いつも待ち遠しい夏休み

裁判官は、普段はなかなか休めない。もちろん、宅調日といって、法廷や調停が入らず自宅で記録読みや判決起案をするとされる日に、年次休暇をとって、たとえば美術展に出かけるといったことは可能である。しかし、裁判官は、常に、言渡しが予定されている判決書きや審判書きを数件は抱え、また明日あさっての裁判や審判に備えての記録読みやその他の準備をしなければならないので、まとまった休暇をとることはまず無理である。その意味で、休廷期間が当然に認められる「夏休み」があるのは有り難い。多くの裁判所では、ちょうど小中学生が夏休みとなる七月二〇日から八月三一日までの間に、その半分の期間、交代で二〇日間程度とることになる。人によっては、四月の早い段階から、来るべき夏休みにおける計画をあれこれ考え、それを楽しみに仕事に精を出すという向きもないではなく、この点ではヨーロッパの裁判官と似てきているが、日本ではまだまだ少数である。

裁判官がその年の四月に転勤してきた場合では、連休前後に異動のあわただしさは収まり、引き継いだ記録の検討もそれなりに一段落つくものの、大きな事件の記録読みはあとまわしになっており、また前任の裁判官が本当は「片づける」つもりでいたのになにかの事情でやむなくおいていかれた事件は新たな証拠調べをすることもないので、夏休み前には審理を終結せざるを得なくなる。必然的に、夏休みをこれらの事件の記録読みや判決書きに充てなければならないので、休みどころではない。こうしたことから、長い間、夏休みは裁判官にとって「稼ぎ時」といわれ、真面目な裁判官ほど仕事に精を出し、日本の裁判官の「真骨頂」とか「面目躍如」とかいわれて賞賛されるのであるが、こうした無理がつもりつもって、ひずみが生じているとすれば、大問題である。

もっとも、最近の若い裁判官の中には、仕事と休暇を上手に振り分ける人も多く、夏休みを待ちかねて外国旅行に出かける人も少なくない。かくいう私も、そうした旅行を楽しみにしているひとりなのだが、今年は、仕事の都合もあって、日本の夏を「満喫」することになった。今回は、暑い日が続いた中で、とりわけ酷暑といってよい大阪で踏みとどまって読んだ二、三の本の感想を述べてみることにしたい。

官僚制と闘った裁判官

まずは、私が畏敬する裁判官のひとり（すでに退官されたが）安倍晴彦さんの『犬になれなかった裁判官』（NHK出版、二〇〇一年）という本。実は、五月末の発売直後に買い求めて読了していたが、本の題をめぐって一悶着あったことを仄聞し、再読した。

「犬」という言葉は「権力の犬」という意味であり、外岡秀俊氏（朝日新聞書評）がいわれるごとく、毒を含んでいる。しかしその題名に反して、中身は、淡々とした語り口で述べられ、声高な告発では決してない。その意味では「犬」という題にはやや違和感がある。しかし、読み続けていくうちに、あえてその言葉を使われた著者の「不屈の魂」ともいうべきものが行間に滲んでくる。裁判官は、特に刑事裁判を担当する場合、生殺与奪の権を握っており、好むと好まざるとにかかわらず権力の担い手であることに違いはない。また民事裁判でも、少年事件でも、当事者の意思に反してでも金銭の支払いを命じたり、不利益処分を科したりする権能を与えられており、その意味では、決して市民と同じではない。しかし、それだからこそ、「裁かれる」市民の苦しさや痛みを常に自分のものとする不断の努力がいる。多くの裁判官は、仮に他職経験がないものでも、初めから頭の天辺から爪の先まで「官僚裁判官」である人はいないと信じたいが、圧倒的優位にある最高裁の人事管理のもとで、裁判所だけの空気を吸っていると、どうしても「市民の感情が分からない」裁判官になってしまいがちなことはある意味で当然のことである。そんななかで、安倍さんはつとめて市民集会、ボランティアに参加し、「普通の市民」を通そうとされた。

裁判所ではそれだけでも異端者扱いされるのだが、安倍さんはそのうえに、和歌山地裁判事補の時代に、塡補《てんぽ》先の妙寺簡裁で、公選法の戸別訪問禁止規定について違憲無効の判決を下された。この関係では、すでに最高裁の合憲判決が「確固」としたものとして存在していたのだが、安倍さんはこれに納得せず、言論の自由が民主主義にとって最重要なことと強調され、無限定に戸別訪問を禁止することは許されないとされたのである。安倍さんはその後「普通の」裁判官の途を歩まれるわけであるが、最高裁の安倍さんに対する処遇はきわめて厳しいものであった。現代の若い裁判官からすれば遠い世界の出来事かもしれないが、多少とも重なり合う時代を生きたものとしては身につまされることばかりだ。私自身はこうしたことをすでに何らかの形で聞知しているので、それ自体で驚くことはなかったが、裁判所の外にいる人には大いにショックなことではなかろうか。現に、裁判所の職員のなかでも、裁判官に対する官僚統制のすさまじさに驚いたという感想を漏らした人がいるほどだ。裁判官の不祥事が相次ぎ、「裁判官の良心」という言葉をつかうことがなにか気恥ずかしい昨今であるが、本書を読み続けると、それがまさに具体的人間に体現している姿を見ることができ、身体が熱くなった。

単なる偶然にすぎないが、私は、いま月に一度、JR和歌山線というローカル線に乗って、和歌山家裁妙寺出張所に家事事件を処理するため出かけている。和歌山家裁妙寺出張所と妙寺簡裁は同じ敷地に併設され、庁舎は昔のままで、裏にはテニスコートが一面とれそうな広い庭と多数の桜の木がある。安倍さんが往時、どのような思いでその庭を眺められたかを推測しつつ、たとえ及ばずとも、その後塵を拝したいと思った。

難しい量刑問題に踏み込む

次は、夏樹静子『量刑』(光文社、二〇〇一年)。腰痛に苦しんでしばらく休筆していた著者が、初めて裁判官を主人公にした長編である。最初、書店でこの本を見かけたとき、その分厚さに敬遠しかけたのであるが、何気なく末尾を見ると、参考文献として私が所属している裁判官ネットワークから出した

『裁判官は訴える！』（講談社、一九九九年）が挙がっているではないか。同書のどのような部分が参考に値したのか。そういう興味もあって、読み出してみた。

本の性質上、詳細な紹介は控えるべきであるが、作者の対談記事や新聞の書評等で明らかにされている限度で、内容を述べてみよう。アートフラワーを運んでいた美しい女性上村岬が、母子を車で跳ねる。車内を見られたくない事情があって母子を助けられず殺してしまい、奥多摩の山中に死体を捨てる。この状況はあとの物語の展開にとってきわめて巧みな設定である。

この事件を担当するのが、神谷正義裁判長である。彼は、高裁の右陪席時代に担当の裁判体を一審の無期懲役判決を覆して死刑判決に導いたといわれ、量刑に厳しい裁判官として知られている（偶然にも私と同じ五四歳である）。もちろん、彼単独ではなく、右陪席が三五歳の星昇、左陪席が二八歳の女性判事補松本由佳とで構成される合議部だ。作者は、右陪席に典型的なエリートコースをたどっている判事を据え、左陪席には一見どこにもいそうなギャル、しかし労を厭わぬ勉強家を配するなど、ここでも冴えをみせている。

その裁判長の名に出会って、私はすぐに、昔読んだ『若き判事補の日記』の著者神余正義氏のことを連想した。神余氏は、司法修習生時代から、いわゆるオールドリベラリストの教養に培われた批判精神でもって、時の司法部に対して忌憚のない意見を述べつつ、判事補に任官していくのだが、わずか一年三か月という短期間で死去される。その判事補時代の日記が、ちょうど私が司法修習を始めたころに法律雑誌に連載され、毎号貪るように読んだのを覚えている。作者が神余正義氏を意識して裁判長の名に採用したか、私には知る由もない（なお作者は、作中人物に「裁判官になるために生まれてきたような名前だ」といわせている）が、こうしたことにこだわるのが、われわれ裁判官の悪い癖かもしれない。

ところで普通、こうした裁判小説にしても、テレビの「裁判もの」にしても、具体的な場面で現実の裁判とはかけ離れた描写が突然に現れ、一遍に興ざめしてしまうことが少なくないのだが、さすがに、この本ではそうした誤りはほとんどない。やや詰めが甘いと感じられる部分がないではないにせよ、全体としてほとんど破綻はなく、傑作といってよいのではないか。弁護人申請の反証ともいうべき鑑定証人を早めに採用して争点についての証拠調べを実施させるなど、最新の実務事情をもとりこんでいる。そして特に量刑を評議している場面は圧巻である。実際行われている評議以上の評議が行われているといえば語弊があろうが、見事というほかない。さて事実審理を終えて一回目の合議が始まる。そこでは、右陪席の星が「未必の故意」を主張し、左陪席の由佳もいくぶんそれに傾きつつあるという状況が明らかとなる。しかしながら、最近の量刑がいわゆる「相場」にとらわれて、人間の生命を軽んじるようにみえることに釈然としない神谷が裁判長でいるかぎり、もちろんそのままでは終わるはずがない。そうした折りに、とんでもない事態が発生する。そのことは、本の帯でも紹介されているので触れてもいいのだが、あとは読者の楽しみとするのが賢明であろう。

私は、この本を読んで、これも昔に読んだ、菊池寛の『若杉裁判長』を思い出した。若杉裁判長は、罪を犯した被告人に対して非常に深い同情を持ち、ことに被告人が犯した罪を少しでも後悔し懺悔でもしているような様子が見えると、立会いの検事が呆気にとられるほど寛大な判決をすることで知られていた。そうした若杉裁判長の令名が頂点に達したころ、ある青年が、事案そのものは他愛ないが、しかし本物の癇癪玉を爆発させて喝したことが問題とされて恐喝未遂で公判に付せられた少年事件を担当することになった。少年の支援者は、担当裁判官が若杉裁判長であることから執行猶予を予想し、若杉裁判長の心も少年に対する同情で一杯であった。ところが判決言渡し日の三日前の夜、若杉裁判長の自宅に物取りが侵入する。泥棒に気付いた若杉裁判長は泥棒を逃がすため大声を上げた。驚いた泥棒はなにも盗らず逃げたが、隣室にいた妻は夫の声に驚いて恐ろしい悲鳴を上げ、三人の愛児も泣き出してしまう。このことが原因で、妻は高熱を発して命にかかわる状態となり、三人の愛児も妙にものに慄《おび》える、臆病な子になってしまった。こういう状況に遭遇して、若杉裁判長は、「自分の目の前に畏まっている被告が、いかにも大人しく神妙なのに馴れて、彼らが被害者に及ぼした悪勢力（悪影響）については、何の考慮も費やさなかったのではあるまいか」と思い至るのである。はたして、若杉裁判長はどのような判決を言い渡したであろうか。結末は伏せるとして、量刑の問題は、昔もいまも、難しい問題である。まもなく、国民も「裁判員」として量刑判断に関与することになり、量刑が職業裁判官の専権ではなくなるが、本書『量刑』をテーマにその前哨戦を闘わすことも有意義なことかもしれない。

ところで、最初にあげた『裁判官は訴える！』を参照されたという部分はあったかなかったか。話の本筋とは関係がないが、神谷裁判長と同居している老齢の父倫太郎も裁判官であったところ、その倫太郎が、昔の裁判官時代を振り返る箇所がある。なかでも満州から復員後二度目の任地だった和歌山地家裁田辺支部の左陪席のころがいつまでも細部まで鮮やかに残っているという。そして、そのときの右陪席裁判官は、「三七、八歳の気さくな人柄で、よく自転車に乗って事件現場を実況見分していた」というではないか。これは、おそらく『裁判官は訴える！』のなかの「現場が好き」という拙文を参照されているものと推察される。「ちょい役」としての登場にすぎないが、それでも、有名女流作者の小説に登場させていただいて、とても光栄で嬉しく、思わず口元がゆるんだことを正直に報告しておきたい。

とんでもない？　裁判官

次は、『お眠り、私の魂』（朔立木著、光文社、二〇〇一年）という本。新聞広告で、さきほどの安倍晴彦さんも推薦人になっていて、著者はというと、法曹関係者（一説では現職の女性裁判官が覆面で書いたという触れ込みである）。そうとなれば、なにをおいても読まざるをえないが、一読、びっくり仰天した。男性の裁判官である主人公が色々な女性宛に出す手紙文で構成されているが、相手は司法修習生、女性裁判官、飲み屋の女将、それに水害訴訟に証人として出廷した地質学者（偶然にも「神谷」という姓である）など枚挙にいとまがなく、それもいずれも情交関係を持ったことを窺わせる文章が連ねられている。仕事もかなりできるらしく東京高裁民事部の右陪席までに「出世」している。その彼が、なぜか担当している水害訴訟については、原告である住民を勝たそうと思い立ち、その理論武装のために件の女性地質学者に執拗に手紙を書いて、親密な関係にもなるのだが、これだけ頻繁に手紙を書いたうえ、女性との逢瀬を楽しんでいて、はたして十分な仕事をこなせるだろうかという余計な心配がまず先に立つ。作者は、当の裁判官を、昭和四年生まれ、司法修習生九期と仕立てているが、もちろん作者が創作した架空の人物であるにせよ水害訴訟の経過やその内容についてかなり詳しく、またなかほどで挿入される、主人公が、東京高裁で飛び降り自殺した裁判官と前日会話を交わす場面など、妙にリアリティがあって、全くの外部の人ではなさそうである。小説では、冒頭のプロローグですでにこの裁判官が担当の女性被告人を保釈したのはいいが、結局その女性に殺されるというあえない末期が描写され「自業自得」の運命をたどることが分かっているので、その点やや安心して読み続けたのだが、それにしても、「とんでもない」裁判官である。作者としては、あってはならない裁判官と裁判関係者との密通、再任拒否の恫喝による左遷、裁判所の雰囲気の暗さ、そこに巣くう裁判官たちの見苦しさ等を描いて、裁判所の現状が救いがたいものであることを訴えるとともに、主人公がいかに多数の女性と関係を続けていても、それとは違う、魂を浄化させるような恋愛も存在しうるのだということをいいたかったのかもしれない。しかしながら、主人公の描き方が極端すぎて魅力がないうえ、切実であるべき心情の吐露も空疎であって、後味はあまりよくないというのが、率直な感想である。

「俊彦殿、足るを知れ」

以上、取り上げた本は、いずれも裁判ないし裁判官をめぐる本である。夏休みなら、本当は裁判を離れて、別の分野の本をひもといて見聞を広めるチャンスなのだが、どうしても、興味をそそられる本から読んでしまい、他の領域にまで及ばないのが現状である。そういえば、合間に読んだR・デイヴィスの『デッドリミット』(文春文庫、二〇〇一年)も裁判をめぐっての小説だが、結構面白かった。こちらは裁判といっても、舞台は英国なので、陪審裁判である。英国首相の兄で、法務総裁という要職にある者が誘拐された。誘拐犯人からの要求は、身代金ではなく、総裁が訴追したある殺人事件の真犯人を捜し出し、被告を無罪にすることである。すでに証拠調べは終わり、陪審員は評議に入っている。訴追された被告は犯人かそうでないか。仮に犯人でないとして、評決が下されるまでに真犯人を見つけることは可能か。そして、その陪審員のなかにも、なぜか評決を急ぐものがいる。被告を真犯人にするにはやや無理な面があるのに、それが当初読者に必ずしも明らかでないことなど、ややフェアーでない点が気になったが、陪審好きの私にとって、いっときの涼風ともいうべきものであった。

ともあれ、熱い夏もようやく去り、読書の秋が近づきつつある。

私は、以前から、本を読むことが好きで、面白そうな本があるとすぐ買ってしまう癖がある。ただし、新本で買うのはややもったいない気がするので、しばらくの間我慢をし、古本屋に出るころを見計らってこれを探し回るのを趣味としている。実は、自転車で現場を見に行くときはたいてい古本屋も回ることにしており、その都度、何冊かを購入しているので、家に本がたまるばかりである。家内からはいつも「そんなに本ばかり買ってどうするの」と文句をいわれ、これに対し私は「老後の楽しみに買っている」といいわけをするのであるが、現時点ですでに、仙人級の長寿を許されても完読不能な状況である。そのうえ、以前に買って家にあるのを忘れてまた得意然に同じ本を買ったりするので、それでなくとも図書館の本ですまそうとする家内から、猛攻撃を受ける始末である。今回は、古本になるのを待ちきれず、新本を買って読んだけれども、まだまだ、書棚には、読んでもらってほしそうな顔をした本が、ずらりと並んでその出番を待っている。そして、その書棚と書棚の間には、いつのまにやら、家内の書いた警告文が貼られている。

「俊彦殿、足るを知れ」。

（法学セミナー五六二号〔二〇〇一年一〇月号〕）

8　裁判官の北欧裁判ウオッチング

〔サイクル裁判官の四季だより・冬〕

オスロの法廷で

おそらく何らかの裁判が行われているであろうと期待して、法廷のドアをあける。視界の真正面に法壇があり、裁判官がひとりすわっている。法廷にいる他の人が、突然の闖入者に驚き、いぶかしげに私の方を見る。厳しい視線を感じつつも、私は一瞬のうちに、法廷の様子をそれなりに理解する。向かって右側が被告人と弁護人。被告人が拘束されていることは、日本でいう拘置所の職員らしい、見るからに頑丈な（とても逃げる気にはならない）男性が被告人と法廷のドア（外部に通じるのは私が入ったそのドアだけだ）の中ほどにすわっていることから明らかだ。そうすると、左側は検察官に違いない。傍聴席は長さ二メートルほどの長椅子がそれぞれ二列、左右両側におかれている。右側の長椅子には、中年の女性と年老いた女性がすわっている。私はすばやく、空いている左側の長椅子にすわった。裁判官は、私を単なる傍聴人と感じ取ったのか、中断していた仕事を再開し始める。証人席には誰もおらず、どうやら、たったいま終わった証人の証言を要約している途中であったようだ。一〇月四日、私のオスロでの法廷傍聴がこうして始まった。

夏休みはとうに終わっているこの時節、本来、和歌山で仕事をしているはずの私が、ノルウェーはオスロの裁判所に姿を現しているのにはわけがある。七月の中ころ、日弁連がノルウェーの裁判事情を視察に行くという話を耳にした。ノルウェーは、デンマークとともに陪審制と参審制を併用していることで知られている（ただし現在では陪審は高裁において六年より長期の自由刑に当たる犯罪についての否認事件にかぎられている）。そして、参審制の雄であるドイツが職権主義（刑事裁判における真実発見の責任は裁判所にあるとするもので、訴訟の進行はもちろん証拠調べなども裁判所が主導する）であるのに対し、ノルウェーは当事者主義（刑事裁判における立証の責任を当事者に委ねる）のもとで参審制を採用しているので、このほど裁判員制の導入を決めた日本での議論に大いに参考になるのではと思い、できれば参加したいと考えた。

裁判官は、五月の連休や夏休みは別として、ふだんの日は休暇をとっても外国には行けないことになっているのだが、裁判官になって一五年を経過した場合、一〇年に一回かぎり、一〇日以上の休暇をとることができることになっている。いわゆるリフレッシュ休暇という制度で、このときは、例外的に外国に行くことも許される。幸い、ちょうどその権利を行使できる時期でもあったので、私は、日弁連の視察に一部便乗する形で、北欧三首都（オスロ、ストックホルム、コペンハーゲン）の裁判所を見ることにした。

ところが、九月一一日、同時多発テロが勃発し、ちょうど一〇月初旬ころにアメリカのアフガン攻撃が始まるのではとの観測が広まり、日弁連の視察旅行は直前になって中止となった。だからといって、私のほうは、すぐキャンセルとはいかない。それなりの準備をし、また他の裁判官に無理をお願いしてスケジュールの調整もしているうえ、なにより一度機会を逃すと、仕事の都合もあって「権利」とはいっても現実に行使するのはかなり困難なのだ。少しは迷い、不安を拭えないままではあったが、予定どおり北欧に飛び立った。以上で、私が「ただの傍聴人」としてオスロ裁判所の法廷にいるわけがお分かりいただけたと思う。

法廷では、裁判長の要約が終わり、検察官の論告、弁護人の弁論が行われている。かなり長時間にわたるものであるが、いかんせん、ノルウェー語を全く解せない私には、その内容は全くちんぷんかんぷんである。時間も長くなったので仕方なく、法廷を後にすることにした。

私が見た裁判は、おそらく、被告人が起訴事実を認めた「自白事件」だと思われる。ノルウェーでは、一九五五年に刑事事件の第一審はすべて地方裁判所の参審制のもとで行われることになったが、自白事件は例外的にひとりの裁判官で行うことができるのだ。裁判官だけの裁判だけでは物足りなかった私は、翌日、市民が関与する参審裁判が行われている法廷を聞き出して、なんとか傍聴することができたが、残念ながら、そこでも内容はさっぱり分からなかった。雰囲気をつかめただけでも収穫といえるが、それでも、全く分からない言語が飛び交うなか、長時間いるのは疲れるし、限度を超えると苦痛になってくる。簡単に類推するのは危険であるが、専門家集団が、法廷で彼らだけが分かる法律用語でもって応酬しているのを聞かされる市民の立場がかくならんやと、妙なところで思い知らされたのであった。

ストックホルムの参審員

次は、スウェーデン。スウェーデンは、表現の自由に関する事件について例外的に陪審制を持つけれども、基本的には参審制の国である。その歴史は約八〇〇年前までさかのぼるといわれている。

ストックホルムでは、あらかじめお願いした通訳の方の手配で、ある暴行事件を起訴状朗読から判決言渡しまで、傍聴することができた。適切な通訳のおかげで、事件の内容もよく理解でき、最後は「無罪判決」が出るなど、興味深かったが、ここでは、内容よりも参審員についての感想を述べてみたい。

スウェーデンの刑事裁判は、否認事件であるかどうかを問わず、裁判官一名、参審員三名で行われる。私が入った法廷では、若い裁判官（法服は着用しない）の左に女性書記官と女性参審員（高齢）、右側に男性二名の参審員がいて、一名は高齢、一名は中年である。女性は、六〇歳前後のキャリアウーマンを卒業したような感じの人で、一方、高齢男性は、赤ら顔でいかにもお酒が好きそうな風貌である。中年男性は特徴のあまりない「普通の人」というしかない人であった。

私は審理が始まってまもなく、正直のところ「このメンバーで大丈夫かな」という感じを抱いた。暴行現場に居合わせたバスの運転手や犯人の引渡しを受けた警察官など、証人が次から次へと登場するが、検察官や弁護人の尋問の仕方やこれに答える証人の様子からして、記憶が曖昧で、かなり微妙な証言をしていることが窺える。それでも裁判官や参審員はあまりメモをとる様子はなく、基本的にはただ聴いているだけという状況だ。審理が進むにつれて（時折、小声で説明をうけて）私なりにも、結論が結構難しいな、と思い始めたが、参審員の方は、一向にくたびれた様子を見せず、証言に耳を傾けている。それを見ながら、私は、参審員の方は思ったより裁判に慣れているのではと思ったりした。

この「裁判に慣れるかどうか」という問題は、相当重要なポイントだ。市民がある日いきなり呼び出されて、生まれて初めて裁判に関与する場合、その参審員（来るべき日本の裁判では「裁判員」）は、すべてがもの珍しく、何も分からずに裁判官のいうままになってしまわないかという危惧がある。その意味では裁判所に何回も出かけて、数多く裁判に関与し、いろいろな裁判官と出会う経験を持てば、やがては裁判官と対等に議論しうる実力を持つに至るといえるであろう。しかし一方で、あまり裁判に慣れてしまうと、有罪判決に関与するのが習い性になってしまい、本来の「市民」ではなくなってしまうという問題が出てくるのだ。

この問題はいずれゆっくり考えるとして、ストックホルムの裁判所構内に入るや、いかにも参審の国だと思い知らされたことがある。北欧ではどこでも、冬は寒さが厳しくコートが必携である。肌寒さを感じたこの日、私も用心してコートを羽織って出かけ、裁判所に入るなり正面入り口脇にある「コート掛け部屋」に入ろうとすると、通訳の方から、そこは「参審員専用」のコート掛け部屋ですと注意されたのだ。それだけ参審員が裁判に占める比重は大きく、裁判所の血肉となっていることは間違いないと思った。

コペンハーゲンの女性裁判官

コペンハーゲンでは、現地の大学の研究員をされているMさんのお世話で、やはり参審裁判を見ることができた。デンマークでは、自白事件（ノルウェー同様、裁判官のみによる裁判）と求刑が四年以下の否認事件を市裁判所が第一審として扱う。そして否認事件が裁判官一名、参審員二名の参審裁判となる。

朝九時ころ、旧市庁舎の裁判所に行くと、ここではきょうはやっていないということで、別の建物の五階にある法廷に行く。古い建物がそのまま裁判所になったので、どうしても法廷の数が足りず、普通のビルにも法廷をつくったという。法廷で待機していると、被告人らしい若者が恋人とおぼしき女性とやってきてそわそわと落ち着かない。そして緊張と心細さをうち払うべく、恋人とキスをする。いかにもデンマークらしいなと見ていると、裁判官が登場した。女性裁判官で、二名の参審員も女性、みると書記官、検察官も女性だ。男性は被告人と弁護人だけ。被告人は、このような女性ばかりの裁判所の構成を見てどう思っただろうか。

被告人は、サッカーの試合を見た帰り、応援していたチームが勝ったことで興奮し、折りから群衆の整理に来ていた警察官等に向けて、ペンシルピストル（漁師が遭難したときなど緊急信号用につかうもので火の玉となって飛ぶ）を発射したということで公務執行妨害罪等に問われている。審理が開始して早々、被告人が自分の持ってきたビデオテープを持ち出し、自分が当夜現場でビデオに写っているので見てほしいと言い出したのには驚いたが（結局検察官も反対せず皆でそれを見た）、基本的には証人の証言だけが証拠となるようだ。書面に慣れているというか、供述調書を重視する日本の裁判とは大違いだが、まもなく、日本の裁判員裁判でもこうした証人調べが中心になることは間違いない。このように「読む」裁判から「聴く」裁判になる以上、当事者としては、これに対処する訓練も必要となってくるであろう。さて事実調べが終わり、検察官の論告、弁護人の弁論も終わった。裁判官と参審員は別室に下がり評議、およそ二〇分ほどで再登場。結論は有罪で、奉仕活動を命じる判決であった。

裁判長たちが退廷したあと、傍聴席に残っていると、書記官がやってきて、裁判長がいまの事件を説明するので来ないかという。喜んで法廷横の部屋に赴くと、裁判長が自らコーヒーをいれてくださり、どうして有罪になったかを懇切に説明してくださる。外国の裁判所を訪れていつも思うのは、裁判官が概して気さくで、遠来の客に対して心を開いてくれることだ。なにか聴きたいことがないかといわれるので、「きょうは、職業裁判官も、参審員も、検察官もすべて女性であったが、こういうことはよくあるのか」と聴いてみた。すると彼女は、ちょっと驚いた表情で「そんなことは意識もしなかった」といわれた。そういったことにこだわる自分が、まだまだ遅れていると思い、少し恥ずかしかった。

デンマークは、第一審で陪審と参審の両方が行われている珍しい国で、求刑四年以上の否認事件は、高等裁判所を第一審とする陪審裁判である。せっかくだからということで、少し離れた東高等裁判所に行くと、ヘロインの不法所持の事件が行われていた。裁判官三名、陪審員一二名が並ぶ法廷は壮観でさえあり、念願の「陪審事件」を見ることができて嬉しかったが、審理は始まったばかりのようなので、「見物」だけで満足することにした。

心暖かき人たち

こうして、北欧の裁判を少しばかり傍聴することはできたけれども、文字通り垣間見たにすぎず、残念ながら、これをもって、市民参加はこうあるべきだと云々することは早計であろう。日本には日本の事情を考慮する必要ももちろんあろう。それでなくとも、今回はリフレッシュ休暇であって、これ以上深入りするとリフレッシュでなくなってしまう。

そうしたわけで、あとはほとんど観光に時間を費やした。予想したよりも暖かい日々が続き、もっぱら各国の首都に滞在しただけではあったが、北欧の空気を満喫してきた。印象に残った点を思い出すまま述べてみよう。オスロでは、トラムに乗ってフログネル公園に出かけた。お目当てはノルウェーを代表する彫刻家ヴィーゲランの彫刻群である。子どもを優しく抱きしめる母親、熱き口づけを交わす恋人同士、子どもを高く掲げた力強き父親、その姿はさまざまだが、躍動感というか、人生の局面をそのまま表現する力に圧倒される。なかには、二人の老人がお互い黙りこくって向き合っている姿もある。その沈黙の意味をかみしめつつ、公園を歩いていると、朝の散歩をする夫婦連れに出会った。向こうから英語で「東の国から来たのではないか」と古風な質問を受けた。日本から来たと答えると、日本からノルウェーに来るのは珍しいといわれる。こちらも「ノルウェーが好きです」と返すと、破顔一笑、やさしく握手の手をさしのべられた。

オスロからストックホルムまで、またストックホルムからコペンハーゲンまで、今回はともに列車にしたのだが、いずれも素晴らしかった。どちらも六時間以上に及ぶ長旅であったが、車窓からみえる白樺林、湖沼、あるいは馬や羊が仲良く草をはむ光景には心が和んだ。「汽車の窓からハンケチ」は振らなかったけれども、高原列車の旅の気分を十分に楽しんだ。スウェーデンとデンマークの間のエーレ海峡も、列車で渡った。生まれて初めて「国境にかける橋」を渡った。

ストックホルムは、北欧のベニスといわれるだけあって、どこも素晴らしい景色だ。不思議に思ったのは、社会福祉が充実しているはずなのに、結構ホームレスがいることである。駅のベンチに座っていると、人品いやしからざる人が、ゴミ箱をあさっては瓶や新聞をとろうとしている。あとで研究員のMさんに聴くと、「おそらく趣味でやっているのでは」といわれたが、それでもやはり哀れであった。別の日、観光シーズンはすぎていたが、郊外のドロットニンゲン宮殿が美しいというので、地下鉄とバスを乗り継いで出かけた。地下鉄をおりたあと、どのバスに乗ってよいか分からず、たまたま来たバスの運転手に聞くと、巨体をゆらしながらわざわざバスを降りて、正しい停留所を教えてくれた。みんな親切だ。宮殿では衛兵が真面目な顔をして不動の姿勢を維持していたが、カメラを向けて一緒に写していいかと尋ねると、ニコッと笑って応じてくれる。その心意気がまた嬉しい。ガムラスタンという、一二五二年に築かれた城壁が出発点となり宮殿や教会など古い建物群が残る地域に宿をとったが、ここがまたいい。石畳の道を歩いていると、中世の音がする感じなのだ。かの地を訪れる機会がもしおありの場合、是非そこで投宿されることを勧めたい。

コペンハーゲンでは、有名なストロイエを何度も往還した。世界一といわれる歩行者専用ショッピングストリートを歩いていると、心斎橋をぶらりぶらりとしているのと全くかわらず、異国に来ていることを忘れるほどだ。
町ばかり歩いているのにあきて、アンデルセンの生まれたオーデンセの街まで足を延ばす。こじんまりした、落ち着いた街である。アンデルセンの家で、売っている絵はがきをみて家内が驚嘆の声を挙げる。二〇年以上も前、家内の父がここを訪れて、嫁いだ娘のおみやげにと買い求めた絵はがき帳が昔のまま、売られているのだ。こうした何気ないところにも、その国の風格といったものがしのばれる。そういえば、アンデルセンの家を出て、博物館に行くべく地図を広げてみていると、すれ違ったきれいなお嬢さんがわざわざ引き返してきて、道を教えてくれた。みんなみんな余裕をもって生きているのがうらやましい。こうして、旅の一こま一こまを思い出していると、たった二週間の旅であったが、懐かしさがこみ上げてくる。旅はいいものだとつくづく思った。最後に、旅の道すがら、戯れにつくった歌を厚かましくも披露して、今回のたよりを終えることにしたい。

画学生に似顔絵描かせ笑む妻の
　肩にオスロの夜気忍び寄る

朝まだき公園を歩めば人ありて
　東の国から来たかと問えり

テロ起こりしはいずこのことか国境の

町を列車は静かに走る
白樺と湖沼《みずうみ》ばかりの世界抜けて
列車は早しストックホルムへ

思いしよりは小さけれどもほのぼのと
心なごめりアンデルセンの家

ひそやかに反戦のうた流れたり
オーデンセなる市庁舎の前

泳いだと胸張り告げる老人《おいびと》の
温《ぬく》き手のひら風寒き浜

村びとはビール飲み干し異国人吾れに
ハブ・ア・ナイス・ディと笑顔で告げぬ

（法学セミナー五六五号〔二〇〇二年一月号〕）

9 出発《たびだち》は「フォロー・ミー」から

——映画も好き、駄洒落も大好き〔サイクル裁判官の四季だより・春〕

「裁判官だって、しゃべりたい！」

いきなり本の宣伝から始めるのをお許し願いたい。

私が所属している日本裁判官ネットワークでは、昨秋（二〇〇一年）、『裁判官だってしゃべりたい！』という本を、随想の掲載誌の発行元である日本評論社から出版させていただいた。一冊目の『裁判官は訴える！』（講談社）が比較的好評だったので、二匹目のどじょうを狙ったものだが、もの珍しさが幸いしたところもある前書と違い、内容そのもので勝負しなければならないので、執筆者はじめ会員一同やきもきしながら、その売れ行きを見守っている。

その中で、私は、冤罪で三四年間獄中にあった元死刑囚免田栄さんとの対話録を載せたのだが、実は、本の末尾に「ごまめのたわごと」という題の一文が掲載されている。裁判官の妻がその配偶者との馴《な》れ初め、結婚後の生活、転勤に伴う苦労話、さらには配偶者の持病のことまで、「しゃべってしまって」

いる。なにを隠そう、私の家内にほかならない。家内の文章は、事実に反する部分はなにひとつない。見合いをしたのち、プロポーズをした理由として、「百点満点」といわず、無礼にも「平均点以上」といったことも事実である。したがって、中身に異論を差し挟むつもりはないのだが、私が結婚を決めた理由について、ひとつの重要な事実が省かれているので、それだけはここで補足しておきたい。

見合いしてまもなくのころ、彼女は「映画を見に行かない？」と私を誘った。当時封切り中の「フォロー・ミー」という映画であった。もちろん断る理由はない。詳しい内容は忘れたが、大まかな筋は次のようなものだ。

一流会計士チャールズはレストランのウェイトレス（ミア・ファロー）と結婚したが、その妻の行動にどうも不審なところがある。浮気ではないかと疑った夫は、妻に探偵をつけて様子を探らせる。トポル扮する探偵が妻を尾行すると、たしかに妻はひとりで遊園地に行ったり、ロンドンの街を探索したりするが、決して夫が心配するような浮気ではなかった。夫が仕事に忙しく妻のことを全く構わないので、その無聊を慰めている間にそうしたことが楽しみとなってきたのだ。探偵は、そのことを夫に告げ、夫に自分で確かめるように助言する。そこで、夫が尾行を始めるのだが、やがて妻がそれに気づき、ここからは楽しい「追いかけっこ」劇になり、ハッピーエンドの結末と、まあ内容的には他愛がないといってよいであろう。さて、問題は、その映画を見ようと誘った彼女の真意である。プロポーズをしながらもデートで必ずしも「嬉しそう」でない私を見て、本当に結婚するつもりなら、それこそ「フォロー・ミー」とはっきりいってほしいという趣旨なのか、それとも「あなたは頼りがないけれども、私についてくれば大丈夫」という合図を送っているのか、そのどちらか（大きな違いだが）判断をしかねた。しかし、彼女の真意は分からなかったけれども、いずれにせよ、そうした映画を見に行こうと誘った彼女の心意気に、胸を打たれた。そのとき、私の結婚の意思は、確信となったのである。彼女は、本で「夫も私も、相手が好きというよりも悪くないという程度の気持ちで結婚した」と書いている。それに間違いはないけれども、私のなかでは、かなり重みのある「悪くない」であったことは確かなのだ。あれから三〇年近くが経過しているが、「フォロー・ミー」の主体は、われわれの間ではもう疑問の余地はない。

「真昼の暗黒」が原点

「フォロー・ミー」が私に結婚の意思を固めさせた映画とすれば、法律家を志ざすきっかけとなったのも映画であった。もちろん時期はさかのぼるが、今井正監督の「真昼の暗黒」である。手許の資料で確かめると、映画自体の製作は一九五六（昭和三一）年であるが、私は、それよりかなりあと、確か高校生のときに、映画館ではなく、なにかの上映会で見たように記憶している。八海事件という、単独犯行か、それとも無罪を訴え続ける四名の者を含めた共同犯行か、をめぐって争われた事件の経過そのものを描いた作品である。その事件の、主任弁護人であった正木ひろしの『裁判官』を原作として橋本忍が脚色、今井正が演出したもので、単独犯行説の立場から、すなわち、共犯とされた者はいずれも無罪であるとして、冤罪の恐ろしさをリアルに描いたものである。

私は、これを見て、十分に理解しえたわけではなかったが、「仮に映画に描かれたのが真実であるならば、どうして誤った裁判がなされるのだろう」、「そうした誤判を防ぐためには弁護士の果たす役割がきわめて重要ではないだろうか」「自分は身体が弱いけれども、できれば弁護士となって少しでもその手助けをしたい」と、青雲の志を抱いたのだ。それは、いわば若者の単純な正義感であったかもしれないが、その火は私の胸で消えることなくくすぶり続けていた。大学法学部にはいってまもなくのころ、当の正木弁護士の話を聴く機会を得たのである。ここから先は、『しゃべりたい』でもしゃべっているが、その折り正木弁護士が、「日本の裁判所で冤罪が起こるのは、日本の裁判官の心が真っ黒だからだ」といわれたのに疑問を感じ、勇気をふりしぼって「それでは日本の裁判はいつまでたってもよくならないのではないですか」と質問してみた。そうすると正木さんは、言葉を濁《にご》された感じで正確ではないかもしれないが、「そう、いつまでたってもよくならないのだ」といわれたのだ。私は予想外の答えに二の矢が継げなかったのだが、そのとき、私の心の片隅に「それなら自分が裁判官になってやろう」という気持ちが芽生えたのだった。

映画大好き裁判官

このように、私の人生における大事な決定に、映画が小さくない影響を与えているが、映画は前から結構好きで、よく見ていた。裁判官になってからも、時間を見つけては映画館に足を運んだ。私が判事補になりたてのころは、一つの机を二人の裁判官が共用していたので、ひとりが月水金、もうひとりは火木土に出勤するという、いまではとても想像できないやり方がとられていた。もちろん、裁判所に登庁しない日であっても、官舎で記録を読んだり、判決原稿を起案するわけで（これを「宅調日」という。

裁判官の子どもがものごころつくとすぐに覚える言葉がこの言葉で、「おまえとこ、きょうは宅調日か。仕方ないな、外で遊ぶか」というふうな会話がよく交わされていた）、決して遊んでいるわけではないが、それでも、朝からずっと記録と格闘していると、どうしても息抜きが必要となってくる。そのとき、ぶらりと街中の映画館に飛び込んではスクリーンに没頭するのである。すでに「映画以外に娯楽がなかった」という時代ではなかったが、それでもなお映画が娯楽の主流を占めていたように思う。そのうちに、息抜きではなく、そちらが本命のようになり、「試写会招待を希望します」という往復葉書をせっせと書いては、招待状がくるのを心待ちにした。こうして封切直前の映画を見ては悦に入り、さらには新聞の映画評を切り抜いてはそれをスクラップしたり、また気に入った映画だと友達についい紹介したくなり、いっぱしの評論家気取りで、映画論をぶったこともあった。そして試写会に当たると、それを見送るのが惜しくなり、体調が少しばかり悪くとも無理をして出かけるのだが、さすがに、その選択については家内から、「それこそ本末転倒というのよ」と強く叱責された。いまではなつかしい思い出だ。その後も映画館通いはずうっと続いていたが、映画のビデオ化が進むようになってこのかた、その頻度が極端におちてしまった。いつでもビデオでみられると思ってしまうのが第一の原因だが、こちらの体力が落ちてきたのも関係しているだろう。

駄洒落も大好き

映画は見て楽しむのであるが、しゃべって楽しいのは駄洒落《だじゃれ》である。そう、私は駄洒落が大好きなのだ。これは本人だけがひとり楽しんで、下手な駄洒落を聞かされるほうは迷惑千万であろうが、私は、こと駄洒落に関してはあまり人の迷惑を考えないことにしている。人の気持ちを忖度《そんたく》していると、とても駄洒落はいえないからだ。前記「6　雌伏のとき、至福のとき」でも、下手な駄洒落の一端を紹介したが、私の駄洒落の歴史は結構古く、中学校のときにさかのぼる。歴史の先生が、安政の大獄を説明していて「井伊直弼」の名を言い間違えたので「いいなおすぇ（せー）」と茶々をいれたのが、本格的なデビューといってよい。それからは、いつも会話のなかで「駄洒落をいついおうか」と考えている。したがって結構楽しくしゃべりながらも、疲れるのだ。もちろん、法廷で駄洒落をいうのは不謹慎だし、真面目に聴いているが、それでも代理人の質問が脇へそれ本道をはずれ出すと、それを注意するとともに、ひとつ駄洒落でやっつけてやろうと変な気持ちをもってしまう。当事者に失礼になってはいけないので、実際に口に出すことはめったにないけれども。

昨年、和歌山の裁判所で、憲法週間記念広報行事として法廷見学会を催した。小学生、中学生たちが実際に裁判官や弁護人になって、簡単な裁判などをしたりしたあと、われわれ「ほんまもん」の裁判官が小中学生やその親御さんの質問を受けることになった。そのとき、ある母親から次のような質問がでた。「裁判所にいくと、中庭によくテニスコートがあり、現に和歌山でもコートがありますがなぜですか」というのである。私は、とっさに「法廷も実は英語でコートというんです。ずうっと法廷にいると身体の芯が疲れます。そこで、コートの疲れをコートでいやすんです」と答えたところ、件の女性は「よく分かりました」と私の駄洒落を理解してくれたようであった。まぐれで出た洒落であったが、日頃、鍛えていた（？）成果といえようか。

転勤内示をめぐる裁判長と判事補の駄洒落問答

話は、『裁判官だってしゃべりたい』に戻るが、実は、この本が発売されたのが、昨年の九月末から一〇月初めにかけてのころであった。まさに、アメリカでの同時多発テロの直後であったため、皆、本を読むどころではなかった。こうしたことに危機感を抱いた私たちは、厚かましくも、出版記念パーティを催す計画をたて、この一月二九日、実際に開いたのである。われわれネットの趣旨に賛同して日頃応援して下さっているファンクラブの方たちとの交流もかねていたため、その折り、メンバーの寸劇を披露しようということになった。脚本作りはいつもK判事が担当するのだが、私もこの際と思って飛び入りでひとつ作らせていただいた。折から、各地の裁判所で転勤の内示が行われていた時期であったので、それにあわせて、総括裁判官（通常三人ないし四人で構成する部を総括する裁判官で、裁判では「裁判長」となる。私はその言い方を好まないが、普通「部長」と呼ばれる）と陪席裁判官との間で交わされる会話を駄洒落を交えて構成した。場所は、ある大都市の裁判所で、陪席裁判官は判事補七、八年目の特例判事補を想定した。普通六年目、つまり単独で裁判ができる特例になるのを見越して転勤するが、この裁判官は事件の都合で大都会に少し長めにいたため、今度は地方にいかなければならない。それは覚悟していたようなのだが……。

A裁判長（部総括）　B君、転勤の内示はあったかい？

B特例判事補（右陪席）　はい、きのうあったのですが……。
A　そう、どこだといって来たのかな。やせてもかれても、君のことを一番心配しているのはこの私だから、もし悩みがあるなら、遠慮なく相談したまえ。
B　それが、旭川地家裁稚内支部といわれたのです。
A　ええっ、稚内だって。それでさきほどから「おっかない」顔をしているのだね。
B　どうして、私が稚内なのか、私よく「わっかんない」です。
　職員録をみても裁判官は配置されておらず、話では、旭川の本庁からの塡補《てんぽ》でまかなっていたようなんです。それなのに、どうしてそんなところにいかなければならないのかと思うのです。
A　「特例判事補の有効利用」かもしれないな……。
B　部長はどうしてそんなに平気なんです？　部長が第二カード（毎年夏ごろ、全裁判官が勤務地と担当事務についての希望を記載した書面を最高裁に提出するが、その書面のことをいう。所長や高裁長官は、各人のカードに自分の意見を記載することになっており、最高裁はこれらをもとに毎年の異動計画を立てることになる）に「今回は地方に出るのだから最高裁に一任がいいね」といわれたので、そうしたんですよ。
A　まあー、それはそうだけど……。前に所長から君のことを聞かれて、「なかなか頑張っている」「身体も頑健だし、どこでも大丈夫だよ」とはいっておいたんだ……。ともかくも、内示を受けた以上は早く承諾した方がいいよ。所長がやきもきされているかもしれないからね。
B　いいえ、私として不満なんです。家内もびっくりしています。突然遠いところをいわれたので、行く意欲が「湧っかない」んです。それで、どうして「稚内」なのか、所長に聞こうと思っているのです。
A　君も「わっからない」人だね。どこに勤めるかは、最高裁が決めるんだよ。おそらく適材適所で、君が身体が頑健だから、大丈夫とみたのだと思うよ。一度内示を受けて断わるとろくなことはないよ。なにしろ「最高裁と田中真紀子には勝てない」んだから。
B　そうですか。実は、気になることがあるんです。新聞に出ていた大阪地裁の判事補にならって、第二カードに、いずれ育児休暇をとるつもりだと書いたんですが、それが影響しているのかなと思っているのです。
A　ええっ、それは知らなかった。所長からもきいていないし、君がそんな大それたことを書くなんて、思いもよらなかったよ……所長には「君は仕事もできるし、将来エリートとして育成できる」と書いたんだよ。
B　本当ですか。部長が所長にどのようにいわれたのか。また、所長が第二カードにどのように評価されたのか、この際はっきり開示してもらおうと思うのですが、もうすぐ、そういう制度ができるときいていますから。
A　いや、まだその制度は議論している真っ最中だから、その制度ができてからすべきで、いまは時期尚早だと思うよ。
B　そうですか。私にとっては、家内と一緒に行けるところを希望していましたし、かつ育児休暇をとれるかどうかはとても重要なんです。
A　でも、育児休暇など私など全く知らないし、誰もそんなのをあてにしてないよ。

B　そういうのを「意気地なし」というのです。部長は、常日頃、裁判所は「少数者がリターンマッチできるところ」とおっしゃっていたではないですか……。

A　裁判と自分のことは違うんだよ……それが裁判所なんだ。ともかくも次回に期待するしかないよ。ネキスト、ネキストだよ。

B　そんな、ネキスト、ネキストといわれても、麻雀の裏ドラじゃあるまいし……。私にとっては今回の異動が大切なんです。部長からも一言いってもらえませんか。

A　内示があった以上、所長もどうしようもないし、一介の部長ではなにもできないんだよ……。

B　部長がそんな不調法（ぶちょうほう）だとは知りませんでした。

A　その駄洒落は、どこかできいたことがあるね。そうだ、裁判官ネットワークの森なんとかいう人がいっていたような気がするね。

B　部長、いいこといってくれました。私は、ネットワークで知っている人はいないんですが、「しゃべりたい」人が多いようだから、一度相談しようかな……

A　ぎょっ！

以上が、私の書いた原稿である（なお稚内市に特別の気持ちをもっているわけではなく「洒落」をつかう必要上登場させていただいたことをお断りしたい）。当日は、部長を演じた私も、また判事補役を担ったMさんも、ぶっつけ本番であったため、飛ばした部分もあったが、会場での評判はまあまあだったと思う。いつも駄洒落をいうたびに「さぶー」といわれている自分としては、至極満足している。ついでながら、翌朝の新聞に田中真紀子外相が更迭されたことが報じられていた。さきほどのギャグはもう使えない。

これからも、映画と駄洒落に精進したいと思う。そして、できれば、ジュリア・ロバーツが弁護士事務員として活躍した「エリン・ブロコビッチ」で、裁判官役が「himself」つまり実物そのものが出たように、そういった楽しい映画に出演して駄洒落のひとつでもいえれば、もう思い残すことはない。そういうのをエイガ（栄華）の夢というらしいが……。

（法学セミナー五六八号〔二〇〇二年四月号〕）

10　電車通勤もまた楽し

〔サイクル裁判官の四季だより・夏〕

和歌山家裁も四年目に

前回話題にした転勤の内示は私には来なかった。私は引続き和歌山家裁に勤務することになり、現に通勤を続けている。今回は、今年で四年目になった和歌山への通勤生活のことを書いてみたい。

私は毎日、七時四五分ころに家を出て、天王寺始発の八時六分の「関空快速・紀州路快速」に乗る。この電車はひとり掛けの座席とふたり掛けの座席があるのだが、見ていると、決まってひとり掛けの座席から埋まっていく。誰もが目的地までのしばしの時間、隣人にわずらわされず、ひとりの世界を享受したいという気持ちになるのだろう。私も、ひとり掛けの座席の方が記録の手控えなどを読んだりできるので、空いていればそちらに座るが、わざわざそのための早出はしない。そのため、たいていふたり掛けの席に座ることになる。さあ、ここから電車内生活の始まりだ。

スペイン語講座と読書タイム

窓側にすわって早速ラジオを取り出し、NHKのラジオ・スペイン講座に耳を傾ける。一〇年くらい前に、リフレッシュ休暇を利用してのヨーロッパの旅でスペインを訪れてから、陽気でおおらかなスペインの人々が好きになり、少しでもその国になじもうと、スペイン語を勉強する気になった。といってもラジオ講座を聴く程度なので、未だに日常会話もおぼつかないが、軽やかな響きに魅入られて、それほど途切れることなく続いている。受験時代ではいやいや勉強せざるをえなかった外国語が、活用する時間がかぎられてくるいまになって、楽しく勉強できるというのも不思議であるが、人生とはそういうものかもしれない。ごく初歩的な部類に属することだが、たとえば、スペイン語では「私は〇〇が好き」という表現が、ドイツ語と同様に人が主語ではなく〇〇が主語になっていることや、「空腹である」とか「熱がある」とかの表現がヨーロッパ言語ではほとんど同じ言い回しをすることを発見してはひとり喜んでいると、まもなく電車は、大阪市と堺市の境界となる大和川を渡り、堺市駅に停車する。大和川は、必ずしもきれいな川ではないけれども、日本のふるさとというべき「大和の国」から流れてきているると思うと懐かしいし、時々白鳥が水辺で遊んでいるのを見ると、心がなごんでくる。自分がひとりの日本人であることを認識する。

堺市は、かつて五年余り住んだ町であり、ほぼ同様の期間勤務した大阪地家裁堺支部があるところで、私のサイクル検証発祥の地でもある。もっともJR堺市駅は、南海本線の堺駅や、裁判所や堺市役所の最寄り駅である南海高野線の堺東駅からかなり東に位置し、街の中心地からはやや離れている。駅近くには、長期の受刑者が収容されている大阪刑務所がある。そういえば、三〇年以上昔になるが修習生時代に確か見学に訪れたはずだし、その少し後、裁判官になりたてのころ、刑務所の運動場を借りて法曹三者対抗のソフトボールに興じて、しばしば「塀の中」の人の気分を味わったりもした。往事渺茫《おうじびょうぼう》の感がするが、最近は刑務所のすぐ横に高層マンションが建築されて、少し趣が変わった気がする。

スペイン語講座は時間にして一五分。電車が堺市駅と次の三国ヶ丘駅のちょうど中間くらいのところで終わる。このあたりから、鳳駅を越える付近までは堺支部の管轄区域でもあり、何度も「サイクル検証」をしたところだ。自分の庭のようなもので、なつかしいという感じとは少し違うが、変哲もない街並みがかえって心を落ち着かせてくれる。さて、ラジオを片づけて今度は本だ。これから、和歌山までの約四、五〇分間が私の貴重な読書タイムである。和歌山へ通う前までは比較的楽な通勤であったので（もちろん堺支部でも大阪家裁でももっぱら「サイクル通勤」だった）、特に意識せずともそこそこ読書時間は確保できていたのだが、毎日三時間余の通勤はボディブローのようにこたえるのか、家に帰ってからの読書はなかなか厳しく、めっきり本を読むことが少なくなった。電車のなかでの読書でなんとか、本とまだつながっているといった方が正確かもしれない。読書はやはりいい。本に夢中になってしまうと、通勤電車に乗っていることも忘れ、何百年も前の過去の世界に思いをはせることができ、また地球の裏側にまで飛んでいくことができる。こういう車中の読書の場合は、文庫本が最適なのだが、私はそれにこだわらない。評判になった宮部みゆきの『模倣犯』も車中で読み切った。余談ながら同書は映画化され、まもなく封切りと聞くが、犯人を演じるSMAPの中居正広の演技がみものである。

隣の女性はなにする人ぞ

ふと、隣の女性を見ると、彼女も一心に読書をしているではないか。こういうとき、私はいつも隣人がどんな本を読んでいるのか無性に気になるたちなのだ。のぞき込むわけにはいかないので、それとなく視線をやっては、本の題名を判読しようとするのだが、概して、プライバシーに敏感になった昨今ではカバーがかけられているのが多く、容易には分からない。それでも、本の体裁やちらりと読めた登場人物から、私がかつて読んだ本だと分かると、まるで同志に出会った気がするのだ。それも、小泉首相ではないが「感動した」本であると発見したときなど、特にマルタン・デュ・ガールの『チボー家の人々』やトーマス・マンの『トニオ・クレーゲル』のように、私にとっての「一冊の本」の場合などは、感激のあまり握手をしたくなるほどだ。またそれとは別に、学生が法律の教科書を読んでいるときは、「頑張ってるね」と声を掛けたくなる。それぞれに人生があるのだなあー、と、そのときの私の眼はたぶん本を読むのを忘れて、虚空を見つめているはずだ。

ついこの間まではこうして本を読む人が結構多かった。しかしながら、最近は様変わりして、もっぱら携帯メールが大威張りだ。せわしく指を使ってメールをうっているのを横目に睨みながら、友人や恋人との意思疎通が密になって仲良しになることはそれなりに喜ぶべきことと思いつつも、その分、日本人全体の総読書量が目減りしていることも間違いないと、独り合点しては悲観的になったりもする。

携帯メールが気にならないといえば嘘になろうが、我慢ならないのは、隣の私に何の挨拶もなく、いきなり化粧を始める若い女性が少なくないことだ。これまで、女性が鏡に向かって化粧をするところを間近に見るという経験のない者としては、最初はもの珍しさもあって、女性の化粧とはこういう段取りでするものか、それにしてもいろんな小道具があるものだ、けれど努力の割りには変わり映えはしないものだなと感心して、それほど腹も立たなかったが、出くわす機会が増えるにつれ、その傍若無人ぶりに怒りを覚えるようになった。当方も、時に公衆マナーをわきまえない所業をしてしまうことがあり、その都度、家内や子どもたちから厳しい指弾を受けるのだが、その自分でも、このごろの女性の「恥を知らない」態度には開いた口がふさがらない。しかし口を開けていると、なにやら得体の知れないパウダーが飛んできたりするので、うかうか口も開けてはいられない始末である。なにが悲しいといって、おそらくは隣にいる人間をおよそ異性と見ようとしない振る舞いであるが、五〇代も半ばを過ぎた人間であってみれば、これはもう諦めざるをえないのであろうか。

関空快速と別れて

電車はやがて日根野駅に到着する。ここで前五両の関西空港行き、つまり関空快速と、後ろ三両の和歌山行き、すなわち紀州路快速が切り離される。時々、和歌山行きとは知らずてっきり関西空港行きと思いこんで後ろ三両にいた乗客があわてて降りて、前五両にすっ飛んでいく。この光景はしばしば見かける、ひとつの儀式みたいなものだが、観察しているとなかなか面白い。みんな、たぶん、これから出かけようとする外国への旅に夢をふくらませ、その期待感や楽しさで話に夢中になっている。また話をせずに黙って同行者と見つめ合っているのはおそらく初めての外国旅行で緊張しているからだろう。そのため、車内放送が何度も「お間違えないように」と注意しているのに、それが耳に入らない。たいていの人は電車が日根野に着き、切り離し作業が始まってなにやら様子がおかしいのに気がつき、あわてて飛び降りるのだが、なかには、日根野駅を出て初めて間違いが分かり、真っ青になる人もいる。以前の私は、天王寺を出発したころから、一見して外国行きと分かる人を見つけた場合でも、早合点していらぬおせっかいになってはと思って、知らぬ顔の半兵衛を決め込んでいたが、圧倒的に乗り間違いの人が多いので、最近では早めに注意をするようになった。失敗を笑うよりは親切がいいに決まっている。

日根野駅を出発した電車は、三両になって身軽になったせいか、少しスピードアップする。読みかけの本を閉じて、車窓に展開する、田圃とアパートと普通の民家が混在する、日本的風景に眼を見やりながら、さて、きょうの少年審判ではどのように少年に語りかければいいだろうかと思案する。口よりは手が先に出るという父親から、おそらく体罰も含めて厳しく叱られてるのだからやさしくした方がいいのだろうか、いや、裁判所としてはけじめをつける意味でも甘やかしては駄目で、心を鬼にして諭さなければと、迷い出すときりがない。そうかと思えば、離婚調停で、夫の顔も見たくないし、同じ部屋に入って同じ空気を吸うのも嫌だといっていた女性のことが気にかかってくる。同席調停を勧めていやな思いをさせるのはよくないことだろうか。そしてそういった人たちは、私がいま、きょうある事件のことを思いつつに和歌山に向かっていることを知っているだろうか。そんなことまで考えるのだから、電車通勤というのは面白いとつくづく思う。

まもなく、それほど高くはないけれども、それなりに重なった山が現われ、「山中渓」という駅を通過するころには、文字通り山中に入りつつあるという感じを抱かせる。いくつかのトンネルを抜けると、もうそこは紀の国である。大岡昇平は、戦後復員してまもなく両親の出生地である和歌山を訪れているが、この府県境のトンネルを抜けたときの印象を短編「家」で述べている（初出は「文学界」一九五一年三月号。岩波書店版『大岡昇平集』八巻所収）。

「のろのろと和泉山脈に分け入った電車が、山中の駅から小トンネルをくぐると、いつの間にこれだけ上ったかと思われる高さで、突然紀ノ川が車窓に見下ろされる。碁盤の目のようによく耕された広い流域を左に見下ろしながら、電車は山脈の南面を斜めに川下に向かって降り続ける。斜行の奇妙の効果は、時々流域が川下に高く、川上に低く傾いたような錯覚を与える」。

まさにそうである。おそらく紀ノ川は、大岡昇平に見せた当時とそれほど変わらぬ姿をいまも残しているように思われる。霞んで見える竜門山を見やりつつ、その流域の、有吉佐和子の名作の舞台となった旧家のたたずまいにしばし思いをはせていると、そうした感慨にひたるのもそれまでといわぬばかりに、車掌の「まもなく和歌山到着です」という声が聞こえてくる。さあ、きょうも一日頑張ろう。

帰りは気に入りの電車で

私は現在、和歌山家裁で家事事件と少年事件を担当しており、日によって、仕事の内容や忙しさは違うけれども、調停事件の増加等に伴い、結構あわただしい毎日だ。でも今回は仕事には立ち入らないことにしよう。裁判所の閉庁時刻は午後五時。私は生来の好奇心も手伝って、各種の研究会や集まりに首を突っ込んでおり、そうした集まりに出る日は午後五時少し前に退庁させてもらうけれども、そうでないときは少し残業する。しかしそれも六時までで、六時になるとそれを待ちかねて帰途につく。なぜか。裁判所から和歌山駅までの間、ラジオでタイガースの野球中継を聞くためである。駅までの三〇分足らず、たいていは一回表裏の攻防を聞くのが関の山であるが、当日の先発投手の出来具合等で、その日の試合展開を予想する。そして電車は和歌山駅六時二七分発の快速が定番だ。この電車は和歌山始発天王寺止まりで、往路の関空快速・紀州路快速とは違い、二人掛けの座席が左右に二列あり、乗客も比較的少ないので、大いに気に入っている電車である。残念なのは和歌山駅を出て二〇分余りは、和泉山脈やそれに続く山の影響で、ラジオが聞こえないことだ。しばらく、野球から離れざるをえないが、そうなると今度は、さきほどまでいた裁判所での出来事の一こま一こまが頭をよぎってくる。少年に中等少年院送致を言い渡したとき、少年自身は覚悟をしていたのか得心したような表情を見せたのに、「悪いのは友達で息子ではありません。私が立ち直らせて見せます」と叫びつつ食い下がってきた母親のこと。あるいは離婚調停で、「これで離婚が成立しましたので、お互い他人となりますが、いいですね」と確認したところ、申立人の妻はなにか重みがとれたようにすっきりとした様子を示したのに対して、寂しそうに肩を落としつつ、すがるようなまなこで私を見つめた相手方の夫のこと……。仕事のことを忘れようと思っても、裁判所にあらわれた人たちのこれからを思うとき、簡単には割り切れないのだ。

その間にも電車は進行し、すでに、電車はラジオの聴取可能な地域を走っている。あわてて、ラジオのスイッチをつける。せめて、勝負を決するような大量点だけは取られていないことを神様にいのりながら。タイガースがリードしていればいうことなし。零対零でもよしとしよう。少しくらいリードされていてもそれほどがっくりはしない。なにしろ、今年のタイガースはすこぶる好調だ。

「野球は阪神、私は判事」

実は、自分でいうのもなんだが、私のタイガースへの傾倒は生半可なものではなく、ものごころついたころには始まっている。この間、クローゼット内にしまっていた古い段ボール箱を整理していたら、小学校から中学校にかけての日記が出てきた。それをめくって気がついたことだが、その日の生活ぶりについてはあまり記載がないのに、なんとタイガースの勝敗だけはきちんとつけているではないか。そのころも、ここ数年と同様に、勝ったという記載より「負けて残念」とか「また負けた」というものが多かったけれども。少し大きくなって高校生のあるとき、たしか試験の谷間の日であったと思うが、甲子園に友達と誘い合ってやってきて観戦していたところ、担任の先生にばったりあって面食らったものの、お互い阪神ファンであることが分かって意気投合したことなどなつかしい思い出もある。

さらに大人になってからも、年に数度は甲子園に行ったものだ。バット型メガホンやジェット風船を使っての応援は最近のことになるが、そういうものがなくとも、みんな、結構団結して一生懸命応援していたように思う。一方、大阪を離れた地方勤務のときは、テレビ中継がどうしても巨人戦が中心となるので、仕方なくラジオの中継放送が唯一の楽しみとなるが、電波が入りにくい放送などではラジオに耳をくっつけて、まさに全身を耳のようにして聞いたものだ。そしてタイガースが勝ったときは、それを画面で確認すべく、夜のスポーツニュースで「おいしい場面」を見届けるというのが、私にかぎらず

「とらきち」の習性なのだ。そして忘れもしない平成八年六月のこと、喘息の大発作を起こして、十数時間生死の境をさまよった後、生還した時の第一声が「タイガースの連勝どうなった？」であったことは、前回紹介させていただいた家内の文章にあるとおりである。

もし、読者のなかでこの時間帯に阪和線に乗り合わせられて、ラジオ（そのラジオも外見では分からないが、電車のブレーキがかかるたびに雑音がまじる代物なのだが）にイヤホンをあてながら緊張した顔をしている中年の男性が、思わず「オッ」と声を出してにっこり笑ったのを発見すれば、それはまぎれもなく私であり、おそらく、ちょうどタイガースが得点をいれたときとみて間違いはないであろう。そういえば、以前深夜の民放テレビで、川藤元選手とかけあいでタイガース応援番組を司会していたタレントの遙洋子女史が、さきごろ、タイガース選手の活躍、その陰に隠れた選手の悲哀を『野球は阪神、私は独身』（青春出版社）という本にまとめた。先を越されたという感がないではないが、仮に、私がタイガースへの思いをなにがしかの本にまとめるとすれば、その題は、「野球は阪神、私は判事」というふうにしたいと思っている。そのような本ができるかどうか、「半信」半疑の方が多いだろうが……。

そうこうしている間に、電車は終着駅天王寺のプラットホームに滑り込む。あと一〇分もすれば、すでにテレビの前で、メガホンを手にしながら、タイガースを応援している家内と合流することになる。さて、タイガースの闘いぶりはどうであろうか。

（法学セミナー五七一号〔二〇〇二年七月号〕）

11　家裁が変わる、裁判官も変わる！

〔サイクル裁判官の四季だより・秋〕

ある離婚調停から

X女は看護婦で、四国のK市に生まれ育ったものであるが、たまたま和歌山に来て知り合ったY男（高校教師）と交際するうち、愛情を深め、結婚した。その一年半後、双子の男児ABが生まれ、現在ともに小学校二年生である。XとYは、それぞれ自分の職業に生き甲斐を見いだしており、Yはもちろん、Xも子どもの出産前後は別として、仕事に励んだ。Xは家事や育児をおろそかにする気持ちはなかったが、いざというときは近くに住むYの両親CDに頼ることも多く、子どもを育てながらも心おきなく仕事に従事できたのは、CDの援助のおかげであったことは間違いない。両親CDが、孫であるABを可愛がっている様子は、Y男の話から十分に伺うことができる。

XとYは、現代を懸命に生きる「よき夫婦」の典型と思われたが、二年前のある出来事から急速に仲が冷えてしまうことになった。Yがいわゆる「出会い系サイト」で知り合った女性と関係を結び、それが発覚したのである。Yは自らの過ちを素直に認め、反省の態度を示したので、Xも一度はYを宥恕した。しかし、Xの、信頼していた夫から裏切られたという思いはその後も消えず、また事態が発覚したとき、Yの両親CDがXに対し、「Xが仕事ばかりしてYを構わなかったのが原因の一つではないか」と述べたことがXをいたく傷つかせ、二人の間にだんだんと溝ができ、一年前ぐらいから離婚話をするようになった。Xは、年も押し詰まったクリスマスの日、意を決して、Yに対し年内に四国のK市に帰る旨、宣言した。Yは、Xが実家に戻ることには異を唱えなかったが、二人の子どもを連れていくことには強く反対した。Yは子どもたちに対して強い愛情を持っており、また両親CDも子どもたちに愛着を抱いていたことから、仮に夫婦が別れるとしても、二人の親権者は当然Yがなるべきだと考えていた。XとYは、その後数日間、子どもたちの生活をどうしていくかについて話合いを重ねたが、決着は付かなかった。Xは、その年の一二月三〇日、男児ABを連れK市に帰った。Xは、その際Yに対し「冬休みが終わったら和歌山に帰ってくる」旨の念書を差し入れた。年が明けた正月の元旦、Yは、Xの実家に電話をして新年の挨拶をしたが、代わって出た子どもたちの声を聴くや、いてもたってもおられない気持ちになって、K市まで駆けつけた。Yが非常に興奮していたので、Xの両親は、Yに子どもたちをわずかの時間会わせたものの引き取りを願い、Yはそのまま和歌山に帰った。Xは、Yのこうした短兵急ともいうべき行動に態度を硬化させ、以後、XとYとの間で冷静なやりとりができなくなった。

Xは、まもなく、二人の子どもを実家近くの小学校に転校させるとともに、Yに対し離婚を求める夫婦間調整の調停を申し立てた。Yは、離婚には応じるが、親権者はYがなるし、ともかくも子どもを和歌山に帰すべきだと主張した。調停はほぼ月一回のペースで開かれたが、Y及びYの代理人弁護士から、子どもたちの様子を知りたい、子どもたちの養育環境に問題がなく元気に過ごしているのであれば、親権者も譲ってもよいとの意見が出たので、調停委員会は早速家庭裁判所調査官に調査を命じ、K市のXの実家と男児ABの通う小学校に行ってもらうことにした。そして家庭裁判所調査官の調査結果によれば、Xの実家は、比較的裕福で、その居住環境も自然に恵まれ、申し分なかった。子どもたちは、早くも学校に慣れ、ともに元気で、特に情緒面の不安定さを窺わせるような兆候は見いだせなかった。その後開かれた調停期日において、この調査結果がYに示されたが、Yは、われわれ調停委員会のメンバー（家事審判官と調停委員二名）の前で、親権者をXとすることには首を縦にふることはなかった。そのため調停は不成立となった。

二四条審判*も空振りに……

以上述べたケースは、実際にあった事件を参考にはしているが、事件関係者のプライバシーを配慮して大幅に脚色を施しているので、ケースの吟味自体はあまり意味を持つものではない。

ところで、実際に家事調停実務に従事していると、こうしたケース、つまりは離婚自体は双方争いがないが、子どもの親権者についてお互い譲らず、その結果、調停として成立できないことがままある。親権者の指定という、子どものある夫婦の離婚にとって重大な事柄で合意が成立しない以上、「離婚だけ成立させる」というのは適切ではないからである。こうした場合に、普段あまり使われず、一般市民

*平成二五年施行の家事事件手続法では二八四条になったが、ここでは旧法で表記する

の方にもほとんど知られていないが、時に用いられる手だてがある。「二四条審判」というもので、家事審判法に規定がある。つまり、離婚自体は争いがなく、親権者だけが争いがある場合、そして、当事者はなるほど親権者にこだわってはいるものの、それは調停で「うん」というのに抵抗があり、裁判所がこうだと決めれば不承不承にせよそれに従うということが予想される場合、裁判所が「審判」という形で結論を示すのである。本件も、そうした恰好のケースだと思われた（双方代理人もそれを希望した）ので、私は、次のように審判した。

「当事者双方はともに離婚には合意し、本件調停が不成立に終わったのは、未成年者両名の親権者をどちらにするかの点で一致を見なかったためであるから、この際、家事審判法二四条の調停に代わる審判によって、申立人（X）と相手方（Y）とを離婚させたうえ、未成年者の親権者についてもあわせて審判で定めるのが相当であると考えられる。しかるところ、本件において、Xが未成年者両名とともに実家に帰った際、Yとしては未成年者両名が一度は和歌山に戻ってくるべきだと考えていたのにこれが実現しないまま、未成年者両名がX実家のもとで生活し続けることになった点、Yとしては納得のいかない面があることはそれなりに理解できるけれども、それは事態の推移からすると成行き上やむをえなかった面もあり、この点につきXを強く非難することはできない。そして、未成年者両名に対する愛情の面では甲乙つけがたく、Yにしても親権者として特に不適当という事情は見い出せないが、もとよりXも親権者の適格に欠けることはないうえ、未成年者両名がXの実家においてのびのびと生活し、元気に学校に通っていること、その他本件に顕れた一切の事情を勘案すると、未成年者両名の各親権者をいずれもXと定めるのが相当である」。

以上の審判は、「しかるところ」という古めかしい言葉を使っている点もさることながら、どこか歯切れが悪く、親権者として申立人の方が適当だという理由にしても、現在の状況に問題がないからとしているだけであって、あまり説得的とはいえないだろう。要するに、結論だけを端的に示し、それに従ってもらえればとよしという意図のもとに下したもので、相手方を刺激しないことが肝心なのである。この結論に異議がなければ、二人は「審判離婚」になり（協議離婚、調停離婚、裁判離婚のほかにこの「審判離婚」というのがあるのも、案外知られていない）、親権者は母親に確定する。

しかしながら、相手方から即座に異議が出て、審判は失効した。二四条審判は一方の当事者から異議が出ると当然に失効し、意味のないものになるので、家事審判官としては審判を出すのを躊躇しがちで、実際にも出されることは少ない。申立人がどうしても、はっきり決着したい、つまりいますぐ離婚したうえ、子どもの親権者もほしいと思えば、地裁に離婚訴訟を起こすことになる。つまり、紛争解決の舞台は、家裁ではなく地裁に移ることになる。これは、法律専門家の弁護士や裁判官にとっては自明のことでも、市民である当事者にとっては分かりにくいし、二度手間という感がしないでもない。いままで「非公開の話し合い」を中心に進められていたのに、公開が原則で、主張をたたかわす場である「地方裁判所」で「裁判」をしなければならないということに、ためらいや抵抗感を抱く当事者も少なくない。

実は、ここからが今回の主題なのだが、このたび、こうした離婚訴訟を地裁から家裁へ移すということが、法制審議会で本決まりになったのである。

離婚訴訟が家裁に移る

離婚など家庭関係の事件を地裁ではなく家裁の管轄に移そうという動き、難しい言葉でいうと「人事訴訟の家裁移管」という問題なのだが、これは、今回が決して初めてではなく、これまでもいろんな箇所（局面）で論じられ、裁判官の協議会などでも取り上げられてきた。そして、相当数の裁判官がこれに賛成してきたのだが、いろんな隘路があり、また訴訟を家裁に取り込むといわゆる家裁らしさが失なわれるという有力な反対説があって、その都度立ち消えになっていた。しかし今回、司法制度改革審議会の提言を受け、法制審議会の民事・人事訴訟法部会が中間試案として公表するに至った。もう後戻りすることはないであろう。

私も、この「離婚訴訟、家裁に一本化」に大賛成である。以前、地裁で離婚訴訟を担当していた際に、本件のようなケースにしばしば遭遇したが、子どもの親権をどちらの親に与えるについて、ある程度外形的なことで判断をするしかなく（たとえば「子どもが乳幼児であれば原則として母親にする」）、本当にそれでいいのかとなると自信がなかったし、なにより肝心な子どもの意見を聴けないので、もどかしい思いをしたことが一度ならずあった。今度はそうではない。心理学や社会学の専門家である家庭裁判所調査官が、当事者の収入や養育環境といった客観的事実を調査するばかりではなく、当事者である両親やその親（子どもからみて祖父母）のみならず、子ども自身の意見を聴取し、さらには子どもが実際には口に出せないでいる親に対する微妙な心理まで立ち入った結果を、報告書にまとめて提出すれば、どちらが親権者として適当かの判断は以前に比して格段に的確になされることは間違いがない。

公表された中間試案によると、離婚訴訟において、裁判長が必要であると認める場合は民間から選ぶ「参与員」を一人以上選出し、判決に当たって裁判官に意見を述べたり、和解の手助けをしたりするとされている。裁判所の判断に市民感覚を反映させるのが制度化の狙いであり、そのこと自体に異論はないけれども、そうとすれば、参与員に人を得ることが第一に必要となる。刑事裁判における裁判員制度などと共通するが、裁判官に対してはっきり意見をいえなければ、結局は「刺身のつま」になってしまうおそれなしとしない。現状は多くの場合、調停委員経験者や定年退職した者から選ばれており、おのずと高齢者に限定されている。その選任のあり方も検討する必要があろう。

裁判官も変わらなければ……

もちろん、今回の人事訴訟の家裁移管については、なお検討すべき問題は少なくない。たとえば、調査官の調査結果を当事者に対してどの程度明らかにするかは、難問のひとつである。当事者の代理人である弁護士からは、依頼者である親を納得させるためにも、また開示がなければ反論もできないとの理由で、調査報告書開示の要求が高まってくることが当然予想される。裁判所側としては、特に調査官からは、当事者や関係者からその人たちの了解なしには開示しない（したがって原則的には取材源秘匿）という前提で話を聴いており、その前提が崩れると真実を聴くことはできない、親権者の適否を判断する事情は微妙かつ感情的な事柄が当然関係し、さらには子の福祉の観点からどうしても秘密にしなければばならないものもあるので、全面開示は困難だという意見が出てこよう。非訟事件における当事者の手続き保障という時代の要請からすると、開示が原則とはなろうが、その時期や方法には十分注意した運用がはかられるべきだと考える。

さらには、榊原富士子弁護士が述べるように（日経新聞二〇〇〇年八月九日付夕刊）、家庭裁判所自体の体制強化が不可欠である。同弁護士は、「現状でも裁判官、調査官ともに仕事に追われ、結論が出るのに時間がかかるケースが目立つ」と、苦言を呈しておられるが、家事実務に従事する者にとって耳が痛い指摘である。それでなくとも、家裁の現状は、平成一二年四月に導入された成年後見制度によって増加の一途をたどる成年後見関係事件の処理などに忙殺されており、人事訴訟事件を取り入れるにおいては、当然、それに見合う裁判官、家裁調査官及び家裁職員の大幅な増員が必要なことはいうまでもない。しかしながら、私は、それにもまして重要なのは、家裁裁判官の意識の変革ではないかと考えている。

そもそも、日本の裁判官の意識には、どうしても「地裁」本流意識が歴然としてある。まれな例外は除いて、誰もが地方裁判所の裁判をイメージして裁判官を志し、いずれは刑事にせよ、民事にせよ、一審の裁判長として裁判を主宰したいという希望を持っている。したがって、判事補時代や、判事になってしばらくは、「何事も経験」ということで家裁の仕事にも情熱をもって取り組む人でも、いずれは地裁で自分の手腕を発揮したいという人が多いのが実情である。

これには無理からぬわけがある。家裁のうちの家事の分野で、重要な役目を担うべきものは調停事件であるが、その調停事件ひとつとっても、裁判官が自分の全精力をそれだけに集中できない仕組みになっている。同じ時刻に、常時五件以上の調停事件がはいっていて、一つの事件に集中して立ち会うことが到底困難である。事前事後の評議でなんとか、審判官不在をカバーするけれども、自分が先頭になって当事者と対話し、解決にむけての真剣勝負するということがないので、いつも不全感がつきまとう。一方で、仕事に手を抜いても、法廷という公開の場がないので、ただちには批判されない。さらに、家事の仕事のなかには、いわば一種のサービス業的な内容のものもあり、こうした記録が机の上に山のようにあるのを見て、自分の担当する仕事が本来裁判官たる者がするべきものなのだろうかと、思い悩むこともないではない。こうした状況下にあり続けると、家裁の裁判官は、どうしても顔が地裁に向きがちになる。しかし、本当はこれではいけない。家裁の仕事は、例外的な事件（児童福祉法違反とか労働基準法違反などのいわゆる成人刑事事件）以外では、法廷に入ることもなく、法服を着ることもないが、法服を着る着ないにかかわらず、家裁の裁判官もれっきとした裁判官として、しっかりとしたアイデンティティを持って、家裁の仕事に真摯に取り組まなければいけない。離婚訴訟が家裁に来れば、当然ながら、法服を着た自分の前で、当事者がその主張をたたかわせ必死に自論の正当性を訴えるであろう。おのが鼎の軽重を問われることは間違いない。家裁の裁判官として、家裁全体のレベルアップをめざして、頑張りたいと思うことしきりである。

まず映画で元気をつけて

しかし、裁判官も人の子、ただ「頑張ろう」というだけでは、なかなか活動する気力が湧いてこない。

しっかり仕事をするためには、それなりの血肉となる栄養が必要だ。私にとって、有力な蛋白源は、ほかでもない映画だ。手前勝手な理屈であることは承知しているが、役所が夏休み体制に入るのを待ちかねて、映画館をはしごしてみた。

前回少し触れた映画「模倣犯」。宮部みゆきの同名の大作を、すでにヴェテランといってよい森田芳光監督がどのように料理するか、一番の興味を持って映画館に足を運んだ。森田監督は、随所に如才のないところをみせるけれども、観客たる自分は、いまひとつ乗っていけないのである。原作を読み終えている者に如何に迫力を持って、観客の目を画面に引きつけ、その興味を最後の場面まで持続させるか、それが監督の手腕のみせどころであるが、原作が話題作であるだけ、かえって至難の業といえる。結論からいうと、工夫は分かるものの、残念ながら、必ずしも成功しているようには思えない。

中居正広くんの演技は、監督の期待にそれなりに応えてはいるが、なぜにこうした残酷な犯罪を次々に犯さなければならないのか、その必然性が見えてこない。こうした犯罪映画では、人は、観客しては主人公に感情移入ができないので、つい冷静な第三者になってしまう。その分、特異性を強調すればそれはそれで好奇心を刺激させるが、如何せん、中居くんでは迫力不足である。犯罪者を描いた映画としては、ずいぶん以前になるが、今村昌平の「復讐するは我にあり」に一歩も二歩も譲るように感じた。

もっとも、それは、映画の問題というよりは、原作自身のもつ難点といえよう。読者は、小説において、多くの問題を重層的に、あるいは多角的に描写する「宮部節」ともいうべき語り口に酔いつつ、宮部ワールドの次なる展開に心踊らせながら読み進めていく。ベストセラーになったことも当然といえば当然で、そのこと自体にけちをつけるつもりは毛頭ないけれども、下巻の途中まで手に汗を握りつつ読みながら、その後まもなく「ピース」という犯人が表舞台に登場するに至って、せっかく前半で蓄えられた物語の山塊が活かされないまま、崩れていくという感じが否めない。小説での出来事といってしまえば、それまでかもしれないが、虚構を超えなにがしかの「真実」が読者を打たなければ、それこそ小説のなかでの被害者も浮かばれないのではないか。

これとは違い、原作から離れて、一個の映画として完成度を見せたのは、「折り梅」である。痴呆症になった夫の母親（吉行和子）をめぐる家族、とりわけ妻（原田美枝子）の葛藤と家族の再生を描いたもので、原作は小菅もと子の『忘れても、しあわせ』（日本評論社、一九九八年）である。われわれは、すでに、こうした痴呆症を描いた小説として、有吉佐和子の『恍惚の人』（新潮社、一九八二年）や耕治人の『そうかもしれない』（晶文社、二〇〇七年）を、また映画として千秋実主演の「花いちもんめ」を知っている。それだけ眼が肥えた観客に、新作の映画がどれだけ新鮮さを出せるかが注目されたが、松井久子監督は、技巧を弄することなく、たんたんと、しかし真っ正面から、認知症状のひどくなる母親、それに翻弄される家族、介護は続けるも仕事は頑としてやめない女性を描いていく。この母親のように誰もが「絵筆」を持てるとはかぎらないし、認知症状のもたらす被害にしてもきれいに描かれすぎているなど、批判もありえようが、私自身は、抱いていた先入観は雲散霧消して、素直に感動したことを告白したい。隣でみていた家内から、あなたはトミーズ雅演じる息子そっくりと評価されたけれども……。

（法学セミナー五七四号〔二〇〇二年一〇月号〕）

12　阿倍野からバンコクへの旅
――三島由紀夫『豊饒の海』を携えて〔サイクル裁判官の四季だより・冬〕

阿倍野界隈に住んで

私はいま、大阪市阿倍野区に住んでいる。今回は、わが街の紹介から始めたい。阿倍野の地名の由来については諸説あるが、一番有力なのは、古代の豪族「阿倍氏」が、この地域一帯を所有していたからという説である。阿倍氏は、孝元天皇の皇子・大彦命（オオヒコノミコト）を先祖として、一族からは阿倍倉梯麻呂、阿倍比羅夫、阿倍仲麻呂、安倍晴明などがいるが、最近では、オカルトブームに乗った、平安中期の陰陽師安倍晴明が一番有名である。その安倍晴明を祀った安倍晴明神社が、私の住居から歩いて一五分程度のところにある。第二次大戦中、その境内に焼夷弾が落とされたけれども不発に終わり、厄除けの神様としての評判が一層あがったそうだ。それにしても、晴明ブームは一向におとろえない。経済不況が長引いて、元気のない状態が続くせいで、将来に何とか光明を見出したいという庶民の願いがそうさせるのであろうか。ちなみに、晴明の命日とされる九月二六日は、私の誕生日である。

安倍晴明神社の南隣には阿倍王子神社があり、仁徳天皇の創建と伝えられ、空海が祈禱したとの記録もあるようである。安倍王子神社は、天王寺から堺市に通じる阿倍野筋という幹線道路に面しているが、その裏側は、旧熊野街道である。「蟻の熊野詣」で知られる熊野街道は、窪津（中央区八軒屋付近。現在の天満橋からやや南の地点にその記念碑がある）から阿倍王子を経て紀伊路を南下して熊野三山に至る古道である。天満橋にほど近い大阪家裁から熊野三山がある和歌山に転勤することになったのも、阿倍野に住居を求めたこととあながち無縁ではないかもしれない。

阿倍王子神社から阿倍野筋を二〇〇メートルほど南に行くと、道路脇に「北畠顕家卿之墓」の石柱があり、その東側の北畠公園内にその墓がある。北畠顕家は南北朝の武将で、父の親房とともに後醍醐天皇に仕えたが、後醍醐天皇に反旗を翻した足利尊氏を討つため京都に進軍し、連戦の末、最後は阿倍野の合戦で、尊氏の執事・高師直の大軍にわずか二十余騎で突撃し討ち死にした。享年わずか二一歳。墓を眺めていると、中学や高校の日本史で習った人物が意外に身近に感じられ、せっかくだからと親房の「神皇正統紀」を買い求めたのだが、遺憾ながら、まだ表紙に触れてもいない。

付近一帯には、そのほかにも松虫塚、聖天山古墳等見るべきものも多く、歴史散歩の場所にことかかないので、私は結構、この阿倍野区を気に入っている。強いて難点をいうならば、天王寺公園から閉め出されたホームレスの人たちがあちこちに「定住」されていることである。引っ越してきた当初はびっくりしたし、気にもなったが、いまでは日常の風景になってしまった。けれども、寒い冬の朝晩、段ボールに囲まれて就寝している姿を見るにつけ、屋根のある部屋で寝ているわが身の幸せを感じながらも、やりきれない思いはぬぐえない。

歩道や建物の軒下に寝ておられる分にはまだいいのだが、時々酔ったまま車道にはみ出して寝ている人がいる。当地では、こうした事態に備えて、ドライバーに注意を喚起すべく、「この付近では道路上に人が寝ていることがありますので注意してください」との標示まであるほどである。私自身も自転車に乗っていて、あやうく轢きそうになったこともある。少し前まで、ホームレスの人たちは夕方になると、どこからともなく銀行や証券会社の前にやってきてそこの空地で生活し、翌朝開店前には（ちゃんと掃除をしたうえで）姿を消すという「棲み分け」ができていたように思うが、最近では銀行等が「排除」を貫徹すべく、プランターを立錐の余地なく置いたりして自衛策を講じている。やむをえない措置かもしれないが、なぜか心痛む光景ではある。

阿倍野から通った裁判官

ところで、七〇年以上も前のことになるが、昭和の初め、この阿倍野区から大阪地方裁判所さらには大阪控訴院に通っていた裁判官がいたのをご存じだろうか。彼こそは、ほかならぬ三島由紀夫の小説『豊饒の海』に出てくる本多繁邦である。本多は、昭和四年判事に任官し、地方裁判所の右陪席まで進んでから、昭和六年大阪控訴院に転出し、控訴院の左陪席になったのであるが、第二巻の冒頭、「天王寺阿倍野筋の自宅から市電に乗って（裁判所に）ゆく」とあるのには驚いた。小説の主人公にすぎないにせよ、急に本多裁判官に親しみを覚え、本の世界に入っていった。『豊饒の海』は、承知のとおり、「春の雪」「奔馬」「暁の寺」「天人五衰」からなる大作であるが、その第一巻「春の雪」では、維新の功臣を祖父に持つ侯爵家の嫡男松枝清顕が主人公で、伯爵家の美貌の令嬢聡子との悲劇的恋愛が主題である。清顕は結婚の勅許を犯して聡子と通じるが、聡子は堕胎したのち奈良の月修寺で出家し、清顕との面会をかたくなに拒む。失意の清顕は、輪廻転生の後、滝の下で再会することを無二の親友本多に予告して死亡してしまうというのがあらすじである。

本多は第一巻では、清顕の恋愛と運命の狂言回し役を演じていたにすぎなかったが、第二巻では、判事として、かつ主人公として登場してくる。三輪山の三光の滝で清顕の生まれ変わりである少年飯沼勲に会う。物語はその若者の純粋な行動を中心として展開されていくが、三島がこの小説で力説する、仏教の認識論については、残念ながら、その方面に関して全くといってよいほど知識のない私にはお手上げといってよい。むしろ、私にとっては、「一週三回出勤のほかは宅調日」とか、「判事にとって重宝なのは風呂敷というものであった」、あるいは「非開廷日に出て行っても、机や椅子の数も乏しく、耳元で法律論が戦わされていて、司法官試補が勉強のために立ったままそれを拝聴したり、教えを受けたりしている傍らで、おちついて判決が書けよう筈がない。自宅で夜なべ仕事にするほうがよいのである」というような描写の方が面白かった。というのも、私がいまから三〇年前、大阪地裁の新任判事補として勤務していたころの裁判所の状況は、それとほぼ同様であったからである（建物も、まもなく建て替えられたもののまだ赤煉瓦が残っていたし、死刑が執行されたこともあるという拘置所の塀もまだ往事の名残をとどめていた）。そして、もちろん、風呂敷にもずいぶんお世話になった。

系譜をたどると、三島の祖母夏子の父に大審院判事永井岩之丞がいるが、文学に目覚めた三島が文学部に進まず、東京大学法学部に進むことになったのは、父平岡梓の影響によるところが大きいとされている。三島がそのまま法律の途《みち》を突き進み、判事に任官していたらなどと想像するのも面白い。おそらく仕事は優秀で、自他共にきわめて厳しい裁判官になっていたのではないだろうか。

三島の裁判観

三島自身の裁判観を推し量ることができる場面が、「春の雪」の中程に出てくる。まだ法律学徒にすぎない本多が、家の書生と地方裁判所の刑事裁判を傍聴しにいく。事件は、料理屋の仲居が、女道楽の亭主が関係を持った料理屋の女中ひでに対し、夫を返してくれと懇願したのにもかかわらず、女中ひでに鼻であしらわれたので、思い余って刺してしまったというものである。

被告人増田とみは、裁判官の問にこたえて、兇器に使った刺身庖丁のことを語り始める。職人気質の夫松吉は、使い勝手のいい庖丁をいくつか自分用に持っていたが、被告人が女中ひでのことで悋気《りんき》し始めたので危ないと思い、どこかへしまいこんでいたのを、被告人がある日戸棚の掃除をしていて発見する。見ると、庖丁は大部分が錆びており、被告人はその錆を見てかえって夫のひでに対する執心の度合を知ることになる。折しも、学校から帰ってきた子どもの口から、被告人が夫にしつこくして捨てられたことが近所の噂になっていることを知らされ、被告人は思わずカッとして子どもを打擲《ちょうちゃく》して家を飛び出してしまう。しかし被告人の念頭には女中ひでのことはなく、ただ庖丁を研いでせいせいしたいという一念だけであった。研ぎ屋で庖丁を研いでもらった被告人は、なぜか家へ帰る気がせず、ふらふらと女中ひでの働いている料理屋に向かい、彼女に話したいことがあるといって外に呼び出す。気軽に出てきたひでは被告人に対し、「今後男は絶つといまおかみさんに約束してきたところだ」といって、被告人を喜ばせるが、その舌の根も乾かぬうちに「でも三日辛抱しきれるかしらん」とポロリと漏らし、被告人を動揺させる。被告人はひでを寿司屋へ誘い、一杯おごりながら姉さん気取りで話をつけようと骨を折るのだが、ひでは沈黙を守って、露骨にそっぽを向いたりする。まもなく、帰ろうとするひでと、これを引き留めようとする被告人との間で二言三言言い争いが生じていたところ、ひでは次のような決定的な一言を吐いてしまう。「いつまでいったって無駄ですよ。そんなにしつこいから松さんに嫌われたんですよ」。被告人はこれを聴いて、「ちょうど暗闇のなかで、なにやらほしいという赤児が手足をばたばたさせるような気持ち」で、「その我にもあらずばたばたする手が、いつのまにか風呂敷包を解いて庖丁を握り、庖丁を握ってばたばたしている手にひでさんの体がぶつかってしまった」と供述する。そして、被告人は、こう述べたあと、両手で顔を覆うて嗚咽を漏らし、傍聴席からもそれと分かるほど肩を震わす。

さて、被告人の殺意は認められるか。それとも心神喪失であるとして無罪になるか。現在でも、被告人がこうした形で殺意を否認したり、無我夢中の状態での犯行ゆえ無罪であると、争われるケースは少なくないが、多くの場合、そうした主張は通らず、殺人罪の成立が認められるように思われる。三島は作中の書生に次のようにいわせている。「こりゃ、日本に陪審制が布《し》かれていたら、うっかりすると無罪になりそうなケースですね。口の巧い女にはかなわんですな」と。本多の年齢等から推測して、この事件が起きたのは大正の初めころと思われ、陪審法が制定されるのは大正一二年のころからであるから、おそらく陪審制を当時の人々が現実性をもって認識していたとは思えない。ここでは、一般市民は感情に流されやすいという、ややステレオタイプ的な感慨が吐露されている。これに対し、繁邦は（三島自身でもあるのだが）人間の情熱は一旦その法則にしたがって動き出したら、誰もそれをとめることはできないが、それは人間の理性と良心を自明の前提としている近代法では決して受け入れられぬ理論であるとしている。そしてさらに繁邦は、法律に携わる以上裁判とは無縁でなくなることを覚悟するのだが、一方で、被告人が赤い熔岩のように吹き上げた激情とか情念といったようなものには決しておぼれず、触れあうこともないことを自覚していた。要するに本多は冷静であった。

「暁の寺」を訪ねて

第三巻では繁邦は、はや裁判官をやめて弁護士になっている。「裁判官時代の一言半句にも気をつける、まるで畳の上を擦り足で行くような物言いは改められ、衣服の好みも自由となって、千鳥格子の変り上着なども着るようになり、冗談もいえば闊達にもなった」のである。拍子抜けの感なきにしもあらずであるが、仏教に強い探求心を持つに至った本多は、タイを訪れ、そこで自ら日本人の生まれ変わりだと語る幼い月光姫に会う。時はめぐって、戦後日本を訪れた月光姫に本多は恋慕するが、その恋が成就することはなく、タイに帰国した月光姫は、コブラに腿をかまれてあえない最期を遂げる。

この夏、私も本多のあとを追うようにバンコクに出かけた。夏期休暇の日程の具合で長い旅行が無理になったため、それなら比較的簡単に行けるアジア、なかでも本多にゆかりのバンコクへ行き、「暁の寺」を見物しようということになったのである。

バンコクはまさに騒音と排気ガスの街である。すでに多くの道路は一方通行となって少しでも渋滞の緩和を図ろうとしているが、もはやそれだけで解消されるような状況でないことは明らかだ。自動車のほかに、トゥクトゥクと呼ばれている車体を派手な色で飾ったオート三輪、後部座席に客を乗せてタクシーとして機能しているオートバイなどが、すごいスピードで走り抜けていく。ガイドの青年は、交通違反で捕まっても重大な事故や違反でなければ、警官とそれなりに話をつけることができ、信号無視など日常茶飯事だとむしろ得意げに話していた。

せっかくアジアに来たのだからということで、家内と二人で夕食は街を探検しながらどこかの屋台でも食べようと、街にくりだしたが、バンコクの下町の、喧噪と猥雑さには閉口した。追い討ちをかけるように、排気ガスに混じって、汚水や不完全燃焼している火の匂い、アンモニアの匂いなどが強烈に襲って来る。残念ながら、ほうほうの体で「伊勢丹」に避難したが、これが歳というものか、あるいは心身共に軟弱になってしまったのか、いずれにせよ情けないかぎりであった。

「暁の寺」すなわちワット・アルンは、チャオプラヤ川を挟んでバンコクの対岸トンブリにある。バンコクから小さな渡しに乗って渡るのであるが、子どものころ大阪の港区に住んでいた私にとっては涙がでるほど懐かしい情景であった。ラマ二世が建てた高さ七四メートルの塔が、その誇らしげな偉容を水面に写している。塔の周囲には、中国系のタイ人から寄進された中国風の石像がならんでいて見飽きることがない。三島はこれらの石像や塔をどのような感慨をもって眺めたのであろうか。私は、タイの歴史はもちろん仏教のこともほとんど知らないまま、三島の小説の舞台になったというだけで来たにすぎないが、それでも暁の寺はそこにたたずむだけで、また塔をふり仰ぐだけで、十分すぎる寺院ではあった。

したたかなバンコクの人々

第四部では本多は七六歳になっている。養子として迎えた少年安永透は、偽物の生まれ変わりであった。スキャンダルに巻き込まれた本多は、六一年ぶりに月修寺を訪れ聡子と再会するが、聡子は清顕の存在を否定し、すべては本多の夢物語ではないかと語る。

昭和四五年八月「天人五衰」を脱稿した三島は、同年一一月二五日、陸上自衛隊市ヶ谷駐屯地で、自衛隊の決起を促したが果たさず、自決した。偶然であるが、私はそのころちょうど司法修習生として四谷の司法研修所に通っていた。裁判官を志望する意思を固めつつあったころだが、目指そうとする裁判所は、折りから青法協問題で不穏な空気がたちこめており、不安にかられた私にはとても三島の小説を読むゆとりはなかった。

現実の旅に戻ろう。今回、われわれはパック旅行を選択した。定められた日程ではあるが、そのうちの一日、バンコク近郊の古都アユタヤに出かけた。バンコクから車で二時間くらいの距離である。車窓の風景は、喧噪のバンコク市街地とは異なり、いかにもアジアというのどかなものであった。胸まで川に浸かって魚釣り網を操っている人や、道路脇でのんびりと物を売る人たちがいて、こういう所こそゆっくりと滞在したい場所だと思ったが、そんな思いを断ち切るように、車はすごいスピードでアユタヤへと向かっていった。

アユタヤではたくさんの仏像群に会った。すでに修復されているものもあるが、その多くはミャンマーとの戦いで首から上が破壊されたまま放置されていて、痛ましくも無惨であった。等身大の仏像の残された手に触れてみると、強い日差しと止んだばかりのにわか雨のせいか、しっとりと暖かく、まるで仏様が生きておられるような気がした。愚かな行為を繰り返して恥じない人間を仏様は黙って許して下さっている、そんなことを考えるとなぜか突然目頭が熱くなってしまった。少し疲れていたのかもしれない。

夜はガイドに誘われてニューハーフショーにも出かけた。大阪では人の目が気になるところだが、旅の恥はなんとかである。美女たちの絢爛たる踊り、あるいは「三枚目」の芸の達者なことに舌を巻いた。そして、うかつにも美しい彼女たちがもともとは「彼」であることを失念してしまい、身を乗り出し、鼻の下を最高に長く伸ばして見入ったりした。家内から大いに顰蹙を買ったのはいうまでもない。

外資系のきらびやかな店が入って、冷房も良く効いた心地の良いショッピングセンターを一歩外に出ると、幼い子どもばかりか、赤ん坊ですら物乞いをしているというような、貧富の差が歴然としている状況には驚きややりきれない思いをしたが、そういう人たちの表情には暗さがなく、むしろしたたかに生きている気がした。そうであってほしいという思いで見たせいかもしれないけれども。旅の最後の一日、気のむくまま歩いてみたいと思い、「自由行動の日」としたが、市民の憩う動物園や、花屋や果物、漢方薬の市場が続く街の路地などを歩き、街の人々と袖ふりあって、その思いをさらに強くした。とても三島のように仏教の深遠な思いには至らない、恥ずかしいような底の浅い旅ではあったが、「いまも目に浮かぶ暁の寺を見たことでよしとしよう」とつぶやいたら、すかさず家内が「目に浮かぶのは美人のニューハーフじゃないの」といった。鋭い。

（法学セミナー五七七号〔二〇〇三年一月号〕）

13　裁判官とブラウン管

〔サイクル裁判官の四季だより・春〕

懐かしき子ども時代

今年（二〇〇三年）は、ＮＨＫがテレビ放送を開始して五〇年になるという。五〇年前というと、昭和二八年。放送開始が二月一日といえば、私はまだ満六歳で幼稚園児である。私の父親は、高校の数学教師、すなわち普通のサラリーマンであったから、もちろん家にテレビはなく、しばらくの間は、テレビは垂涎《すいぜん》の的であった。まもなく民放でプロレス中継が始まったが、そのころ、毎週弟を連れて、近所のお金持ちの家にその放送を見に行ったことが、確かな記憶として残っている。特等席は背もたれとなる柱の前の席。放送開始の少し前にお邪魔して、柱の前にちょこっとすわって放送が始まるのを待つ。たいがい駄菓子やミカンが用意されていて、それを頬張りながら、次々にやってくる友達と、その日一日の出来事や共通の友達のうわさ話をしたりする。それはちいさな子どもにとって、人生の最初に味わう、「よきひとときとき」であったような気がする。放送が終わると、年長者がただちに解散を命じる。子どもたちは挨拶もそこそこに家路を急ぐ。テレビという「宝物」に引き寄せられた形とはいえ、まだまだ「地域社会」なるものが残っていた時代である。

ところが不思議なことに、わが家にテレビが入った日のことについては、格別の記憶がない。待ちに待ったものがついに来たという重大事であるにもかかわらず、全く記憶がないのはどうしたわけだろうか。好きな画面に集中したあまり、周囲の状況はみな背景に吹っ飛んだのかもしれない。それはともかくも、以来、同世代の子どもがそうであったように、また現在の子どももそうであるように、「テレビ」にかじりついて生きてきた。「ジェスチャー」「お笑い三人組」「ララミー牧場」「事件記者」「スーパーマン」「月光仮面」「名犬ラッシー」等、いまでも主題歌を口ずさむことができるぐらいだが、番組のことを書き連ねていけば、いくら紙面があっても足りないので、本題に移ろう。

法廷のテレビ取材

そうしたテレビ時代の到来とともに、テレビの取材は、視聴者のさまざまな関心や興味に応えるべく、いろいろなところに及び、場合によっては「傍若無人」の非難を免れないいくらい各所に侵入し、公共の場所でテレビカメラが入らないところは、ほとんどないといってよいであろう。そんななかで、法廷は長い間テレビカメラは「ご禁制」であった。戦後しばらくの間、法廷でかなり自由に写真撮影されたり、ニュース用カメラなどにより撮影された映像が流されたことがあったようであるが、まもなく、これが裁判の威信の保持、あるいは被告人その他訴訟関係人の名誉保護に関して問題であるとされ、裁判所の許可がないと原則として法廷での写真撮影などはできないことになったのである。その結果、長い間、普通のカメラ、テレビカメラ等を問わず、およそ写真機器は法廷から閉め出され、報道機関にとって冬の時代が続くのである。ところが、さすがに、映像による情報伝達の流れを押しとどめることはできず、法廷内カメラ取材については、昭和六二年一二月から試行的に運用され、その後、平成三年一月一日から、門戸開放になった。そうはいっても、原則的には、撮影要員がスチールカメラにつきひとり、ビデオカメラにつきひとりとするもので、撮影時期・時間は、裁判官の入廷開始時から裁判官全員の着席後開廷宣告前の間の二分以内、刑事事件においては被告人の在廷しない状態で行うというかなり限定的な運用である。

私自身の単独法廷に初めてテレビカメラが入ったときのことは、鮮明に憶えている。撮影予定日の少し前からなにかと落ち着かず、散髪に行ったり、ネクタイ選びに腐心したりした。

さて当日。たしか、買収事件の判決言渡しであったと記憶するが、法廷に入る扉を開けると、カメラマンが傍聴席に待機している。職員の合図で撮影が開始されたが、所定の二分間の長いことといったら……。刑事裁判なので（他の裁判でもそうだが）笑うこともできず、まして「ピース」などは禁物だ。しかし、あまり怖い顔をしてもいけないという意識も働き、緊張をほぐそうとするのだが、俳優ではないので、視線をどこにやるかだけでも難しく、ことは簡単ではない。済んでしまえば一瞬だが、一つの苦行といってよく、私自身も結果的に、普段の顔と対比して「いわく言い難い」顔になってしまった。こうしたテレビ撮影は、日常的に行われ、皆さんの茶の間のテレビに日本の裁判官の顔が映し出されているのであるが、誰もがいまひとつ迫力のない顔をしているのは以上のような理由による。そうはいっても、自分の顔がテレビに出るのは、わが人生にとって画期的なことではあるので、放映されたローカルニュースはちゃんと録画し、いまも永久保存版として、ビデオラックのどこかにあるはずである。

したがって、こうしたテレビ撮影は裁判官にとってあまり歓迎すべきものではないが、報道陣にとっても評判は必ずしもよくない。裁判官を写すとはいっても法服姿の個性を没却した人物を写すだけであり、もうひとりの主人公である被告人は登場しない、いわば「もぬけの殻」状態を写すにすぎないからである。そして、肝心の審理そのものの撮影、ましてや「テレビ中継」となると、未だかつて許されたことはない。裁判所側は、被告人あるいは訴訟関係人のプライバシーや肖像権、刑事被告人の場合には判決確定までは「無罪の推定」があることなどを根拠に、現在でも消極の姿勢を崩していないが、報道する側の方からは、「根拠としては不十分で、結局はノーというための理屈にすぎず、むしろ背後にある裁判所の権威主義こそ問題ではないか」との強い反発がある。現在のところ、議論は平行線であるが、私自身は、民事事件などで、特に国や地方公共団体を相手取った損害賠償訴訟などで試験的にテレビ中継をして、タブーを除いていくことから始めるのがいいのではないかと思っている。

ビデオ録画と証拠利用

以上のように、裁判所は、テレビカメラが法廷に入ってくることに対してネガティブな対応をとり続けているのであるが、一方で、テレビで放映されたビデオ録画（正確には写し）が証拠として申請された場合には、刑事裁判を司る機関としての立場を意識してか、むしろ積極的である。

たとえば、次のような例を想定してみよう。

ある青年が、自動車を運転中、警察官から停止を命ぜられたが、ムシャクシャしていたこともあって、ドアを開ける際にわざと警察官にぶつけるように開けて、警察官に軽い怪我をさせてしまった。警察官は、これに憤激し、青年を車から引きずり出し、抵抗していない青年に対し、殴る蹴るの暴行をし、青年も怪我をした。青年は公務執行妨害と傷害の罪で起訴された。青年は、当初、犯行を否認し、普通にドアを開けたのにたまたまドアが警察官に当たったにすぎない、それにもかかわらず警察官が無理矢理自分を車から引きずり出し、殴る蹴るの暴行を働いたと主張していたが、弁護人の説得もあって、警察官にぶつけるつもりでドアを開けて怪我をさせたことは認めた。もちろん、警察官から暴行を受けたということも主張し続けたが、検察官は、その点の言い分は認めず、青年の受傷は、青年が警察官に激しく抵抗したのでこれを制止した際に偶発的に生じたにすぎないとして、警察官の行為は不問にした。

青年が起訴事実そのものについては争わなかったので、青年の受傷がどうして生じたかはその裁判ではいわば情状の問題にすぎないのだが、青年は警察官の行為が不問にされたことに納得できず、弁護人も青年の真摯な主張を真実と考え、警察官を「特別公務員暴行陵虐罪」(刑法一九五条)で告訴した。

たまたま、民放カメラマンがその犯行状況(青年の公務執行妨害、傷害の犯行状況でもあり、警察官の特別公務員暴行陵虐罪に問われかねない状況でもある)を撮影していた。そのビデオテープがテレビで放映され、それを偶然録画していた弁護人が、そのビデオテープ(「写し」といえる)を証拠として申請した場合、裁判所はそのビデオテープを証拠として採用することができるか、あるいは採用するのが相当かどうか。

この問題は、従前から議論されていたテーマであり、実は、私もまだ判事補のときであるが、「ビデオテープの証拠利用について」という題で、小論を書いたこともある（法律時報昭和五一年一月号）。結論的にいえば、裁判所は、こうした場合、①公正な刑事裁判を実現するに当たっての必要性と②取材の自由が妨げられる程度及びこれが報道の自由に及ぼす影響の度合いを天秤にかけ、「やむをえない」と認められるか否かにより決すべきものとしてきたが、ほとんどの事例で、①の方に軍配をあげ、ビデオテープを証拠として採用してきた。本件でもおそらく採用されるであろうし、仮に特別公務員暴行陵虐罪の捜査のために、ビデオテープの原本というべきマザーテープの捜索差押え等の申請がなされればこれも認めざるをえないであろう。犯行状況を撮影したビデオテープについては、報道機関の反対が続いているにもかかわらず、そうした流れで確定しているといってよいであろう。

事件後のインタビューの場合

ところで、放映されたものが犯行状況を撮影したものではなく、事件後、犯人として疑われている者が報道機関とのインタビューに応じた模様を撮影した場合はどうであろうか。

殺人等の重大事件が発生したとき、それが犠牲者が多数であればあるほど、また犯行態様が残酷であればあるほど、捜査官が犯人を特定すべく必死になり、犠牲者の遺族や付近住民が犯人の一刻も早い逮捕を願い、一般市民は当然ながらその成り行きを注目し、報道機関もそうした経過をすべて取材しようとすることはある意味当然のことである。そして、犯人が現行犯で逮捕されていなければ、事件発生から犯人逮捕まで、相当期間、数週間のときもあれば数か月、場合によれば数年間、犯人は犯行現場の近くあるいは遠くに潜んでいるわけである。したがって報道機関が、この間、犯人ではないかと疑われている（容疑の濃淡はもちろんあるにせよ）者に接触することは可能であり、時に「直撃」してインタビューを果たすこともできないわけではない。そうして獲得した録画が、のちにその者が逮捕され起訴されるに至ったが、裁判で否認しあるいは黙秘したという場合に、検察官が放映された前記インタビュー場面を録画したビデオを証拠として申請したとして、裁判所はこれを証拠して採用することができるか。

勘の鋭い読者はすでにピンとこられたと思うが、和歌山地裁で約四年にわたり審理が行われ、昨年（二〇〇二年）一二月に死刑判決が言い渡された毒物カレー事件でも、これが問題となった。検察側は、林真須美被告夫婦の逮捕前のインタビューを放映したテレビ番組を録画、編集したビデオテープを犯行動機を解明するものとして証拠申請した。これに対して、弁護側は捜査当局が意図的に作成したものであるとして反対し、民放テレビ会社や日本民間放送連盟は、従前のビデオの場合と同様、「報道機関が捜査当局に協力者として利用された結果となっている。こうしたことが続けば、インタビューを受ける市民は、それが裁判の証拠として利用されることを意識しながら取材に応じることになるうえ、取材拒否にもつながることもあり得る。これは真実を追究する報道に重大な制約を加える」として異議をとなえたが、裁判所は、「趣旨を異にすることなく再現されているものに限り」これを証拠として採用した。言い渡された判決でも採用した理由が示されているので、それによると（ただし新聞に掲載された判決骨子による）、「報道から強い反発が寄せられているので一言するに、刑事裁判においては捜査機関がその責任において一次情報から収集すべきであって、報道機関の取材結果に頼ることがあってはならないのはいうまでもない」「ところで、報道機関には、国家に適切に権力を行使するよう促す役割もあると考えられ、報道機関の作成した映像が証拠となることは報道機関としてのあり方とは矛盾しない」「捜査機関が録画したテープを証拠として採用する限り、報道機関には不服を申し立てる機会がない。今後、同様の事態が生じた場合には、報道機関が所持しているマザーテープを証拠の対象とすることで、報道機関が採否の手続きに参加し得る方途も検討されるべきであろう」。

裁判所がビデオを証拠として採用したことに対しては、民放側が報道の根幹にかかわり遺憾としていることは当然として、学者あるいは弁護士のなかでも、異論がかなりあるようだ。「本件は話したことが証拠になったが、人の話は全体の文脈のなかで正確な内容が理解できるのであって、インタビューの一部だけ証拠として採り上げることは、真実から離れる可能性がある。健全な報道と裁判のためにも先例にならない方がいい」（元検察官土本武司氏）、「ほかに証拠がなく、テープに犯行現場が映っているなどのケースなら、例外的、限定的に認めてよいであろう。しかし自白がないから、悪性を立証したいからという程度の理由での採用は安易すぎる。報道の自由が侵害されてしまう」（推理作家・弁護士中嶋博行氏、いずれも平成一四年一二月一二日付け読売新聞）等、判決のこの部分については結構厳しい批判が多い。

誰でも、その前に座りさえすれば見ることができるテレビは、問題の画面だと思えば、きわめて簡単に録画をすることができる。その手軽さに着目すれば、安易な証拠採用に警鐘をならす声には耳を傾けるべきものがあるように思われるが、仮に自分がそのような裁判に携わったときに、そうした証拠はすべて排斥すると割り切れるかとなるかとなるとたちまち自信を失いそうである。そして、判決が述べている「報道機関が自ら重要な情報であるとして報道し、国民の多くが知っている情報を、なぜ証拠として採用できないのか理解に苦しむ」との疑問を突き詰めると、裁判官の多くは、証拠採用に踏み切ることになるのではなかろうか。

取材ないし報道のありかたに問題はないのか

ところで、そうしたインタビュー結果を放映した報道機関については、なんの問題もないのであろうか。犯罪が起こった後、捜査線上に浮かびあがってきた人物を追い掛け、なんとしてでもその挙動や容姿を映し、その者から話を聴こうと躍起になるのは、まさに取材の原点であり、取材の自由の重要性はいまさらいうまでもない。しかしながら、取材の自由があるからといって、取材される側の立場を一顧だにしないやり方は問題であり、せめてその際これだけは守るべきという準則なり節度といったものが要求されるのではないか。集団的過熱取材がいま問題とされているが、捜査の対象となっている人物を取材する場合でもそうした「人権蹂躙的」方法は許されないし、その人物にインタビューする際には、取材側としては、不本意ではあるがそうしたインタビューの放映結果が録画され、場合によっては将来の裁判の証拠として利用されることのあることを告げるべきではなかろうか。そのようなことをすれば到底取材に応じてもらえないという反論があるかもしれないが、誰でもいきなりマイクを突きつけられれば咄嗟のことゆえ狼狽し、あるいは動転し、思わぬことをしゃべったり、軽率な行動をとることは想像に難くない。マイクを突きつける方は、まさにそうした行動を期待して挑発的な問い方をするという話を聴いたことがあるが、そのような取材方法こそ猛省すべきであり、仮にも取材時刻、場所、被取材者の体調等を含め取材方法に行き過ぎや不適正な部分があれば、これを放映しないという謙抑さが必要ではないだろうか。

折も折り、カレー判決言渡しから半月後の昨年（二〇〇二年）一二月二六日、京都の信用金庫に押し入って職員を人質にして立てこもった事件で、あるテレビ局は、犯罪がまさに現在進行中であるにもかかわらず、容疑者が事前に用意した犯行予告のビデオテープを放映した。犯行の全貌も分からず、現に職員が監禁されている最中に、つまりは事件が未解決なのに放映に踏み切ったのである。いま「踏み切った」と述べたけれども、「ビデオの男が本当に容疑者本人と確定したうえで放映したのか」、あるいは、「放映の結果として、メディアが、容疑者の自分の意見なり主張を宣伝する道具として利用されるだけではないのか」という点をどこまで真剣に掘り下げ、検証したうえでの放映なのか、きわめて疑問なのだ。容疑者が複数の報道機関にテープを送付している場合、どうしてもわれ先にという競争心に支配されることは、他の例からでも明らかである。そうした放映のやり方の是非は、最終的には視聴者の良識が判断するしかないのかもしれないが、興味本位の番組が氾濫している現況をみると、「視聴者の良識」が抑止力の特効薬とも思えない。本当にテレビは魔物である。

報道機関側に厳しい挑戦状をたたきつける形になったが、生身の人間である私の方は、プロ野球オープン戦が始まり、開幕を待つばかりのこのごろ、テレビから眼を離せない毎日が続きそうである。

（法学セミナー五八〇号〔二〇〇三年四月号〕）

14　和歌山から京都へ

〔サイクル裁判官の四季だより・夏〕

除目さながらの転勤内示

清少納言は、枕草子第二二段で、「除目に司得ぬ人の家」を「すさまじきもの」の例としてあげている。注釈書によれば、「すさまじき」とは、季節外れ、期待外れなどすべて不調和感から生じる興ざめな感じをいうようだ。

ある人が今年は必ず国司に任官すると聞いて、以前に仕えていてよそに出ていた者たちや、ゆかりの人たちがうち揃ってこの人の家に集まり、前祝いよろしく物を食べ、酒を飲んで大声で騒ぎながら、吉報をいまや遅しと待ちわびる。ところが任官の詮議が終わる夜明けになっても何の音沙汰もない。やがて前夜から役所のそばで（知らせを聞くべく）寒さに震えながら控えていた下男もくたびれ果てた様子で戻ってくるが、集まっていた人たちは「どうだったか」と聞くのもはばかられ、その人が国司になったらとあてにしていた人たちの落胆の度合いも大きい。やがてひとり、ふたりと潮が引くように退散してしまう。そうはいっても、古くから仕えている者は主人を簡単に見捨てるわけにもいかず、来年の空きポストが生じる国々を指折って数えたりして、あたりを所在なげにうろうろしている。そうした様子はとても気の毒で、興ざめであるというのである。

すでに「任官」している裁判官の場合は、少し事情が異なるし、これほど大げさに周りを巻き込んだり、大騒ぎすることはないけれども、異動予定の裁判官が内示を待つ気持ち、これをとりまく家族の心情は、大なり小なり除目のそれと似たり寄ったりである。

裁判官の場合、異動の希望はすでに前年の夏に、「第二カード」という調査票に、これまでの経歴や家庭事情とともに次期異動期の希望を記載して、提出している。それが当局の方で検討され、遅くとも一二月の初めころには、異動者リストに載っていることが、必ずしも所長から明言されるわけではないが（異動を希望したにもかかわらずこれが退けられて異動者リストに入っていないときはその旨はっきり示されるので）、本人の方で推し量ることができる。それから内示がある一月中ころまでの約一か月半の間、裁判官は不安と緊張のなかで過ごすのである。内示は成人の日の前後に行われる高裁単位での「長官、所長事務打ち合わせ」を経て、所長から各裁判官に伝達される。当日、管内の所長は高裁に集まって、異動者の氏名とその行き先を記載した書面を長官から受け取り（私自身はそうしたことを経験していないので、想像にわたるのであるが、大筋では間違いないと思われる）、とるものもとりあえずそれぞれの裁判所に持ち帰る。そして、多くの場合、期の古い順番に裁判官を所長室に呼び、裁判官に次期異動先を告げるのである。

あわただしい二か月半

今年は、一月一四日がその日に当たった。

午後四時ころ、所長から呼び出しがあり、所長室に赴く。普段はざっくばらんに会話を交わしているのに、このときばかりは、よけいなことは話さず、単刀直入に「京都家裁」と告げられる。第一希望ではなかったが、断る理由もない。裁判官仲間では、こうした際には、とりあえず「家族と相談しますので」といって、諾否の返事を一旦は留保するのが慣例ともいわれており、私もこれまでその例を踏襲してきたが、今回は、即座にこれを承諾した。京都という名の魅力に引き込まれたのかもしれない。

さて、異動が確定すればしたで、裁判官はそれから三月末までの二か月余り、忙しい毎日を送ることになる。引越しを伴う転勤の場合、気になるのはまもなく住むことになる街の様子であり、それゆえ多くの裁判官は、早速にも異動先の市街地図を買い求めて、裁判所と官舎の位置を確認するのが通例で、私も同様なことを何度も繰り返してきたが、もとより、肝心なのは、自分が現在担当している事件について いかに折り合いをつけていくかである。民事にせよ、刑事にせよ、また家事にせよ、重要な証拠調べに関与したり、和解や調停を長く続けてきた事件は、どうしても自分の在任中にそれなりの決着をつけたいと思うのが人情である。私の担当している家事事件でいえば、面接交渉、財産分与、遺産分割等で相当期間経過している事件は、話し合いで解決できれば一番いいけれども、それが無理であれば、審判という形で判断を示さなければならない。普段から、早めに見切りをつけて満遍なくこなしておけばいいのかもしれないが、裁判官としてはどうしても円満解決を願うので、多くの事件が先送りになり、結果として、二月から三月にかけてのこの時期に集中してしまう。次からつぎへとやってくる新しい事件をルーティーンにやりながらであるので、まさにお尻に火がついたような忙しさである。ところで、子の監護をめぐる事件などは家庭裁判所調査官に調査を命じていることが多いが、そうした家庭裁判所調査官のうち、何人かは裁判官と同じ時期に異動する。調査官の方も、裁判官と思いは一緒で、抱えている事件をなんとか在勤中に処理したいと思い、二月から三月にかけて調査報告書を必死に書き上げては裁判官に提出する。こうした事件は、調査官の手元に相当期間委ねられているわけであるから、調査報告書が出た以上は、出来るかぎり早急に判断することが望ましい。裁判官としては、そうした「調査上がり」の事件がくるのも十分に把握しておればあわてることもないのであるが、なかなかそうもいかず、何件かは予想しない形で送り込まれてくるので、忙しさも倍加する。

ことが、そうした事件処理のみにとどまれば、一点集中で頑張ればいいのだが、転居を伴う転勤の場合は、引越しの準備もしなければならず、まさにてんやわんやの事態である。おそらく、この時期の裁判官の忙しさは、経験したものでなければなかなか実感しがたいのではないだろうか。幸い、今回の私は、転居を伴わない異動であったので、事件処理だけに集中でき、なんとか乗り切れたが、それも最後の最後まで、つまりは辞令をもらう直前までパソコンの前で審判起案に奮闘した結果であったことを、報告しておきたい。

緑がいっぱいの京都家裁

こうして、私は四月一日付で、京都家裁判事になったため、冒頭の肩書も「和歌山」から「京都」に変わったわけである。四月二日、京都家裁に着任し、挨拶もそこそこに仕事を始めたが、仕事のことについてまたいずれお話するとして、ここでは、京都家裁の庁舎のことを紹介してみよう。

というのも、京都家裁庁舎は、西の賀茂川、東の高野川が合流して鴨川となる、その三角州の南に位置し、緑に囲まれた、全国でも有数の恵まれた環境のなかにあるのである。その三角州こそ、「いつはりを糺の森のゆふだすきかけつつ誓え我を思はば」（平貞文・新古今和歌集一二二〇番）と歌われた「糺《ただす》の森」にほかならない。さすがに、「昼なお暗き」とまではいかないが、まだまだ森という名にふさわしいたたずまいで、その北部が、世界遺産にも登録された下鴨神社である。賀茂神話によると、賀茂氏の祖神の建角身命（たけつぬみのみこと）の娘玉依姫（たまよりひめ）が、ある日森の東部を流れる瀬見の小川で朱塗りの矢、実は火雷命（ほのいかずちのみこと＝松尾大明神）を拾い、床の近くにおいていたところ、やがて懐妊して別雷命（わけのいかずちのみこと）を産んだ。別雷命は上賀茂神社に祀られ、その親を下鴨神社に祀ったので、賀茂御祖（かものみおや）神社ともいわれている。

先に挙げた和歌の意味は、「偽りをただしてくださるという糺の森の木綿襷を懸けるではないが、この神にかけて誓って下さい。私を思って下さるのならば」というもの（『新日本古典文学大系11　新古今和歌集』岩波書店、二〇一九年）だが、伝承によれば、建角身命がこの地で、この森に生い茂る日陰の葛《かずら》を首から掛けて人民の争いごとを調べ糺したことから「糺の森」と呼ばれるようになったらしい（またそうした由縁で、戦前の法服には日陰の葛があしらわれたという）。

ところで私は、大阪から通っているので、毎朝、京阪電車の出町柳駅から裁判所に向かうことになるが、近道となる裁判所の裏側の通りがちょうど下鴨神社の参道となっており、期せずして鳥居をくぐっての登庁となる。神様が、ともすれば浮ついた気持ちになりやすい私を一日の初めに引き締めてくれているのかもしれないと、自分流に解釈しているが、悪い気はしていない。

家庭裁判所は、少年事件と家事事件を扱うわけだが、京都家裁では、少年棟と家事棟が別棟になっていて、両棟がガラス張りの廊下で結ばれる形となっている。それだけでは特別に紹介するに値しないが、驚くなかれ、実はその下に川が流れているのである。昭和三六年ころ、仲宗根美樹という歌手が唄ってかなり流行した「川は流れる」という歌が大好きで、よく口ずさんだものだが、裁判所の敷地内に川が流れているとは、まさに農耕の司る水の神の地にふさわしい。糺の森境内からの湧水も含んでの流れ（「泉川」というれっきとした名前もついている）は結構水量もあり、構内の樹木がこの流れに映し出す四季折々の模様は、とても素晴らしいとの評判で、いまからその景観が楽しみである。

樹木といえば、私の執務室から臨む庭には、多くの樹木が、数百年の昔もそうであったかのように、そびえている。けやき、松、アラカシ、シラカシ、エノキ、マキ、椋の木、スタジイ、柿、もみじと種類も豊富で、調停に立会した際など、申立人と相手方の声高な応酬に思わずこちらも心騒いで、興奮したりするが、緑豊かな木々に眼をやると、そうした心もひとりでに静まる感じがする。前任地では、コート（法廷や審判廷）の疲れを（テニス）コートで癒したが、ここでは「緑いっぱいの庭」が癒してくれそうだ。

緑が豊かなので、当然ながら、訪れてくる鳥も多い。鳥についてほとんど知識のない私であるが、可憐な、あるいは時に厳しい鳴き声に、心なごませたり、緊張したりする。裁判所に入るや、ウグイスの鳴き声を聞いたりできるのは、ささやかながら、幸せなひとときといってよいであろう。なお、裁判官室のガラス窓には、つばさを広げた鷹やにらみをきかせたフクロウのステッカーが貼られている。鳥が窓に衝突するのを防ぐためであるが、そうした心配りがなされていることもなぜか嬉しい。

ともあれ、せっかく環境にめぐまれた裁判所に勤務することになった以上、これを利用する市民の方々にとっても、素晴らしい裁判所にしなければと気を引き締めている毎日である。

映画「裁判員」について

話は大きく変わるが、このほど日本弁護士連合会が製作した映画「裁判員――決めるのはあなた」が完成し、各地の弁護士会で上映会が催されている。京都でも、京都弁護士会館新築記念行事の一環として開かれ、上映会のあとの討論会のパネラーとしてお招きいただいたことから、映画もじっくり拝見することができた。

認知症の姑を懸命に介護していた被告人が、姑と散歩中、石段の上から姑を突き落としたとして起訴される。被告人は公判廷では突き落としの事実を真っ向から否認し、姑が自分で足を踏み外したと主張するのだが、取調べの中では、犯行を認めた自白をしている。被告人の自白のほかには、被告人が姑を突き落とした状況を目撃した旨の主婦の証言があり、一方では、そうではなく姑が自ら階段を踏み外したのを現認したとはっきり述べる青年が、弁護人側証人として登場する。映画は、これらの事実を逐次的に描くのではなく、裁判官と裁判員たちの評議を追いながら、随所にカットバックさせて証言を浮かび上がらせ、見る者を飽きさせない。脚本がよくできているうえ、出演者もさすがにプロの演技を見せ、われわれの模擬裁判での素人演技がいまになって「くさい」ものであったことを痛感する。さて映画は、石坂浩二扮するベテラン裁判官辺見哲が、初めての「裁判員裁判」の審理を経て評議に臨むのであるが、単純そうに見えた事件がそうではない展開をみせる。なかなか思うように進まない評議に不愉快な気持ちを隠さない辺見に対して、女子大学生の裁判員が「裁判長の言葉には全然心がこもっていない」と、痛いところをつく。評議はかなりの時間に及んだが決着がつかず、翌日に持ち越される。裁判員たちが長時間にわたり評議した結果下した結論については、映画をご覧いただくとして、以下、一裁判官としての感想を少し述べてみたい。

まず、映画は裁判官一人、裁判員七名という構成を採用しているが、裁判官ひとりで、審理を担当し評議も主宰したうえで、判決書も書く(映画ではここの部分が省略されていて、いったいいつの間に判決を書いたのかという疑問が生じる)というのは、無理を強いるというものであろう。司法制度改革審議会の意見書も素直に読めば、裁判官がひとりだけというのは想定しておらず(もっとも立法の最終過程で裁判官一人と裁判員四人から成る合議体も導入された)、仮に裁判官が現行の三人になるとすると、裁判員七名で太刀打ちできるかという問題が起きるであろう。また、映画の冒頭、女性裁判員候補が、週刊誌やテレビで事件の内容をさんざん見て知っているということで、あっさり忌避されるのであるが、事件を知っていること、即「偏見あり」と片付けてしまうのは問題である。ロバート・ブルーム教授（ボストン大学）がいわれる（季刊刑事弁護三三号所収）ように、「偏見がないということは何も知らないということを意味するのではなく、まだ何も決めていないということを意味する」ということを肝に銘ずべきだ。ことは、事件報道の制限にも及びかねない重要な問題であることを指摘しておきたい。

また映画は、被告人が警察官に対して自白していることをどのように評価するかを真っ正面に取り上げている。本件の場合、警察官の証言シーンをフラッシュバックで示していることから、自白調書自体を証拠とするのではなく、警察官の証言によって被告人が自白したこと、及びその自白内容を証拠とし得るとすると考え方を採用していることが窺える。調書裁判からの脱却はそれなりに評価できるが、取調べ状況をビデオに録画する状況に至っていないのは残念である。取調べ状況を客観的な証拠に遺していないかぎり、これをめぐっての捜査官と被告人の水掛け論的争いは、いまよりももっと困難な形で続くことになりはしないだろうか。

この映画で特筆すべきは、やはり「評議」の模様を見る者に飽きさせずに描ききった点であろう。事件と直接関係のない話をしようとする者、裁判長の立場に妙に理解を示して同調しようとする者、有罪の根拠を勘だけとしかいわない者、あるいは、ほとんど一言もしゃべらない者、こうして、およそ冷静で緻密な議論などできそうもない人々が、辺見裁判長の前日とはうってかわった柔軟な評議指揮により、状況証拠や証言を丹念に検討しようとする姿勢をみせるようになり、真剣に議論を闘わせ、白熱した評議が続いていく。その結果、誰もが納得する結論にたどりつく。「ドラマだから」といってしまえばそれまでだが、陪審を描いたこれまでの映画と比べても決して遜色ない出来映えだ。問題は、映画を見た少なからずの者が感じたであろう気持ち、すなわち、実際の裁判であのような評議ができるだろうかという懸念というか、不安である。しかしながら、これぱっかりは心配するだけではなにも成果は得られない。小中学校段階からの法ないし裁判教育、学校教育等におけるディベート能力の重視、数多くの模擬裁判の実践、裁判官はじめ法曹人の意識の変革、こうしたことを積み上げていかなければ、理想的な評議、ひいては裁判員裁判は実現しないであろう。市民と専門家がそれぞれに力を出し合って、国家百年の計ともいうべき制度を少しでもいいものにしたいと切に思う。

絶好調のタイガース

映画といえば、題名につられて見に行った「シカゴ」のこと（なにしろ、シカゴは私が初めて陪審裁判を見て、いっぺんに陪審好きになった都市ゆえ、到底無視できない）、いささか旧聞になるが日本映画の魅力を再認識させてくれた「たそがれ清兵衛」や「壬生義士伝」のことなどにも触れたいが、ここにきて、それどころではない事態が発生している。そう、われらのタイガースが快進撃中である。毎年、「今年こそは」という気持ちにさせながら、早いときは五月、遅くとも七月初めころには、いつも「やっぱり」と消沈させてしまうタイガース。それが、今年は本当に違うのだ。この分では、仕事に支障を来さぬためには睡眠時間を削るか、他の趣味を後回しするほかないが、タイガースのためなら、そのくらいのことは甘受しなければならないであろう。

（法学セミナー五八三号〔二〇〇三年七月号〕）

15　胸ドキドキのテレビ生出演

〔サイクル裁判官の四季だより・春〕

初めてのテレビ生放送出演

二〇〇四年一月一八日午後二時。私は東京の某テレビ局の玄関に駆けつけた。すでに担当のディレクターが一階のラウンジで待ち構えておられた。開口一番、「お天気になってよかったです」と安堵の声を漏らされる。私も前日から、「雪がこのまま降り続いたら厄介なことになるな」と心配していたが、ともかく約束の時刻に到着できてほっとした。しかし、これで安心というわけにはいかない。なにしろ、あと数時間で生まれて初めてのテレビ生放送出演だ。

テレビ局から、日曜日夕方の看板ともいえる特集に「女子少年院」をテーマにしたものを放映するので、現職裁判官のコメントがほしいという依頼を受けたのが二週間ほど前のこと。最初はとまどったが、女性キャスターが女子少年院を訪問し、少女たちの生活ぶりに直接触れ、語らいもしたということに興味を覚えるとともに、特に不和だった父親とともに更生への道を歩み始める少女をひとつの柱にしたという内容に、心が動かされた。いや弁解がましいことはよそう。美人キャスターのTさんに会えるという魅力に抗うすべもなく承諾したというのが、真相である。

案内された部屋でディレクターと話をしていると、Tさんがやってきた。予想通り魅力的な女性だ。早くも胸がどきどきして、この調子だと本番で思うように声が出るかどうかおぼつかない感じだ。そんな私の様子を察してか、横から「それではまずはビデオを見てもらいます」との声がかかる。

スタッフが少年院に何回も訪れて取材したものを念入りに編集しただけあって、素晴らしい。父親と話を拒否していた少女が語り始める場面などは感動的で、涙腺のゆるい私は「ぐしゅ」となるのを抑えるのに必死であった。実は、カメラが入った交野女子学院は私も訪れたことのある女子少年院で、「裁判官も機会があれば少年院に行くのです。ある意味、義務でもあるのですよ」と話をすると、皆さん、初めて聞く話だという。そこで、少年審判規則に「保護処分の決定をした裁判官は、当該少年の動向に関心を持ち、随時、その成績を視察し、又は家庭裁判所調査官をして視察させるよう努めなければならない」（三八条一項）という規定があることを説明する。この規定は、裁判官が少年の処遇を選択する前はあれこれ思い悩むのに、少年院送致をしてしまうと、その少年のことを忘れてしまいがちになるのを戒めたものである。私も、これまでできるだけ少年院に行っては、明るく元気になった（もちろん施設職員の手前もあろうから額面どおりに受け取ることはできないが）少年に会って、「頑張れよ」と声をかけるよう心がけてきたつもりだ。少年がそれに答えて「頑張ります」といってくれれば、それだけでやはり嬉しい気持ちになる。裁判官としては、素直に決定に従った少年より、最後まで不服そうな態度をみせて手こずらせた少年や、泣き叫んだうえ取りすがるように「帰してほしい」と訴えた少年ほど気にかかるものである。このようなことをその他の経験を交えて話したり、二、三回リハーサルを繰り返しているうちに、たちまち、本番開始の時間が近づいた。

少年の「居場所」

私がTさんと話をする時間は前後あわせて五分。編集されたビデオの放映時間が決まっているうえ、予定のコマーシャルは容赦なく挟みこまれるので、あれこれ融通する余地は全くない。しかし、スタッフの皆さんは心得たもので、「それほど時間を気にせず、普段通り話されればいいです」といわれる。「ゆっくり話したほうがいいのですか」と聞くと、「少し早いぐらいがちょうどいい」とのこと。「時は金なり」なのだ。

本番がスタートし、少女たちの少年院での一日の生活ぶり、コーラスや園芸実習等に励む様子がスタジオのモニターに映し出される。こうして始まってしまうと、じたばたしても仕方がないと思うのか、妙に落ち着いてしまうから不思議だ。ただし、スタジオ内はかなり寒く、少しふるえがきた。ライト等の関係で冬でも暖房はしないという。二〇分ぐらい経過したところで、カメラの前に立つ。立つ位置も指定され、カメラを見るのではなく、Tさんをじっと見つめてくださいと指示される。そんなぶしつけなことをしていいのだろうかと思いつつ、Tさんを見つめる。女性をじっと見つめるなんて、久しくない経験で、また胸がどきどきする。Tさんは、ほぼ打ち合わせどおりの質問をしてくださったので、なんとか無難に答えたつもりだが、それでも「女子少年院と男子少年院の違い」を聞かれて、「女性ばかりであることが違う」という愚答をしてしまった。やはり緊張していたのかもしれない。

バレーボール競技でボールを必死に追いかける少女、親の虐待、学校でのいじめ等つらい過去を乗り越えて、新しい一歩を踏み出そうとする少女、娘を拒否していた姿勢を改め「変わろうとした」父親、そうした場面がモニター画面に流れていく。

いよいよ、最後の三分間。Tさんは、少女たちが少年院を出ていく間際になって、「こわい」という言葉を発することに注目し、少女たちが社会に出たあとの「居場所」があるかどうかを心配される。実は、そこが一番の問題点なのだ。少年院のフェンスや「鍵」は、第一には少年の逃走を防ぐためにあるものだが、一方で少年たちを社会の荒波から守る防波堤でもある。少年院を出て社会に戻ろうとする少女たちは、そうした防波堤のないところに投げ出される。そして、少女たちはなにも別世界にすむわけではなく、多くはもといた家族のもとや地域社会に帰っていき、そこに「居場所」をみつけなければならないのだ。せっかく少女は変わったのに、迎える親や取り巻く社会が、少女を以前と同じ目でみれば、おそらく少女はいたたまれなくなり、また「逃げる」ことを考えるであろう。親も周囲の人たちも変わって、なにより少女を応援する、声援するという気持ちで少女と接することが大事なのだ。

このようなことを、「あと何秒」との表示がちらつくのを目にしながら発言するのは、神経を多少なりともすり減らす作業であることには間違いない。それにしてもあと十数秒というタイムリミットのなかで番組全体の締めの言葉をさりげなく話されるTさんの手際は、さすがプロだなと感心した。あとできいた話だが、家でテレビを見ていた私の娘は、涙もろい父親が泣いてしまうのではないかと心配でたまらなかったという。あにはからんや、私はTさんをじっと見つめたせいで「夢見ごこち」が続いていて、涙とは違う世界にいたのだ。

放映終了後、いまは別の部署におられるがこの番組の企画に最初から加わったディレクターがやってこられ、「落ち着いておられてよかった。実は、本番の途中でタイガースの話が出るのではないかと思って、心配していた」といわれたのには、こちらがびっくりした。放送終了後、私の方は余裕が出たのか、スタジオのカメラマン等スタッフの人たちに思わず「皆さん、お疲れさまでした」といってしまった。これには皆さん、一瞬あっけにとられた様子をされたが、次の瞬間にはなごんだ空気が流れた。私としては、自然に出た言葉であったが、なにか最後に一本とった感じで、気持ちがよかった。

「カタルシス」の重い問いかけ

さきほど、少年の「居場所」の話がでたが、女子少年院の少年の場合、多くは犯した非行が覚せい剤、万引き、あるいは虞犯等重大非行ではないので、曲がりなりにも仮退院後の「居場所」は用意されている。それでは、殺人等の重大犯罪を犯した場合はどうか。中学生の男子が数人の少女を殺害したという映画「カタルシス」(坂口香津美監督)の設定は、犯行場所を東京近郊と変えているけれども、誰もが神戸の小学生連続殺傷事件を想起するであろう。

それから三年後、少年院での教育を終え社会に出ていこうとする少年に準備された居場所は、かつて少年が住んでいた街ではない。父と少年は、遠く離れた島に向かう前に、自宅に立ち寄るけれども、住居は鉄条網で囲われ、また「殺人者」と大書されたビラが貼られていて、もはや生活できる場所ではない。少年と両親、妹、弟の一家五人は、追われるごとく、母の実家のある南九州の離島に移住する。叔父が一家のために住居として「掘っ建て小屋」を提供し、彼ら五人はそこで生活を始める。美しい自然がいっぱいの海辺で、それこそ大気を胸いっぱい吸おうとすれば吸えるのに、息を潜めて生活しなければならないのだ。叔父の妻の言葉や視線に代表されるように、彼らに対する世間の目は厳しい。「仮に、殺人を犯した者やその家族があなたの住む街にやってきたとき、あなたたちはどのように彼らを迎えいれますか」。この映画は、まさにこの問いかけをしているのだ。世間の目以上に、一家に重くのしかかるのは、少年の犯した重罪に基づく罪の刻印である。少年はもとより家族それぞれが、少年の罪を意識的に、あるいは無意識的に全身、全神経で受け止め、それをはね返すことなく、全部を引き受けようとする。映画の後半、少年は、波打ち際に倒れ死ぬ間際にあった身重の少女を救い上げる。かけがえのないふたつの命を救い、これに触れることによって、少年にも何らかの救いの手がもたらされてもいいはずである。しかし、少年の犯した罪は原罪ともいうべきものであり、袋小路の状況は決してほぐれることはない。かえって、少年は命の根源に触れたことで、自ら生き続けることへの基盤を揺さぶられるのだ。

こうした状況を克服するには、もはや意識する主体、感覚する主体である魂の存在をなくすしかない。ラストシーンに光明がかいま見えても、見る者にとってなお「カタルシス」にはほど遠いといわなければならない。

私は、この映画をかつて通い慣れた、大阪の地下鉄中央線沿いの駅の小さな映画館で見た。映画の問いかけの重さは、私にずしりとのしかかり、折りから風邪気味であったこともあり、地下鉄の階段を上るのがとてつもなくしんどかった。

「半落ち」の左陪席裁判官

暗い、重い映画といえば、「半落ち」（佐々部清監督）も重いテーマを取り上げる。周知のとおり、直木賞候補になったものの選に漏れたことで、話題となった横山秀夫の同名小説が原作だ。アルツハイマー病の妻を見るに忍びず殺害した警部・梶聡一郎が「妻を殺した」と自首するのだが、なぜか犯行から自首するまでの二日間については供述せず、「半落ち」の状態を続ける。常日頃犯罪捜査に従事する警察官、あるいは刑事裁判の仕事に携わってきた裁判官でなくとも、犯行自体を全部認めているのに、その後の行動につきこれを全く明らかにしないというのは稀なケースであるということは理解できよう。その犯行後の二日間をターゲットにした着想がなにより素晴らしい。その謎の空白をめぐって、語り手（視点）を警察官、検事、新聞記者、弁護士、裁判官及び刑務官と変えて、その謎にせまりつつ、あわせてそれぞれの生き方を描く原作について、私はかなりの高得点をつけた。現に、平成一四年度の「このミステリーがすごい！」（宝島社）などで一位に挙げられていたのだが、残念ながら、梶の行動の前提とされた設定には無理があるとして、落選した。しかし、その後の記者の追跡記事（朝日新聞平成一五年三月一九日、毎日新聞同年五月一八日）によると、選考委員、なかでも北方謙三は、「現実世界で可能かどうかではなく、小説世界の中で（不親切な点があり）疑問がある」としていたようで、結局、選考委員会での議論がずれて展開していた模様なのだ。「半落ち」が直木賞に値するかどうかは別の問題にせよ、一連の経過やその説明は、作者の横山秀夫にとって、「合点がいかない」といえるのではないだろうか。

映画に戻ろう。映画では、原作にはない夫婦愛を軸に、アルツハイマーの妻の病状やその日常、女性新聞記者の取材姿勢や報道に対する思い、夫妻を救えなかった義姉の複雑な気持ちなどを盛り込んで、観る者をぐいと引きつけるものとなっている。題材は暗いけれども、十分に楽しめる映画なのだ。そして、裁判官としては、裁判官同士のやりとりや法廷場面がやはり見逃せない。被告人が犯行自体を認めている以上、犯行後の状況には深入りしようとしない裁判長。それに同調する右陪席裁判官。それに対して、空白の日にこだわる左陪席裁判官の藤林啓吾（吉岡秀隆）。彼が法廷で梶を追及する場面は、法壇で立ち上がってまで質問する部分など少しやりすぎの感はあるものの、迫力があり面白かった。もっとも、左陪席裁判官としては豪華な書斎で仕事をしていること（裁判官である父親のものと考えれば辻褄はあうが、それにしても立派すぎる）や、美しい妻（奥貫薫）との会話がわが家とは全く違う口調でなされていることには、一緒にみていた家内と微苦笑を禁じ得なかった。

それはともかくとして、ここで問題にしたいのは、合議体が下した量刑についての結論である。おそらく、その結論についても賛否両論があるのではないだろうか。先日、知り合いの裁判官とこの映画を見ての感想を述べあったとき、期せずして、こうした事件こそ裁判官だけではなく市民がはいって量刑を評議するのが望ましいということに一致した。折から、裁判員制度の骨格がまとまり、法案になるのももうすぐだ。このような事件を対象にすることも検討の視野に含めるべきではなかろうか。

「ニューオリンズ・トライヤル」の凄さ

裁判員制度の話が出たついでに、アメリカの陪審映画「ニューオリンズ・トライヤル」を紹介しよう。原作は、ジョン・グリシャムの「陪審評決」。原作では、死亡した喫煙者の未亡人が、タバコ会社を相手取って起こした製造物責任訴訟を取り上げているが、映画では銃の乱射事件で夫を殺された女性が、銃器メーカーに対して提起した訴訟に変わっている。タバコでは絵にならないとみて、銃になったと思われるが、現実のアメリカにおいて、銃による被害者が銃器メーカーを相手に民事訴訟で勝訴するのはきわめて困難だといわれている。毎年銃による被害者が多数に出ていてそのたびごとに銃の製造販売が社会的に問題になるのだが、州法で銃器メーカーの責任を免除する立法があるぐらいだから、銃禁止の日本とは大違いだ。

それはともかくとして、映画がテーマにするのは、陪審コンサルタントと呼ばれる人々。陪審員たちの経歴や性格までを調査・分析し、依頼主側に有利な評決を出す人物かどうかを判定する専門家だ。この映画では、被告側会社にジーン・ハックマン扮する名うての陪審コンサルトがついて、最先端のハイテク機器を駆使し、尾行や盗聴、はては陪審員ニック（ジョン・キューザック）のアパートに忍び込んで捜索や破壊活動まで行う。その仕業のすさまじさには圧倒されるが、まさか現実にここまですることはないだろうと思うせいか、その部分はエンターテインメントとして楽しんだ。実は、青年ニックは制度の裏側をうまく利用し、選定手続きも見事クリアして陪審員に潜り込んだのだ。やや現実ばなれをした設定にせよ、彼及びそれに協力する恋人（レイチェル・ワイズ）と陪審コンサルタントチームとの闘いは熾烈であり、両者の駆け引きは見る者を飽きさせない。

さて、それではこれをすべて外国での絵空事として、楽しんでいるだけでいいのかというと、そうではない。前にも触れたが、日本でもいよいよ市民が参加する「裁判員制度」がスタートするのだ。重大な刑事裁判に限ってのことで、本件のような民事裁判に採用されるわけではないが、人の有罪・無罪を決めることは、ある意味では、より重要な職責を担わされたわけだ。裁判を行うのは、専門の裁判官三人と市民が六人で、合計九名である。市民のなかには、そんな人の運命を左右する仕事を引き受けることはとてもできないと尻込みされる方も多いかもしれないが、裁判員候補者に当たると、正当な理由がないかぎり不出頭は許されない。むしろ本来は自分たちがやる仕事をこれまで裁判官にまかせてきたが、いよいよ主権者としての当然の権利を行使するのだという積極的な気持ちをもって、裁判員制度を受け入れてほしい。

おお、いけない、いけない。テレビ出演や映画観賞にかまけている間に、時間が過ぎてしまった。本業に戻らなくては……。

（法学セミナー五九二号〔二〇〇四年四月号〕）

16　近ごろ京都が騒がしい

〔サイクル裁判官の四季だより・夏〕

家裁に新時代来る

今年も賀茂川沿いの桜は見事に咲き誇り、二週間余りわれわれの目を楽しませてくれた。私の勤務する京都家庭裁判所の正門を出ると、すぐそこが賀茂川にかかる橋のひとつ葵橋だ。この春毎日のように、昼休み、食事もそこそこに外出し桜並木のもとを散策した。まず葵橋のたもとから川辺に下りて賀茂川西岸を南に向かい、次の出町橋の下をくぐって高野川との合流点まで進む。川幅がひろがって「鴨川」となるのを見届けると、きびすを返してもと来た道を北進する。出町橋、葵橋をくぐり抜け、あとは出雲路橋まで約八〇〇メートルほど歩き、出雲路橋を渡り東岸を歩いて葵橋に帰る。これがほぼ決まりとなったコースである。この間、葵橋から出雲路橋までの両岸の桜が特に素晴らしい。風に舞った花びらが頭上にふりかかるのを意識しながら、対岸の桜を眺めつつ歩く気分は格別だ。桜のもとに集う人も、川岸を歩く人々も、いずれもが桜の絢爛さに心が奪われるのか、静かに、穏やかな面もちで鑑賞するのがまた好ましい。満開の桜を見て、こうした時がずうっと続けばいいのにと思うものの、いずれ散るからこそ「咲いているいま」を楽しみ、また「散る時」を惜しむのであろうと、ひとり合点する。

こうして春は過ぎ去り、いま、私の執務室から見る外の世界は緑一色で覆われている。雨の日などはさながら東山魁夷画伯の絵画のようで、心が洗われる景色の典型を見る思いだ。このように季節は毎年と変わらぬ有り様で移ろい、後から振り返ってみて、桜にせよ、若葉にせよ、他の年のそれと区別はできないであろうが、今年の春、すなわち平成一六年四月は、家庭裁判所にとって新時代を画した「時」として想起されることは間違いない。すなわち、家裁のかねてからの念願が叶い、人事訴訟が「晴れて」地裁から家裁に移管され、家裁の裁判官が家裁の法廷で離婚や認知、あるいは親子関係などを争う人事訴訟を審理することになったのだ。

従来は、離婚訴訟等の人事訴訟は調停前置主義が適用され、まず家庭裁判所に調停の申立てをして「話し合い解決」の途をさぐるわけだが、これがうまくいかずに決裂したときには、地方裁判所に訴訟を提起する必要があった。一般の国民にとって、分かりにくく不便を強いるものであったといえよう。それともうひとつ、こちらの方がむしろ重要なのだが、家裁には家庭裁判所調査官という専門職が配置されていて、たとえば子どもの親権者は母親と父親のどちらが子どもにとって望ましいかという問題について、双方当事者の養育環境を調査し、場合によっては子どもの意見を聴取したうえ、専門的所見を提供してもらえるのだが、地裁ではその審理・判決のために家裁調査官の機能を活用することができなかった。司法制度改革審議会は、主として以上の二つの理由から、「国民の期待に応える司法制度」を実現すべく、人事訴訟の家裁移管を提言したのである。

人事訴訟の家裁移管が本決まりになって以降、全国の家庭裁判所では法廷の増設や改修が行われたほか、人員の手当が計られ、さらに何度となく勉強会が持たれて、新制度の発足に備える体制づくりが進められた。京都家裁でも、成人の児童福祉法違反事件などを審理するために設けられていた家裁法廷を改修するとともに、いわゆるラウンド法廷（当事者が話をしやすいように、法壇を設けず楕円形のテーブルを中心にした法廷）を新設し、準備を整えた。そしてこの四月以降、すでに相当数の事件が家裁に提起され、審理も始まっている。法律施行時に地裁に係属している離婚訴訟についてはそのまま地裁で審理され、家裁では当面新件ばかりという事情もあって、私自身は離婚訴訟を担当することにはならなかったが、裁判官室をはじめ担当部署では、現にどのような事件が来ているのか、原告被告にどの程度弁護士が受任しているか、法廷やラウンドテーブルでの当事者間のやりとりで問題になったりしたことはないか等、毎日のように話題となっている。そういう家裁のいまの雰囲気をざれ歌にすれば、次のようになろうか。

緑濃きただすの森なる家裁あたり
「じんそじんそ」と鳥も騒げり

離婚訴訟と市民の関与

ところで、司法制度改革審議会は、人訴事件の家裁移管とともに、あわせて離婚訴訟等への参与員制度の導入など体制を整備すべきであると提言した。これは、正直いって多くの家裁関係者もあまり予想していなかった提案で、私自身も驚き、とまどいを感じたというのが偽らざるところである。もともと、参与員制度は家庭裁判所の発足当時から取り入れられていたもので、家裁に勤務することになった裁判官が法律の専門家ではあっても「世故人情に」必ずしも通じていないことから、審判については原則として常識ある参与員の意見を聴取することとされていた。それが、年月が経過していくうちに審判例が蓄積され、家裁裁判官も相応の経験を踏むうちにおのずと自信もできてきて、わざわざ参与員の意見を聴くまでもないということになって、参与員の活用が不活発となってしまっていた。司法制度改革審議会は、そうした参与員制度に眼をつけ、いわば古い革袋に新しい酒を注ぐがごとき形で、その拡充を提案した。新しく制定された人事訴訟法はこれを受けて、「家庭裁判所は、必要があると認めるときは、参与員を審理又は和解の試みに立ち会わせて事件につきその意見を聴くことができる」（九条一項）と規定して、参与員の関与を認めた。

これは、民事裁判（離婚訴訟も民事裁判のひとつにほかならない）の領域に国民の司法手続きへの参加を認めるものであり、刑事裁判で導入されようとしている裁判員制度の「民事版」といって差し支えない。ただし、裁判員制度では裁判員は構成員として評決に参加するのだが、参与員は意見を述べるにとどまり、結論を決めるのは裁判官だけである。そして、審理に立ち会った参与員は、主として、目の前にいる夫婦がすでに破綻しているかどうか、破綻しているとして夫と妻のいずれに責任があると認められるか、被告とされた夫又は妻に責任がある場合に慰謝料としてはどのくらいの金額を支払わせるのが相当か等について、意見を述べることになる。

司法制度改革審議会で会長代理を務めた竹下守夫氏は、訴訟手続きへの国民の司法参加の意義として、①裁判の過程を国民に開かれたものとする、②国民の参加によって裁判の内容に国民の健全な常識を反映させることができる、③国民の司法に対する理解を深めることができる、の三点を挙げておられる（「司法制度改革と家庭裁判所」ケース研究二七八号所収）が、私も全くそのとおりだと思うし、そのためには参与員として選任された市民の方は、関与した当該事件において自分の思うところを臆せずに述べてもらいたいと思う。こうした制度については、よく総論賛成各論反対、すなわち制度の趣旨自体には諸手をあげて賛成するのに、こと自分が参加するとなると尻込みするという向きがないではないが、それではいけないのである。

新聞報道（朝日新聞二〇〇四年五月一日付夕刊）によると、東京家裁では、参与員の希望者を募ったところ、本庁だけで、性別、年齢、社会経験さまざまな一一二人の市民が集まったといわれている。京都家裁でも三〇人近い方の応募があり、過日その面接をさせていただいたが、どの方も審理関与に意欲的で頼もしく感じるとともに、いずれ一緒に法壇に立つ裁判官として、しっかりとした裁判をしなければならないという思いを強くしたのであった。

新選組で騒がしい京の街

人事訴訟で騒がしくなっているのは、「糺の森」方面に限定されているが、実はこの春京都はなぜか「騒がしい」のだ。そう、「新選組」が京都を疾駆しているのである。NHK大河ドラマ「新選組！」が一月からスタートし、京都はたちまちそのブームの中心となった。実は、私はこのドラマに密かな期待を抱いていた。脚本を担当しているのが戯曲「一二人の優しい日本人」を書いた三谷幸喜だからだ（もっとも私は、中原俊監督で一九九一年映画化された作品の方を楽しんだ）。もしも日本に陪審制度が導入されたらその裁判はどうなるかという設定のもと、一二人の陪審員が殺人罪に問われた被告人の罪責をめぐって議論を繰り広げるうちに迷路に陥っていく有様をコメディタッチで描いたものだが、平凡な人の集まりである陪審が次第次第にレベルの高い議論を展開し、侃侃諤諤の評議を経て、最終的に全員一致の結論を獲得するという過程はなかなかのもので、群像劇を取り入れた手法、個々のせりふの面白さに脱帽したことをいまもはっきり覚えている。

その手練れの三谷幸喜がどのようなドラマに仕立てるかという興味もあって、日曜の夜はテレビの前に陣取った。最初のころは、近藤勇や土方歳三があまりに屈託なくあっけらかんとしていることに違和感を拭えず、全体の調子もいまいちでやや期待はずれの感なきにしもあらずであったが、近藤たちが京都に乗り込んでから俄然面白くなった。われわれにとって新選組といえば司馬遼太郎の『燃えよ剣』や『新選組血風録』のイメージが強いが、三谷はそうした固定観念を一旦壊したうえで、近藤や土方が坂本龍馬や桂小五郎などと簡単に出会って愉快に話を交わす場面を作るなど新機軸を打ち出している。総じて新選組を明るく描こうとしているようであるが、新選組といえば粛清に粛清を重ねて組織を守ってきた集団であることは歴史上明らかである。これから血なまぐさい殺戮が避けて通れないはずであり、血で血を洗う殺し合いをどのように描くのか、そういうのはもともとは好まないのだが、今度ばかりは「怖いもの見たさ」的な気持ちで楽しみにしている。

ドラマ放映が始まったらおそらく混雑するであろうと予測できたので、その少し前、新選組が京都で当初拠点とした、いわば発祥の地ともいえる壬生寺界隈を見に行った。芹沢鴨一派が宿泊したという旧前川邸は非公開であったが、彼らが粛清された現場である八木邸は、内部が公開されて当時の刀傷が残っているのが生々しい。そのすぐ南の壬生寺は、新選組隊士たちが剣の素振りに精を出したといわれているところだが、案外広かった。境内北東角にある池の中の島は壬生塚と呼ばれて、近藤勇の銅像や芹沢鴨らの供養碑が並んでいる。それなりの感慨に耽りながらぶらぶらしていると、「ああ新選組」の歌碑があるのを見つけた。その前にコイン入れがあり早速百円を入れると、例の「加茂の河原に千鳥が騒ぐ」（横井弘作詞）で始まる歌が三橋美智也の朗々とした声で流れてきた。周りに人がいなかったので、思わずそれにあわせてくちずさみ、その後しばらくその余韻を楽しんだ。次の日、裁判所の若い職員にその歌を知っているかと尋ねてみたが、残念ながら誰も知らない。おそらく四〇年以上も前の歌であるから、当然といえば当然のことだが、自分が齢を重ねてきたことを改めて知らされた。

別の日は、東山コースといわれる行程を歩いてみた。南座→坂本龍馬・中岡慎太郎像→月真院→霊山歴史館→京都霊山護国神社→明保野亭跡とまわったが、平日の朝早い時間であったにもかかわらず、かなりの人出である。京都の騒々しさは当分続きそうだ。

生島遼一の『鴨涯日日』のこと

騒々しさから逃れるには鴨川に戻るのが一番だ。冒頭に触れた、賀茂川と高野川の合流地点には賀茂大橋がかかっているが、時間があるときや自転車で出たときなどは、そこから南へ進み荒神橋から丸太町橋のあたりまで足をのばすことがある。ちょうどその西岸一帯は鴨川公園となっており、散歩やジョギングに格好のコースである。丸太町橋のたもとには、この付近から東山三六峯を臨むのが一番いいとされてきたという案内版があり、また橋の北西、道路ひとつ入ったところに、「山紫水明処」という史跡がある。頼山陽の書斎跡であるが、昔はそのすぐ前を鴨川が流れていたらしい。過日、訪れてみたが、見学するにはあらかじめ予約が必要だとのことで、書斎跡を現認することはできなかった。そのうち手続きをとって、見学したいと思っている。

また荒神橋の少し北側にはK荘という共済組合の宿泊所があるが、実は、飲み会などがあるとき大阪まで帰るのが大変なので、ここで泊まることが少なくない。そして宿泊した次の日、そのK荘から裁判所まで、鴨川沿いを歩いていくのがまた楽しい。毎日の通勤コースにしているらしい人が歩いていたり、大学生らしい若者たちがテニスの練習をしていたりする。川面に眼をやると、水鳥が滑空し、朝の運動開始といった様子を見せたりして、のどかで平和な光景が展開する。何回か通っているうちに、突然に、通う道すがら北方を臨む風景が、昔どこかでみたはずだという思いにとらわれた。いわゆる「既視感」とは違い、なにか画集か、写真でかなりはっきりと見た記憶なのだ。一旦そのように思いにとらわれると、そのまま中途半端にできないのが性分なので、一生懸命に記憶の糸をたどり、そういえば、私の高校の先輩で、講演もきいたことのあるフランス文学者の生島遼一氏が、鴨川のほとりにちなんだ随筆を書いていたことを思い出した。そしてこれも偶然だが、ほかの捜し物をしていて、その書物――『鴨涯日日』(岩波書店、一九八一年)――についての書評記事(昭和五六年一一月一〇日付朝日新聞)の切り抜きを見つけた。残念ながら本自体は家にはない。早速今出川の古本屋に行ってみると、さすがに京都の古本屋で、ちゃんと一冊あるではないか。急いで本をめくってみると、冒頭の中扉に、まさしく丸太町橋の北からさらに北方を望（ママ）んだ「鴨涯風景」の写真が出ていた。瞬時に、私が見たという記憶のある写真はこれに違いないという確信を得た。

書物のあとがきによるとその本の大部分を占める『鴨涯日日』は、昭和五四年九月から約一年の間雑誌「図書」に毎月連載したものをまとめたもので、初版は昭和五六（一九八一）年一〇月発行となっている。当時、私は「図書」を愛読していたので、おそらく、月々の連載を読んでいて、それがまとまって本になったので買おうとしたけれども、結局買うことはしなかった、しかし本屋で立ち読みくらいのことはし、そのときに件の写真を見てそれが脳裏のどこかに保存されたのではないか。いささかトリビュアルなことではあるが、私にとってはのどに刺さった魚の小骨がとれたような感じで、それなりに爽快な気分だ。

生島遼一は、その本のなかの「なぜエッセイを書くか」という一文で、こういっている。「詩も小説も戯曲も書けないから、いっそうこういう自由な文章の形式を利用して、何か言いたいことを雑文風に書いている——これが真正直な答えかも知れぬ」と。そして、モンテーニュ、寺田寅彦、木下杢太郎らのことに言及したあと、最後に、「自分ひとりのためでなしに、たとえ少数の人にでも読んでもらう目的で書いている人間のこころには、小説であっても、《エッセイ》であっても、誠実であろうとすればするだけいつもせつない喜びと苦しみのおかしなからみあいがあることを私は実感としてぜひ言いたかった」と述べて、締めくくっている。私は、この一文に接して「言い得て妙」だなと思わざるをえなかった。彼のような名文家に及びもつかない私が同様の気持ちを持つなどといったら不遜の極みであろうが、およそ何らかの形で他の人に読んでもらおうとする文章を書くすべての者が抱く感慨ではないだろうか。

今年のタイガースは

そうだ。もうひとつ心を騒がせることがあることを忘れていた。タイガースのことである。今年のタイガースは、連勝するかと思えば連敗、それも昨年のお得意様であった横浜に開幕から連敗するなど、前途多難ではあるが、さすがに前年度のリーグ優勝チームだけのことはあり、少なくとも一昨年までのタイガースでは決してない。今年は運のよいことに、すでに二回甲子園に行くことが出来たが、二試合とも、一回表に先制点を許したものの打線が奮起して逆転勝ちをおさめた。特に二度目の五月九日の中日戦は一八安打、一六点の猛攻で、まさに溜飲（「龍飲」？）が下がった。たった二回だが私が行けば勝つというジンクスが出来たとすれば、タイガースの調子が悪くなったと思われたら、なにはさておいても応援に駆けつけなければいけない。

今年も熱い夏になりそうだ。

日本音楽著作権協会（出）許諾第２２０５９７４－２０１号

（法学セミナー五九五号〔二〇〇四年七月号〕）

17　「遺産」をめぐる冒険
〔サイクル裁判官の四季だより・秋〕

遺産をめぐる人たち

遺産分割事件を本格的に担当し始めたのは平成八年のことだから、もう八年以上になる。当初の大阪家裁では、専門部に属していたから、一日中もっぱら遺産分割事件と格闘していた。毎日午前一〇時ころから午後四時ころまで、途中昼食休憩をはさむものの、当事者の遺産分割に対する希望や意見を、愚痴まで含めて聴き続けることはかなり辛抱のいる仕事である。次の和歌山家裁での四年間、それに引き続く当地京都家裁での今日に至る一年五か月は、もちろん他の多くの家事事件を併せ持っての一部分にすぎないが、それでも、遺産分割が占める比重、特に心理的負担は、結構大きい。その原因は、なんといっても、当事者の遺産に対する思いが――いや、「執念」といった方がよいであろうが――強烈で、それが怒涛のように審判官たる私やともに仕事をする調停委員にぶつかってくるのである。

私は、大阪家裁で初めて遺産分割を担当したころ、それをまとめに受け止め、時に当事者の主張が不合理あるいは理不尽と見るやこれに対して真っ向から反論するなど、いわば「がっぷり四つ」の勝負を挑んだのだが、残念ながら三か月と持たなかった。遺産分割の重圧だけではないけれども、持病の喘息の発作が出て生死の境をさまよう羽目となり、二週間余の入院生活を余儀なくされた。

退院して仕事に復帰した時、私は、同じ轍を踏まないために、遺産分割を次のように考えることにした。なるほど遺産分割事件は、相続人同士の恨みつらみや確執が激しく、時には「人生取戻しのための闘い」の様相を帯びたりするが、これを晴れて円満解決することは所詮無理なのだ。仮に財産権を争う民事裁判が「日本国内における金銭ないし財産権の移動」とみなしうるならば、遺産分割は「かぎられた親族内における財産の移動」にすぎず、それも民事裁判と違って、親、配偶者あるいは兄弟等被相続人の財産の分配であって、自分の財産を失うことはない。そのように割り切ってしまうと、ずいぶんと気分が楽になり、当事者に対しても余裕をもって接することができるようになった。そうすると不思議なもので、「聞く耳を持たない」と思われた当事者が当方の説得に応じたり、対立する当事者が「仲直りをするつもりは毛頭ないが遺産分割だけは割り切って話し合いをしたい」などと言い出して、難解と思われる事件が存外早期に解決するようになったのだ。私自身は、遺産分割事件に対する気持ちのあり方を少し改めたものの、記録読み等事件に対する取組みについては決して手を抜くことなく、従前にも増して熱心にしたつもりであったが、そうした努力もさりながら、むしろ「肩の力を抜く」ことが事件解決に大きく与ることを知り、ややアンビバレンツな気持ちにさせられた。

とはいえ、一筋縄でいかないのが遺産分割の遺産分割たる由縁である。当事者のなかには、法律上到底認められない事由を主張して譲らなかったり、枝葉末節にこだわって、こちらが解決を目指して提案した分割案も一顧だにしないという者も少なくない。家事審判官である以上、事件当事者と向き合うことを避けることはできないけれども、一般人としてのお付き合いは真っ平御免という人も、残念ながら、存在するのである。こうした人たちと付き合うのは、結構神経をすりへらすので、私はそのストレス解消法として、いつのころからか、戯れ歌——とはいっても創作能力はあまりないから百人一首のパロディにすぎないが——を作っては、ひとり悦に入るようになった。最近の拙作を紹介しよう。正確な理解のためには残念ながら前書きが必要だ。

かねて欲していた不動産が「他の者に相続させる」旨の遺言書により、自分は取得できないことを知ったときの状況を読める

遺言読めばとれないものとは知りながら
なおうらめしく争いけるかな

しのぶれど色に出にけり胸のうち
遺産《もの》や欲しいと人の問うまで

世界遺産に登録された「紀伊山地」

こうして日頃遺産分割に頭を悩まされていると、「遺産」という言葉につい敏感になる。そうしたところに飛び込んできたのが、「紀伊山地の霊場と参詣道」が日本で一二番目の世界遺産に登録されたと

いうニュースだ。紀伊山地というとかなり広範囲になるが、「吉野・大峯」「高野山」「熊野三山」と呼ばれる三つの霊場とそれらを結ぶ「参詣道」が遺産として指定されたのだ。行政区画では奈良県と和歌山県に該当するが、前任地として愛着のある和歌山の自然環境が次世代に伝えるべき価値ある遺産として評価されたことは喜ばしく、とても嬉しい。

　高野山にはこれまで何度となく行っている。大阪より一〇度涼しいというのが「売り」で、確かに大阪に住む庶民にとって手頃な避暑地といえる。記憶が定かではないけれども、まだ学童であったころ、両親に連れられて行ったのが最初ではなかったか。奥の院墓地を歩いた際、織田信長、明智光秀、石田三成など天下を争った武将の墓がともに高野山にあるのを不思議に感じて父親に質問したが、明確な答えがなかったことをいまでも憶えている。芭蕉も一六八八（貞亨五）年三月に上ったようで、「父母のしきりに恋しきじの声」の句碑が残っている。私の両親もすでに逝ってしまった。

　大峰山は、修験道の根本道場として御嶽信仰の霊地となった山であり、役行者が苦行ののち、金剛蔵王大権現を感得して修験道を開創したと伝えられる修験のメッカだ。一〇年ほど前、講社の一員で毎年登っている方から誘いを受けて、「一泊二日の修行」に参加したことがある。大峰山はいまでも女人禁制が守られている。「従是女人結界」の石碑を越えると女性の姿はなく、その点少し寂しいが、気を取り直して山上ヶ岳の頂上（一七一九メートル）を目指す。修験装束の人たちが多く、すれ違うたびに「ようお参り」と声を掛けてくれる。八合目付近からは、碑伝《ひで》と呼ばれる峰入り記念の板札がところ狭しと立ち、人間はどこでもこうした印を残したくなるのだなと思う。森の中を夢中で歩いたせいか、頂上まであっという間だ。早速、いろんな行場に挑戦したが、なかでも有名なのは「西の覗（のぞき）」だ。

先達の指示に従い腹這いになった登山者たちが、絶壁から千尋の谷に身体を突き出されるのだが、遮るものがなにひとつないので、強心臓の持主も例外なく息をのむ。先達は、命綱を持ちながら修行者に「親に孝行するか」「お母ちゃん（ここでは妻の意）のいうことを聴くか」「浮気はしないか」などとゆすり、道心を試す。私も、にわか修行者のひとりとして、直角に切れ込んだ岩頭から谷に向けて身体を突き出される。先達が手をすべらせばそのまま谷底に落ちて「一巻の終わり」だと思うと、心臓が口から飛び出してしまいそうだ。誰もがするように、私も先達の試しに「母ちゃんのいうことを聴きます」と約束する。こうした約束が守られれば、家庭裁判所はいらないのにと思ったのは、少し時間がたってからのことだ。翌朝は宿坊近くの池で水ごりも体験したが、その水の冷たさは想像以上で、行が決して生やさしいものではないことを体感した。

「熊野古道」は、大阪家裁の三年目の秋、旧職場（堺支部）の人たちに誘われて、そのうち一番ポピュラーといわれる「中辺路コース」を歩いた。前日に古道沿いの民宿に泊まり、翌朝九時滝尻王子を出発した。同王子社奥の急坂を登り始めるが、たちまちにして鬱蒼とした森になり、熊野に来た雰囲気を感じさせる。道そのものは整備されていて歩きやすく、峰づたいの登り道となる悪太郎山の上りも比較的ゆるやかで、快調な足取りを維持できる。なにより、このくらいでへこたれてはという気持ちが後押しをしてくれたのか、難なく、その日の目的地近露王子に到着した。その日はそこからは車を飛ばして本宮近くの温泉旅館で一泊、翌朝再び近露王子まで引き返して同所をスタートした。まもなく小広に達するが、問題は、そこから本日の目的地である本宮までの約一七キロのコースである。途中の発心門王子まで人家がなく、車道とも行き会わないのでリタイアするところがなく、さらに発心門王子をすぎるとこれまた合流が容易でないので、同所で断念して「車組」になるかどうかである。日頃、健脚を自負している自分としてはここでやめるわけにはいかず、「完全踏破」を選択した。草鞋峠を上り終えると、つづら折りの下り坂である女坂となり、しばらく行くと急な坂になる。これが男坂で、行程中最大の難所である。ここをなんとか登り切って、峠上で一休みしながら、昼食のおにぎりをほおばる。あとは、目的地まで歩く（時には走る）のみである。踏破をあきらめた人たちとの合流予定時刻が午後三時。これに間に合わないと、置いてきぼりだ。完全踏破を選んだ者は、私のほかに二人。いずれも私より歳も若く無類の健脚だ。負けてはなるものかと両名のあとを追いかけたが、すぐに離されてしまう。無理をしてけがをすれば元も子もないので、マイペースでいくしかない。こうして、いろんな坂を上り下りしながら、水呑王子跡、伏拝王子跡、祓戸王子跡などを経て、熊野本宮大社裏にたどりついたのは、集合予定時刻の五分ほど前であった。待ち受けた皆さんの拍手を受け、達成感を久しぶりに味わった。

こうした形で多少ともゆかりが生じた霊場や巡礼の道が世界遺産に登録されたことは、なにか、自分のまわりに「遺産」が生まれたような気がし、豊かな気持ちになる。折りしも、近くの美術館では遺産登録を記念して展覧会も始まったので、早速でかけた。年輩の人たちが多かったが、「身近な宝物」を見る視線を好ましく感じた。

「遺産」を訪ねてスペインに

熊野古道は、「巡礼の道」として評価されたのだが、巡礼の道としては、スペインの「サンティアゴ・

デ・コンポステーラの巡礼道」が先輩格で、世界的に有名だ。伝説によると、イエス・キリストの一二使徒のひとり聖ヤコブの遺骸が、エルサレムで処刑された後海路をたどりスペインのガルシア地方に運ばれたという。九世紀になって、聖ヤコブの埋葬地が発見されたという伝説がこれに加わり、同所に聖ヤコブを祀る大聖堂が建てられた。その場所がサンティアゴ・デ・コンポステーラにほかならず、以来、巡礼のためにヨーロッパ各地から遠路を厭わず敬虔なキリスト教徒が引きもきらず訪れる聖地となった。私も、昨夏、家内とともにコンポステーラを訪れた。もっとも、彼地の巡礼の道は全行程を歩こうとするとスペイン内だけでも一か月はかかるという長大なものであるので、はなから歩くことを断念し、もっぱらコンポステーラ旧市街の散策を楽しんだ。この街にたどり着いた巡礼者たち（「カミーノ」という）は、旧市街の石畳みの道をオブラロイド広場へと向かう。そこにそびえたつのが、スペイン最高のロマネスク様式といわれる大聖堂である。われわれもいくつかの迷路に似た路地にとまどいつつ、足下に石畳の感触を確かめながら、大聖堂を目指す。忽然として現れた大聖堂。間近に見て改めてその偉容に驚かされる。大聖堂の前でしばらくたたずんでいると、あちこちから、歓声が沸き上がる。巡礼の道を踏破して最終目的地に到達したカミーノたちの歓びの声だ。見ると、はいている靴がぼろぼろになっていて、これまでの行程が並大抵のものでなかったことを推測させる。「よくやったね」とつぶやきつつ、全部歩き通した満足度はすごいだろうなとうらやましくなる。歩き通した人は人生観が変わるといわれているようだが、私自身は無理というほかない。大聖堂の中に入るとミサがちょうど行われていて、信仰心のない私でも、そのおごそかさに心身がひきしまる。ミサが終わったところで、聖ヤコブ像に触れる順番を待つ列に並ぶ。狭い階段を少しずつ歩いて、前の人にならって、聖ヤコブの頭をなぜる。少しばかり、身が清くなった感じがする。大聖堂正面入り口を入ってすぐのところには「栄光の門」があり、一二世紀に名匠マテオが二〇年かけて彫ったという約二〇〇体の聖人像で飾られている。中央の柱に座っている像が聖ヤコブで、巡礼者たちはこの柱に手を当ててひざまずき、罪の許しと神の祝福を祈るのだが、長い歳月を経た結果、そこがすりへって「手形」になっている。私も多くの観光客同様、その「手形」に自分の手を重ね、元気で世界を旅することのできる幸せに感謝した。

今回、コンポステーラには、ポルトガルから陸路で入った。ポルトガルでも、お上りさんよろしく、世界遺産を目指した。リスボンのジェロニモス修道院とベレンの塔は、写真でもよく知られているが、特に、ジェロニモス修道院は、巨大かつ壮麗、まさに新大陸貿易で繁栄の絶頂にあったポルトガルを象徴するような建物であった。リスボンから電車で一時間弱のところにあるシントラは、詩人バイロンが「この世のエデン」と讃えた美しい街だ。われわれの訪れた日、目当ての王宮は休みだったが、それほど悔しくない。思うにまかせて歩けばいいのだ。ペナ宮やムーア人の泉などを見たあと、ちょうどロカ岬に行くバスがあったので、同岬に行くことにした。北緯三八度四七分、西経九度三〇分の、ヨーロッパ最西端である。「ここに地果てて海始まる」という詩人カモンイスの言葉を口ずさみつつ、眼下に広がる大西洋をあきず眺める。心が雄大となり、人間世界の争いごとなどどうでもよくなってしまう。遺産分割にあれこれ悩む人もここに来て、大西洋の彼方に目をやれば、「遺産などどうでもいい」というのではないか。

スペインに話を戻すと、コンポステーラの街を後にしたわれわれは、内陸に向かい、標高一一三〇メートルという同国でもっとも高地に位置する街アヴィラに滞在した。長い城壁に囲まれた要塞都市で、城壁から望むスペインの高原風景は、言葉では形容し難い光景だ。街のいたるところに、キリスト教迫害の歴史を物語る遺跡（城壁等すべてが世界遺産である）があり、なかでも当地で生まれた聖女テレサ・デ・ヘススゆかりの建物や教会は、彼女の霊的体験や成し遂げた宗教における改革事業をいまに伝えて、中世宗教に無知な私でも飽きることはない。こうして昼はかりそめにせよ「宗教人」になるけれども、夜は俗人になってしまうのが、なさけないところだ。二晩とも、ワイン片手に最高の肉とされるアヴィラ牛に舌鼓を打つ始末である。そして、こうした「遺産」の旅がいつまでも続けばと思ったが、現実はそれほど甘くはなく、数日後には現実の「遺産分割」に向き合うこととなった。

ディケンズの『大いなる遺産』

「遺産」は、旅に求めるだけが能ではないだろう。遺産（相続）をめぐる話としては、私は、長編ではモーパッサンの『ピエールとジャン』、短編では曽野綾子の『花束と抱擁』を一押ししたいが、ディケンズの『大いなる遺産』も、その題名からしてはずすことはできない。主人公ピップは冒頭、荒涼とした沼地で足に大きな枷をはめられた脱獄囚を助ける。義兄に当たる鍛冶屋ガージャリーのもとで育てられていたピップに、突然、学資を支給したり将来の遺産相続を約束する「恩人」が現れ、ピップはロンドンに出て紳士の教育を受けることになる。ピップはそれなりに洗練され、恩人を古屋敷に住む富裕な老嬢ハブィシャムと信じ自分を「選ばれた人」のように思うが、実は俗物紳士になりさがったにすぎない。粗野なガージャリーこそ愛すべき好人物なのに、彼すらも疎ましく思ってしまう。この間、ピップは遺産相続をあてにする気持ちとそれが全部おじゃんになることへの不安に揺れ動きながら、愛するエステラになぜか正直になれない自分にいらだつとともに、彼女が他へ嫁いでいくと知るや血を吐くようにその思いを告白する。やがて、ピップは俗物根性から脱却し、ガージャリーをはじめ皆に再び温かい愛情を持ち、そしていまは未亡人となり優しい女性となったエステラと結婚する結末を迎える（ただし異論あり）のだが、それはともかくとして、以上の梗概からも分かるように、本作品は遺産相続を題材にしたものではなかった。原題 Great Expectations も正しく訳すると「大遺産相続の見込み」ということのようで、莫大な遺産をめぐっての人間模様をあてにしていた私としては少し拍子抜けだ。その点、「違算」が生じたといえなくもないが、こうした機縁がなければ、おそらく死ぬまで読まなかったと思われる本と出会えて、むしろ幸せというべきであろう。ところで、ディケンズのことを少し調べていて、彼には、イギリスの裁判制度を痛烈に風刺した『荒涼館』という小説があることが分かった。その小説は、ある不可解な訴訟事件をめぐって展開されるものであるが、もともとの争いは遺産をめぐる争いであった。しかし、普通法裁判所と衡平法裁判所の二つの裁判所をたらい回しされているうちに四〇年もたち、いつの間にか遺産以上に膨れあがった裁判費用をめぐる争いになったという。遺産にこだわる以上、ぜひとも読まねばとは思うものの、なにしろ『大いなる遺産』以上の大作なので、いつとりかかろうかと思案している最中である。

（法学セミナー五九八号〔二〇〇四年一〇月号〕）

18　これからの裁判官
〔サイクル裁判官の四季だより・冬〕

家事調停官の登場

人事訴訟が家庭裁判所に移管されたのが本年（二〇〇五年）四月のことだから、もう半年以上が経過したことになる。離婚調停で当事者の合意が難しく、これ以上進行しても無意味と思われる場合、家事審判官は二名の調停委員と評議して、不成立もやむをえないと一応の判断をする。そして、調停委員二名と書記官ともども調停室に臨んで、申立人相手方双方に対し改めてその意向を確認し、歩み寄りの余地がなければ、その場で「不成立」を宣告する。このとき、従前であれば、申立人の方に「どうしても離婚を希望されるなら離婚訴訟を提起するしかありません。訴訟は地方裁判所で扱います」といってきたのだが、四月からは、「いまあなたたちがおられるこの家裁に提起することになります」と説明するようになった。移管直後ころ、いままでの口癖で「地方裁判所に……」といいかけ、あわてていい直すことが一度ならずあったけれども、もういまではそのようなことはない。そしてすでに本庁だけでも一〇〇件を超す人事訴訟が京都家裁に提起され、親権者の指定が争点になる場合には家庭裁判所調査官の調査が行われるようになり、また夫婦関係の破綻の有無、あるいは慰謝料額の算定が問題となる事例では市民の代表である参与員が指定され、その意見を聴く運用が実施されている。家庭裁判所に新しい風が吹いているといってよいであろう。「新しい風」といえば、この一〇月から「家事調停官」が京都家裁に登場するに至った。家事調停官制度とは、地裁・簡裁の民事調停に関与する民事調停官とあわせて、弁護士が弁護士としての身分を持ったまま、「調停官」として、調停手続きを主宰する制度で、「非常勤裁判官制度」ともいわれている。平成一六年一月一日にスタートし、家事調停官でいえばすでに東京で五名、大阪で三名の弁護士が就任されていた。京都家裁はいわば第二期としてのスタートだが、弁護士経験約二〇年のN弁護士が就任、早速毎週一度登庁され、熱心に執務に取り組まれている。記録を念入りに検討され、調停委員との評議も十分にされておられるので、当方も安心して仕事ぶりを拝見させていただいているが、なにより、調停室に実際に入られ当事者から直接、かつ、じっくりと話を聴いておられるのが好ましい。残念ながら、肝心のわれわれ家事審判官の方が、事件数の関係もあってやむをえない面があるにせよ、十分に調停に立ち会うことができず、もどかしい気持ちになることが少なくないのである。その分、調停委員との評議を密にし、重点立会いを精力的にこなすことで、なんとか「審判官不在の調停」の批判を乗り越えようとしているのだが、かなりの重労働だ。ところで、非常勤裁判官制度の目的は、①弁護士から常勤裁判官への任官を促進するための環境を整備することと、②調停手続きをより一層充実・活性化することにあった（平成一四年八月二三日最高裁・日弁連合意）とされるが、各地の実情報告を聴くかぎり②の点は着実に達成されつつあるのではないだろうか。問題は、①が触れている弁護士任官制度のことである。毎年、この非常勤裁判官制度とは別に、数名の弁護士が任官されているものの、おそらく、人数的に十分とはいえず、先行きも必ずしも明るくないようである。その原因がどこにあるのかは軽々には論じられないが、従前、裁判所が「弁護士任官」の人たちをどこかお客様扱いをしていたのも、まわり回って裁判所を敬遠する一因になっているのではないだろうか。その意味で、勇を奮って裁判所に来られた「弁護士兼裁判官」ともいうべき方を心から歓迎するとともに、決してお客様ではなく同僚として接していくことが大切ではなかろうか。私自身は、週にわずか一度ではあるが、「弁護士さん」と机を並べて仕事をすることに心弾むものを感じ、また弁護士の方から、当事者の本音、特に京都人気質などを聴くことができるのは楽しい。どうか、この調停官制度が定着して、かつ、弁護士任官の拡充のため広くて着実な道筋になることを願ってやまない。

市民と評議する裁判官

このたびの司法制度改革は、司法のあらゆる分野にわたり、広範囲かつそれぞれの制度やシステムの根本に踏み込む形でメスが入れられ、その改革案が次々と現実化されている。そのなかで、もっとも大きな改革の一つが、刑事裁判における裁判員制度の導入であろう。裁判員制度については、陪審制度（の復活）を標榜されてきた弁護士や市民の方からなお根強い批判があり、参審よりは陪審の方に賛成してきた私にとっても後ろ髪を引かれる思いがあったのだが、ドイツ型参審よりも一歩も二歩も進んだ形の「裁判員の無作為抽出」「裁判官三名・裁判員六名という構成」を採用したことは、やはり評価すべきではなかろうか。もちろん、裁判員制度の導入に伴い当然に刑事裁判の充実・迅速化が必要となるのであるが、その前提である捜査手続きの改善がなされないまま、新設された公判前整理手続きがそのまま現実化すれば、被疑者・被告人の適正手続きを受ける権利がいま以上に侵害されるという批判には、それなりの正当性を持つように思われる。取調べ過程の可視化、証拠の全面的開示等を含め、これから刑事司法がどのような変貌を見せるか、私自身はいま刑事裁判の現場から離れた部署で仕事をしているけれども、その行く末をしっかりと見届けるつもりである。

こうしてさまざまな問題をはらみながらも、裁判員制度が近く実施されることは疑いをいれない。ところで、現職の裁判官として一番気になるのは、いままでそうした経験のない裁判官がどのようにすれば市民と実のある評議ができるだろうか、という問題である。この点については、最高裁も少し懸念しているようで、来るべき裁判員裁判にタッチする可能性の高い中堅裁判官を外国に派遣して市民参加の実情、評議の実際を見てもらうことを検討しているとのことである。現実の必要から生まれた施策であるが、私自身がなお中堅と呼ばれる若さであったなら、両手《もろて》を挙げて応募するのにと少し早く生まれた運命を嘆くばかりである。裁判官と市民の評議の話に戻すと、たとえば事実認定についてはそれは法律問題ではないから、市民がそれぞれの人生経験、生活体験を踏まえて、真剣に考え議論に参加していけば裁判官に十分対抗できるという意見がある。私自身も基本的にはその意見に異論はないのだが、最近経験した模擬裁判の評議のなかで少し気付いたことを紹介しておきたい。それは、最高裁で逆転無罪が確定した事件を、少し脚色を施したにせよ骨格は実際のケースのままで「審理」したあと、私が裁判長、市民の方四名が裁判員となって評議をしてみたのだ。私自身は「結論」を知っているので、いわば評議のまねごとにすぎないのだが、それでも結構面白かった。裁判員に応募された市民の方も全くの素人ではなく裁判に関心の深い方であったせいか、議論も比較的スムースに進捗し、また証拠関係からの推論等も専門家とそれほど遜色ないように思われた。ただ議論を重ねていくうちに、市民の方に共通の傾向が見られるのが少し気になった。それは、裁判官（私）が市民の意見に対して、真っ向から反対せず一応そういう見方もあると肯定したうえで、しかしこういう見方もあるのではとやんわりと（決して「やんわり」ではなかったとの異論がありそうだが、私自身はかなり抑えたつもりである）反論すると、結構それに同調されるのである。もちろんすべての場合がそうだというのではないが、裁判官のいいぶりや物腰が柔らかいと、案外それに乗せられるという面があるのではないか。従前は、裁判官が口角泡を飛ばして主張したり居丈高に説得すると、市民はそれに反論できず、そのまま押し切られてしまうという心配があったのだが、裁判官三人に対して市民が六名ともなると、そういう「強引さ」よりも「やんわりさ」がかえって危険なような気がしてきた。このようにいうと、それは考えすぎであり、まずは、裁判官が謙虚さをもって、そして裁判員の方は物怖じしない気構えで評議をすることが肝要との意見がかえってこよう。私もそうした原則を認めるにやぶさかではないのだが、評議というものはおだやかであればいいというものでは決してなく「激しさ」も必要なのだということをいいたいのだ。

ともあれ、これまでの刑事裁判官は、市民と直接議論をした経験はないはずだ。それに引き替え民事裁判官は本人訴訟での法廷や和解の席で直接市民と話し合う機会があるので、かえって、そうした仕事に向く人がいるかもしれない。さらにいうなら、遺産分割を担当する家事審判官は、事件によっては裁判員に匹敵するくらいの市民と対峙して議論をすることを経験しているので、その意味では裁判員裁判に最適の裁判官といえるかもしれない。ただし、民事家事とは違い、人に刑罰を科すというより重大な職責を担うので、いうほど「転向」は簡単ではないであろうが……。

裁判官の通信簿

今回の司法改革のなかで、裁判官への任官、再任等その身分にかかわる改革として、下級裁判所裁判官指名諮問委員会の発足をはずすことはできない。新任判事補不採用、宮本裁判官再任拒否という司法の嵐のなかで裁判官になった者として、差別的拒否の排除の一助となる、このような制度自体ができたことは素直に喜ぶべきことであろう。そのように肯定的に評価しようとする心の動きがある一方で、なぜか、釈然としない気持ちが残るのも事実なのだ。それは、きのうまで法廷等に立っていた裁判官が、明日からは裁判官として失格という非情さにまだ慣れていないためでもあるかもしれないが、中央及び各地域の指名諮問委員会が当の「重点審議者」に対して面接や聴聞を行っていないことに少なからず疑問を感じるのだ。当の本人から要求があれば理由を開示することにはなっていることで、正当性は担保されるのかもしれないが、任期終了時期を控えた裁判官をナーバスにさせることは確かである。

もうひとつ、裁判官に対して緊張感をもたらすものとして、本年（二〇〇五年）四月から始まった裁判官に対する人事評価制度である。あらかじめ、自分の直前一年間の仕事ぶり、設定した目標とその達成度などを記載した書面を所長（高裁勤務の場合は長官）に提出し、面接を受ける。所長や長官は提出書面や面接結果に基づいて裁判官を評価するのであるが、従来、所長等がそうした評価をしていることは各裁判官にとって公知の事実だったにせよ、このような形でいわば白日のもとにさらされると、それはそれでかなりのプレッシャーになることは否定できない。そうした評価にとらわれず「粛々と仕事をするまでだ」と超然とできる裁判官はおそらくきわめて少数であろう。成果主義を強調しすぎると、裁判官も人の子である。簡単な事件だけを片づけて、帳尻だけをあわすことになりがちである。もちろん、これまでそうしたことが見過ごされた面があったことも否定できず、所長等が各裁判官の本当の仕事ぶりを見ることにより、「帳尻あわせの事件処理をする」ことを防ぐことになるのであれば、やはり積極的に評価するべきものであろうか。規則によれば、所長等が作成した人事評価書については、当該裁判官が開示請求をすることができることになっている。私は、せっかくの機会というか、なんでも見てやろうの精神から、その開示請求をしてみた。所長作成書面ゆえ、被評価者本人といえども公開できずここに紹介できないのが残念だが、評価する所長の方も、開示請求のあることを頭に入れて評価しなければならないので結構大変なようだ。その文面に苦心のあることが十分にうかがえた。そしてそこにある種の緊張関係が生まれることも間違いなく、これからの裁判官はますます厳しくなるなという思いを強くした。

「ヒラメ判事になるなかれ」

「これからの裁判官」の連想ゲームではないが、この一〇月一八日、最高裁の町田顕長官が新任裁判官に対する訓辞で「上ばかり見る『ヒラメ裁判官』はいらない」「神髄は自分の信念を貫くことにある」

と訓辞されたことを新聞報道で知った。少なからず、びっくりした。ここでヒラメ裁判官とは「上級審の動向や裁判長の顔色ばかりうかがう裁判官」のことをいうのだが、従前から、そのような種類の裁判官がいるとはいわれながら、必ずしも公式的には確認されていなかったからだ。もちろん、最高裁長官も、「そんな人はいないと思うが、少なくとも全く歓迎しない」と述べられていて、ヒラメ判事の棲息を確定的に認めてはおられず、その点は慎重である。それはともかく、それではどうしてこのような訓辞をなされたのだろうか。一判事が最高裁長官の真意を忖度するのははなはだ僭越なことなのだが、これは私のような者にも漏れ伝わってくる最近の裁判官（もちろん全部ではない）のある種の傾向、裁判や司法行政に対する姿勢、仕事ぶり等に対する危機感の現れではないだろうか。つまり、最近の裁判官が全体としてモノトーンであり、自分の本質を人に見せたがらない、「正解指向」が強く、マニュアルや先例のない問題にぶつかったときの対応力が弱いといわれる状況を憂え、このままでは司法部は駄目になるとの思いから、将来の司法部を背負うべき新任裁判官に「独立《どくりつ》不撓《ふとう》の気概を持て」と激励されたたのではないだろうか。この訓辞に対しては、早速、朝日新聞の声欄に（大阪版一〇月二三日付）に「裁判所も管理社会であり、裁判官が『昇給と転勤』という『アメとムチ』によって管理されている以上、いやでもその顔は上に向かざるを得ない」「いっぺんの訓辞などではどうにもならないことを長官は知るべきである」との反論が出ていた。裁判所に長く勤めた方のようで、その指摘は間違っていないように思える。しかし、これまでの現実がそうであれ、最高裁長官が「ヒラメ判事」に言及して「それになるな」と発言された意味は決して小さくないように思える。ヒラメ判事をなくすように司法部全体が頑張ってみようというエールととることはできないだろうか。「ヒラメ判事」で私はびっくりしたと述べたが、もっとびっくり仰天したのは、一生を海底で上下の別なく横並びで生き抜いているヒラメ自身であろう。折りから、ヒラメを県魚と指定している鳥取県では、ヒラメでは水産県・鳥取をＰＲできないとして、別のものに変えようと検討しているそうである。ヒラメもそこまでいわれると、『カレイ（華麗）』に転身するほかないか」と思っているのではないだろうか。

連載終了にあたって

最高裁長官の訓辞で、思い出すことがある。裁判官になってそれほど年月がたっていないころだったと思う。そのころの最高裁は、下級審裁判官に対する締め付けがきわめて厳しく、同世代の裁判官などとよく「どうして最高裁はそこまで頑ななのか」と慨嘆したものであった。そのとき、ある先輩裁判官が、最高裁も初代の三渕忠彦長官は素晴らしい挨拶や訓辞を残しているよと教えてくださった。ここでは昭和二二年七月二八日（私がまだ零歳のときである）の就任挨拶を紹介しておこう。

「裁判所は、国民の権利を擁護し、防衛し、正義と衡平を実現するところであって、圧制政府の手先となって国民を弾圧し、迫害するところではない。裁判所は真実に国民の裁判所になりきらねばならぬ」。

少し肩に力が入ってきたようだ。

実は、この「四季だより」は今回をもって終了となる。五年近くにわたり、貴重な誌面を提供していただいた本誌の方に深甚の謝意を表するとともに、他愛のない文章をご愛読していただいた読者の皆様にこころからお礼を申し上げたい。その折々、本来の仕事である家裁実務の話から、それにやや関連する周辺の話、また旅行、読書、映画、さらには阪神タイガースと自分の興味や関心にまかせて大きく脱線してしまって、とりとめのないことを書き連ねることになってしまった。それでも、普通の裁判官が日頃なにを考え、どんなことを夢見て仕事をしているか、少しでも参考になったとしたら、筆者としてこれにまさる喜びはない。最終回ということで、「裁判官」のことを書いたが、裁判所あるいは裁判官に対して、私はまだまだ希望を持っている。家裁という、天下国家の情勢とはほとんど関係のない部署での仕事ではあるが、家事部にやってこられる当事者の悩みは深く、苦しみは大きい。家裁は、そうした人々のためにもっとなしうることがあるように思える。家裁少年部でも、その取り扱う少年事件も困難さを増すばかりだ。地方裁判所の民事、刑事でもそうであろう。裁判所が、国民のため市民のためになしうることを再確認しつつ、そこに職を得たすべての者が仕事に励み、人々が誇れるような裁判所になることを念じてやまない。私自身、気力と体力がどこまで続くか分からないが、できれば定年近くまで精一杯頑張ることを約束して、お別れの挨拶としたい。さようなら。

（法学セミナー六〇一号〔二〇〇五年一月号〕）

少年事件を振りかえって

1　初めて少年事件を担当して

私は、初任地大阪地裁に三年間勤務したあと、広島地家裁尾道支部に転勤し、同所で三年間過ごした。初めの二年間はまだ未特例判事補（職権の特例がつかず一人前の裁判官とはいえない）なので、民事刑事の合議事件の左陪席と、あと少年事件と令状事務を担当した。多くの裁判官がたどる道である。

尾道は漁業と海産物販売がさかんで、漁港近辺で生活する人は概して威勢がいい。裁判所に来る少年にしてもやんちゃなものが多く、その処遇に苦労したが、審判廷で一人ひとりの少年に対しそれぞれに工夫して向き合えば、多少とも反応があるので、毎日それなりの充実感を得て仕事をしたように記憶している。少し違和感を覚えたのは、尾道の有名な寺を放火した少年を担当したときのこと。非行性も進んでいた年長少年だったので「検察官送致」（少年法二〇条）を選択せざるをえなかったが、私は未特例だったので、自らその告知をすることができず、審判で言い分を聞いた後、特例判事補である右陪席にバトンタッチして検察官送致を告知してもらった。そこまでならどうということはないのだが、当時の尾道はいわゆる甲号支部で刑事の法定合議事件を取扱っていたので、まもなく起訴されてきた事件を今度は地裁支部刑事合議部の左陪席として審理に関与した。そして、自分自身、法廷でとまどいながら少年に質問し判決書の起案までしたのだが、審理のときに目があった少年からも「どうしてお前さんがそこにいるのか」と訴えるごとくの怪訝な表情が垣間見え、ミスマッチな感じを抱いたことを覚えている。

そのころの少年事件で思い出に残ることといえば、なんといっても家裁調査官の方々と一緒に仕事をしたことである。ある調査官は、読書療法というのであろうか、鑑別所に収容することになった少年(当然女子も含む)に、三週間余り後に開かれる審判までに読んで感想文を書くようにと、たとえばルナールの『にんじん』や、西村滋の『お菓子放浪記』を薦めていた。せっかくだからと私も図書館から借りて読んでみたが、前者では、愛情で育まれるべきなのに理不尽な仕打ちを受けながらも、何とか生き抜いていこうとする子どもの健気さに、後者では感化院や放浪の生活を送りつつもお菓子作りに希望を見出す少年の半生に触れ、そうした本を通じて少年の更生を図ろうとする調査官の熱意や意欲に心が打たれた。いろいろな話を交わしたが、私がまだ若輩であったことから、人生の先輩である調査官がなにくれと「少年事件の極意」というものを教えようとしてくれるのが楽しかった。非行少年に対する理解や更生支援についいては「裁判官なにするものぞ」という気概が満ち溢れていたように思う。

2　大分での珍しい体験

次の任地の大分でも、少年事件を担当した。県庁所在地の大分市は都会ではあるが、大阪や堺などと違って（同所に勤務した経験のある調査官の話によるのだが）非行を犯した少年もまだ「あどけなさ」を残しており、審判廷で述べる自分の一言によって少年の更生になにがしかの手助けになればという気持ちを抱いて少年と対峙できたのは幸せだったと思う。

その大分では、在宅少年を呼び出して観護措置を言い渡した途端に逃げられたり（そのあと顔を知らないまま追いかけた事務官が苦しそうに肩で息をしている少年を発見、身柄を確保して大事に至らなかった）、少年院送致も考えられた漁村の少年数名に対しいずれも社会内処遇ですませたところ、まもなく取れたばかりのイカが大量に裁判所に送られてきて処置に困ったことなど、苦笑いの経験をしたが、もうひとつ、豊後水道に浮かぶ保戸島にある中学校まで出かけていったことが忘れられない。

事案は、上級生の下級生に対する制裁による傷害と、止めにはいった先生に対する暴行のケースだったと記憶するが、少年三人を鑑別所に収容したあと、学校の実情を見るため、書記官や調査官ともども、津久見港から船で二五分の島に渡った。同島は、マグロの遠洋漁業の基地として知られ、中学校を卒業後漁師になるものも少なくなく、ひとたび（板子一枚いのちを張って）海に出て漁から戻ると中学教師の数か月分の給与を凌駕する収入を得ることもあって、先生の権威が通じないという、県下有数の指導困難校であった。一方、先生にとっても、赴任当初から同所での年季が明けることを願うばかりという腰掛け勤務で、教育環境として決して好ましいとはいえなかった。学校から一度様子を見に来てほしいという要請もあって、出かけていったのだが、われわれが学校につくころには三階の校舎の窓からすでに大勢の生徒たちが顔を出し、なかには年配の書記官の禿頭を揶揄したり、「早く帰れ」と叫んだり、さらには、先生と懇談している最中の教室の扉を蹴るなど、普段はいかばかりかと心配と同情が先にたつ状況であった。先生たちは、われわれに対し本当に島までよく来てくれたと大仰にみえるほどの謝意を示したが、その本音は、この際一罰百戒としての厳重処分の懇願であった。しかしながら、そうはいっても、ある特殊な環境を素地とした通過儀礼的な非行ゆえにすぐに少年院送致というわけにはいかず、裁判所での審判の場では、時間をかけて、少年たちに規律を守り師（先生）を尊んでこそ「海の男」ではないかと諄々と諭して島に戻すしかなかったが、鑑別所収容というショック療法が功を奏したのか、しばらくは平穏が続いたとのことであった。

3　和歌山での「無罪」審判など

その後二〇年以上（途中、松江において臨時に数か月間担当したことはあったが）少年事件からは離れた。一九九九（平成一一）年和歌山家裁に転勤し、久しぶりに少年事件を担当することになったが、少年を取り巻く事情は様変わりしていた。一九九七年酒鬼薔薇事件が起きて社会を震撼させたが、二〇〇〇年に豊川主婦殺人事件や佐賀のバスジャック事件など少年の凶悪犯罪が次々と起こったことが契機となり、同年九月、議員立法として、非行事実認定手続きの改革や、逆送年齢の一六歳から一四歳への引き下げ、死の結果を生じさせた一六歳以上の少年についての原則逆送化などの改正がなされるに至った。

二〇〇一年九月、そうした改正後の実務の実情を協議する少年事件を担当する裁判官の協議会が最高裁で開かれ、私もこれに参加した。出席者のほとんどが、日本時間のその前夜アメリカで同時多発テロが勃発しその映像を見続けたことによる睡眠不足のまま討議したのであるが、非行少年の更生を第一の使命とすべき家庭裁判所においても、そうした立法がされた以上保護主義を貫徹するのは難しくなってきたと多くの裁判官が慨嘆していたことが未だ記憶に残っている。

そうした流れとは直接結びつかない形ではあるが、和歌山で、事実認定でずいぶん悩むことになった事案に遭遇し、結果として、「非行なし」の審判を下すことになった。詳細に述べるときりがないので、簡潔に紹介する。

送致事実は、少年(非行当時一八歳八か月)は、一歳上の鉄筋工Aとともに、共謀のうえ、自転車に二人乗りして一九九八(平成一〇)年一一月二二日の夜和歌山市内の路上で、通行中の女性(七三歳)が持っていた二万三〇〇〇円入りの鞄を奪ったというもので、被害女性は被害申告のとき少年ら二名を名指ししていた。しかし、警察は、事件発生後約十か月後の一九九九年九月二一日になって少年らを逮捕。少年らは、逮捕当初から窃盗事実を認め、Aは成人になっていたため地裁に起訴、少年は身柄付きで家裁に送致され、監護措置前における質問の際にも送致事実を認めたため、観護措置がとられた。その後、Aが窃盗事実を否認したことが弁護人を通じて担当の家裁調査官に伝わり、同調査官が一二日に少年に確認したところ、少年も本件窃盗を否認した。私は、翌々日、急遽審判期日を開いて観護措置を取消し、少年を釈放した。

事案の争点は、被害女性の犯人識別供述の信用性と少年及び共犯者Aの自白の信用性であった。私は、窃盗当夜からちょうど一年後の一九九九年一一月二二日本件現場に望んで夜間検証を実施したほか、被害女性やAの証人尋問を行うとともに、当然ながら少年から審判廷で陳述をきいた。その結果、私は、「被害女性の証言は、被害状況や少年を現認した場所などについての捜査当時の供述と審判での証言に食い違いがあることから信用性に疑問がある一方、少年の自白は捜査員の誘導による可能性が高い」として、刑事裁判の無罪にあたる「非行なし不処分」との審判を下したうえ、警察の捜査について、「事件直後に被害者が少年らを名指ししていたのに早期に客観的証拠の保存や事情聴取を行わないまま、捜査を中断、放置したのは問題で、怠慢だった」と批判した。

警察が本件について長期間長く捜査を中断、放置したのは、本件窃盗がなされた四か月前に発生したいわゆる和歌山毒物カレー事件の影響があったと推測され、その点では、無理からぬ事情があったといえるかもしれない。しかしその結果として、少年がアリバイの主張等をするのを困難にさせたのは問題というほかない。私は、少年らが、逮捕された当初はきわめて簡単に容疑を認めていることや少年がAにおいて否認に転じたと聞くやすぐにそれに同調していることなどにもやや納得がいかない面があることを感じつつも、「疑わしくは罰せず」の原則上、「非行なし」と判断したものである。

ちなみに、地裁に起訴されたAは、弁護人の精力的な弁護活動にもかかわらず、有罪判決を受けたときいているが、私としては、新たに別の証拠が出たのかなと思う程度で、それ以上の感慨は湧かなかった。

4　その後のこと

二〇〇三（平成一五）年四月、和歌山家裁から京都家裁に転勤したが、京都では家事部に属したので少年事件は担当しなかった。ただし一件だけ、少年法五五条で地裁から家裁に移送されてきた事件で、合議部の一員として関与したことがある。要するに、家裁から検察官送致を受けて（逆送）地裁に起訴したところ、地裁において「保護処分に付するのが相当である」と認められて、移送されたものである。事件は、犯行時一六歳以上の少年による故意の生命侵害犯であること以外覚えていないが、当初の調査報告書をみて思ったこととして、保護処分の可能性についてほとんど検討しないまま「原則検送事件である」というのがもっぱらの理由とされていたような記憶がある。少年法二〇条二項にはちゃんと但書があり、事案によって「刑事処分以外の措置を相当と認め」られるかどうかを調査してしかるべきなのにそうした形跡が全くないのをみてなぜか悲しく思ったことも確かに覚えていた。

ちょうどそのころ、二〇〇三（平成一五）年に長崎で中学一年生による男児殺害事件が、二〇〇四（平成一六）年には佐世保の小学六年生による同級生殺害事件が起こり、少年法の改正問題が再燃したが、私は家事事件の処理に忙殺されていて、そうした動きに思いをめぐらすことをしないまま、まもなく大阪高裁民事部に異動し、さらには福岡高裁民事部に転勤したため、定年まで家裁少年部からかなり距離のある部署で裁判官生活を過ごすことになった。そして、裁判官を定年退官したのち、若干の刑事事件の弁護人になったり、少年事件について相談を受けたりしている間、犯罪少年に対するさらなる厳罰化要求が起こっているのを知ってはいたものの、傍観者として聞き流していたというのが正直なところである。

二〇一九年の暮れ、かつてともに佐賀の裁判所に勤務し、玄関が向い合せの官舎の住人だった大塚正之弁護士から、「一八、一九歳の少年を少年法の適用から外す動きがある、反対の立場から発言してきたが、少年事件を経験した元裁判官の立場から反対の声明を出したいので、協力してほしい」との依頼があった。もちろん了解。二〇二〇年五月二六日の意見書に結実し、名を連ねた。

この改正案には、そのほかにも日弁連、刑事法研究者有志、元家裁調査官有志などさまざまな集まりから反対意見が出されたにもかかわらず、五月二一日、適用年齢を引き下げず、全件家裁送致の仕組みは維持されたほかは、一八、一九歳少年を「特定少年」として扱い家裁から原則検察官送致する事件を拡大するなど、厳罰化の方向で成立してしまった（なおその直前の同月一五日、被害者と司法を考える会代表の片山徒有氏が編集代表となって『18・19歳非行少年は、厳罰化で立ち直れるか』（現代人文社、二〇二一年）が発刊された。不肖私も同書の巻頭座談会に出席し、思い存分発言させていただいた。お読みいただければ幸いである）。

今回の改正は、民法の成人年齢が二〇歳から一八歳に引き下げられること（令和四年四月施行）にあわせて行われたものであるが、確かに同年齢の子どもで十分に判断能力を備えている子がいることは肯定せざるをえないにせよ、非行に走る少年を見ていると、成長の過程においていわゆる発達権が保障されずに大きくなってきたことから、精神的ないし人格的発達が未熟な子が少なくないのであり、最近の脳科学の知見でもなお可塑性に富んでいるとされていることからして、一八歳、一九歳を大人並みに扱う立法事実はないのであって、この点においてすでに問題といわなければならない。特定少年に対して全件家裁送致がともかくも維持されたということを評価する向きもあるけれども、一旦逆送を原則化すると（短期一年以上の刑に当たる罪まで広げられたが合理性に乏しい）、保護処分が視野の外にいってしまう危険性があることは、すでに述べた少年法二〇条二項但書の適用の消極性からも十分に予想されるのであって、楽観視することはできない。特定少年が起訴されたら推知報道解除という条文の新設も看過できない問題だが、こうした犯罪少年に対して常に厳しい目を向け、保護不要論まで唱える方が、現に相当数いることも厳然たる事実であり、少年法は、いつも保護主義と厳罰主義の波濤の間で揺れているようにみえる。しかしながら、本来はそうではなく、まずは「少年の健全な育成を期し、非行のある少年に対して性格の矯正及び環境の調整に関する保護処分を行う」（一条）ことが主たる目的であることを忘れてはならないであろう。

（書き下ろし）

1　一歩前になかなか出ない最高裁
——夫婦同姓合憲判決はどう考えても納得できない

1　はじめに

前出第一章において、一九九九（平成一一）年九月、現職裁判官だけで構成される日本裁判官ネットワークが結成され、私もそれに参加したことを述べた。同ネットワークは、私が退官した二〇一一年当時まだ騎虎の勢があり、その後も司法に関するさまざまな問題について発信を続け、私の退官後五年を経過した二〇一六年一二月には、『希望の裁判所』（LABO）という書名の本を出版した。この本は、タイトルこそ、その二年前に発刊された瀬木比呂志元裁判官（当時、明治大学法科大学院教授）の『絶望の裁判所』（講談社）を意識したものではあるが、内容面で同書に反駁するとか、「裁判所は明るい」といった真逆の主張を打ち出すつもりは全くなかった。ただ、私は、次のような思いを抱いた。すなわち、裁判所が、たとえば家族法の分野に限ってでも「希望」の存在になるためには、従前それほど問題視されず権利制限もやむをえないものとされた関係法規について旧来の解釈にこだわらず思い切った解釈を取り入れて人権の救済を図るか、あるいは、新たな法現象に直面した場合などでは、少数者の権利を制約ないし阻害する関係法規（ないし立法不作為）の憲法適合性について原点に立ち戻って吟味するなど、勇気を示すことが必要ではないか。私はそうした認識のもと、「絶望」するのは一番あとだと考え、最高裁判所が家族法の分野で生起する問題にどのような応接をしているかに焦点をあて、これを分析するなかでなにがしかの光明を見いだすべく、「家族観に踏み込んだ最高裁」と題する小論を著した。

その小論では、①ながくその違憲性が取り沙汰されていた婚外子相続分差別規定について「重い腰を上げるがごとく」当該事件の相続開始時点である二〇〇一年七月当時において憲法一四条一項に違反していたとして違憲判断を下した最高裁平成二五年九月四日決定、②性別変更夫婦（父が女性から性別変更した男性であった）の子どもに対して、一般の夫婦と同様、民法七七二条が適用されるとして、子どもに嫡出性を認めた最高裁平成二五年一二月一〇日判決（ただし反対意見あり）、③妻が婚姻中に夫以外の男性と関係を持ってその男性の子を出生し、子とともに現在その男性と生活している事情があっても、民法七七二条による嫡出推定が及ばなくなるとはいえず、子からの親子関係不存在確認の訴えは不適法であるとした最高裁平成二六年七月一七日の二つの判決（ただし反対意見あり）、④民法七三三条一項の再婚禁止期間のうち、一〇〇日を超える部分は憲法一四条一項及び二四条二項に違反するとした平成二七年一二月一六日などを取り上げた。

そして、私は、①については、理由付けには不満があるが、ともかくも違憲判断に至ったのであるから最高裁に「曙光が差し始めた」と評価しても的外れとはうえないであろうと述べ、②については、性同一性障害を抱える「性的少数者」の権利を擁護した最高裁の進歩性に兜を脱ぐ思いをしたと自らの不明を恥じた。一方、③については、いわゆる外観説を維持した最高裁の判断を無下には否定できないことは承知しているが、近年、科学技術の進歩により父子間の血縁の存否がほとんど誤りなく明らかにできるようになったという事実の重みは大きいうえ、こうした状況は民法制定当時およそ想定できなかったこと、さらには戸籍上の父が父子関係不存在に合意する場合とそうでない場合との乖離が大きすぎることなどから、例外的に親子関係不存在確認の訴えを認めていいのではないのではなかろうかとして、反対意見の立場に賛同した。④についてはその結論に異論はないが、国家賠償請求についてはこれを棄却した多数説よりも、二〇〇八年より相当前の時点で本件規定が違憲であることは国会にとって明白になっていたとしてこれを認容した反対意見にこのうえない魅力を感じると、率直な心情を吐露した。

以上の各判決の結論を踏まえて、①は平成二五年一二月五日、違憲とされた当該規定を削除する改正が行われたことにより、②は戸籍実務がその結論どおりに踏襲することによりそれぞれ解決し、③④については、その後の親子法改正の動きの中で、民法改正要綱案に、父だけに認められていた嫡出否認の訴えが子や母でも可能となったことで相応の改善が図られたり、結婚・再婚後に生まれた子は原則、現夫の子と推定したことに伴い、女性の再婚禁止期間もあわせて撤廃されたことにより解決された。

問題は、④と同時に言い渡された「夫婦同姓」の民法規定にいて合憲判決をなした最高裁判決である。これについては、現時点においてなお「現在問題」として存続している。そこで、前稿中、上記判決について論じた部分を以下に再掲するとともに、その後に、昨年（二〇一五年）なされた最高裁判決の問題点を新たに論じることとしたい。

2 「夫婦同姓」の民法規定を合憲とした最高裁平成二七年判決について

(1) 改姓の不都合を乗り越えるには違憲訴訟しかなかった

最近になって大きな問題になってきたのが、夫婦別姓（後にみる最高裁判決では「夫婦別氏」あるいは「同氏」としているが、本稿では原則として「別姓」「同姓」と表記する）を求める動きであるといって良い。社会的に活躍している女性が婚姻しようとする際、従来の姓をあきらめて改姓するかどうかの場面に立たされた際、改姓の不都合を乗り越えるためには、内縁関係のままでいるか、あるいは通称使用で甘んじるしかないところ、これを打破するには、夫婦同姓を規定する民法の違憲性をいうしかなかった。

(2) ささやかな体験

最高裁が、平成二七年二月一八日、「夫婦同姓」違憲訴訟を大法廷で審理することを決めたことを知って、私はそれなりの期待を抱いたのだが、その後、その判決の言渡しが前述した再婚禁止期間をめぐる裁判と同日になされると聞いたとき、二つとも違憲判決が言い渡されるようなことがあると、翌日の新聞の紙面はどうなることになるやらと心配になった。まもなく、高ぶった気持ちから少し冷静になった途端、待婚期間規定について一部にせよ違憲が間違いないとすると、夫婦同姓の方は合憲で終わってしまうのかなと、勘繰ったほどである。

それはともかく、夫婦別姓問題について、あるささやかな体験を忘れることができない。ずいぶん昔のことだが、地方裁判所で離婚訴訟を担当していたころ、妻が夫に対して離婚を求めたケースで、結婚当初からわだかまりが生じた一例として、妻が妻の姓を名乗りたいと希望したのに対し、男性の方がそれを一顧だにしなかったことだったと切々と述べるではないか。女性はその後三人の子どもを儲けており、主たる離婚原因も別であったので、私が、法壇から「それでも子どもさんを三人も儲けられたのですから、そのことは乗り越えられたのではないですか」「少なくともそれが離婚を望む主要な理由ではないですね」と述べたところ、原告女性は、やや気色ばんで、婚姻の際に何の苦労もなく従前の姓を名乗り続けることができる男性には分かってもらえないでしょうが、そのことがずうっと私の胸に突き刺さっていたのですよ」といわれて、改姓を強いられる女性の苦痛ないし自己喪失感の一端に触れた感じを抱いた。

そのことだけではないが、いろいろな考えを知るにつけても、それ以来、私は、少なくとも選択的にせよ夫婦別姓を認めないのは、制度としておかしいという思いをもってきた。したがって、一市民としても、判決の結論に注目していた。

(3) 北条政子は別姓だった?

同姓か別姓かという議論になると、周知のとおり、日本には祖先を敬い大切にする伝統があり、そこから彼岸や盆の墓参りなどの祖先崇拝という独自の道徳観や宗教観が生まれてきたから、「別姓」にすると家系の混乱を招くうえ、前述した伝統的な価値観を揺るがすのみならず、家族の一体感を失いかねないとして、別姓に反対する人も少なくないことは事実である。私は、裁判官退官後、ある私立大学の法科大学院に実務教員として勤務していたが、同大学院の学生と雑談した折、「若い人たちは当然夫婦(選択的)別姓派だと思うが、伝統的価値観を重んずる人たちも少なくないから、事は必ずしも単純でない」と述べたところ、ある学生から、北条政子は源頼朝と婚姻してもそのまま「北条」だったのだから、昔は夫婦別姓もありだったのではといわれて、答えに窮したことがある。早速インターネットで調べてみると、同所ですでに議論になっており、模範回答として、昔の女性の公的な扱いはいまと違ってひどく、○○家の付属者として扱われ、結婚しても夫の家の氏には入れずに実家である△△家から来た女として記録されていたこと、北条政子の場合は、夫や子ども死亡後に本人が実質的な権力者となり官位を授けられるに際して、「北条家の娘」では無理なので便宜的に「北条政子」と記録上つけたにすぎないことなどが載っていた。自分の知識のなさを思い知らされる羽目になったが、さらに調べてみて、日本では、明治民法施行以前は、戸籍制度においては「同戸異姓」の禁止がありながら、例外として妻は「所生の氏」を称すると考えられていたところ、明治三一（一八九八）年の明治民法成立の際に、戸主制度を導入するとともに、戸籍が家を体現するものと位置付け、妻は婚姻により夫の家に入ることになった結果、必然的に「夫婦同姓」となったこと、そして、戦後、戸主制度が廃止され、男女平等をうたう憲法のもと、夫婦の姓は、婚姻前の夫のものにするかそれとも妻のものにするかいずれを選択するも可となったものの、それゆえに夫婦同氏の原則が残ったことを知った。

(4)　合憲判決を読んでの感想

前史が長くなったが、結局、最高裁判所は、平成二七年一二月一六日、要旨、①姓の選択は夫婦の協議に委ねられ、形式的には男女の不平等はない、②改姓で喪失感を抱くなどの不利益を女性が受ける場合が多いが、通称使用で緩和されるから憲法に反しない、③別姓を選択できる制度の是非は国会で判断すべきだ、と判示して原告らの訴えを退けた。

前記①は、法律論でいけばそのとおりだし、世論調査などで実際に別姓を名乗りたいと考える人は一割未満で、社会全体から見ると多くはないこと、「結婚したら夫と同じ姓を名乗りたい」という女性も少なくないことからすると、現時点で、「氏の変更を強制されない権利」が憲法上保障されているかどうかとなると、絶対にそうだと言い切れるか疑問かもしれない。しかし私はやはり、個人識別機能に対する支障やアイデンティティ喪失感などの負担がほぼ妻に生じていることを指摘したうえ、その要因として、女性の社会的経済的な立場の弱さや家庭生活における立場の弱さ、事実上の圧力などさまざまなものがあるとし、夫婦同姓の強制が個人の尊厳と両性の本質的平等に立脚した制度でないとして違憲と説示した反対意見こそ正しいと考える。通称使用が可能であるといっても、夫婦同姓制によって婚姻をためらう事態が現に生じている以上、夫婦別姓を全く認めないことに合理性はないとした説示にも諸手を挙げて賛同したい。裁判官当時、一緒に仕事をさせていただいた女性調停委員や現職裁判官からも、公的な書類（裁判官でいえば、心血を注いで完成させた判決書）に普段と違う氏で署名をする違和感を嘆いた方が少なからずおられたのであって、通称使用の広がりを免罪符とすることには賛成することができない。

私は、さらに、法制審議会が選択的夫婦別姓制度を示唆した答申を出した平成八（一九九六）年に着目して、同年以降社会構造の変化がさらに進んだと見られるにもかかわらず、現在においても民法の改廃の措置が取られていないことを問題視して、同年以降相当期間を経過した時点において、民法の規定が憲法において違反することが国会にとっても明白になっていたとして、立法不作為は違法の評価を受け、国家賠償請求を認容すべきだと断じた山浦善樹裁判官の慧眼に、敬意を表したい。立法不作為が、国家賠償法の適用上違法の評価を受けるには別のハードルが必要という議論があるのを承知のうえで、このようにいわれたのは、おそらく自民党が多数を占めるいまの国会に委ねたのでは立法化は百年河清を待つことになると感じられたのではなかろうか。

(5) 合憲判決の問題点

問題点は大きくいって二つあるが、そのひとつは、ダブルスタンダードの問題である。毎日新聞論説委員の伊藤正志氏が指摘していることだが（毎日新聞・大阪版平成二八年一月五日）、最高裁判所は、婚外子相続分違憲判断に先立つ二〇〇八年に、日本人の父と外国籍の母の婚外子に、出生後の父の認知があっても、日本国籍を認めなかった国籍法の規定について、国際社会の潮流に触れ同様な規定が海外で廃止されていることを理由にこれを違憲としていたところ、婚外子相続分の裁判において、従前の合憲判決を有効にしつつこれと逆の結論を導くための理由のひとつとして、「諸外国の立法のすう勢及び我が国が批准した条約の内容とこれに基づき設置された委員会からの指摘」をまるで伝家の宝刀のごとく、掲げた。

しかるに、夫婦同姓の問題において、夫婦の同姓を強いる法律の規定はいまや海外ではほとんど見られず、日本だけがなお温存しているのに、これには目をつぶった感がある。これでは、ダブルスタンダードのそしりを免れないであろう。婚外子相続分差別の問題がかぎられた領域で生じるのに対し、夫婦同姓の問題は、婚姻するすべての男女に関係し（ただし選択制であればこれを希望する者の問題だけともいえる）、かつ世論も拮抗している状況下、いきなりの「レッドカード」を突きつけるのを控えたのであろうが、三名の女性裁判官が全員違憲としていることも踏まえれば、思い切って司法の存在感を示すという選択もありえたのではないだろうか。

二つ目の問題点は、少数者保護の観点からするとなお物足りない点があることである。夫婦別姓問題に関連してのことだが、夫婦別姓を望むものは、女性のなかでも数からいけば少数かもしれない。しかし、ことは多数決の問題ではないはずだ。泉徳治元最高裁判所判事がすでに力説されている（朝日新聞平成二七年一二月一七日）ので、その尻馬に乗るようで気がひけるのだが、多数決原理によって少数者の人権を抑圧していいはずがない。そしてなにより、そうした少数者の人権が制限、抑圧されていることに敏感に反応し、これを守ることこそ裁判所の使命であることを忘れてはならないはずである。

それなのに、「この種の制度の在り方は、国会で論じられ、判断されるべき事柄」として立法機関に下駄を預けたような判示をしたことには、物足りなさを通り越して憤りを感じざるをえない。制度の改正を何度も立法機関に委ねても改正が遅々として進まなかった例については、議員定数の是正を持ち出すまでもなく、最高裁判所のよく知るところであったのではないか。

3 夫婦同姓規定——最高裁は六年経っても再び合憲

(1) 最高裁に「意気込みあり」と期待したのだが……

前述した最高裁判所平成二七年一二月一六日判決の多数意見は、「選択的夫婦別姓制度」をとる余地について「合理性がないと断ずるものではない」としつつ、「同制度の在り方は国会で論ぜられ判断される事柄だ」と述べた。しかしながら、その後の国会では、同制度を実現せんとする民法改正に関する請願が相当数出されたものの、そのすべてが審査未了となり、いずれも法案として審議されることなく、年月だけがいたずらに経過していた。

この間、東京都内の三組の事実婚夫婦が、婚姻後の姓を選ぶ項目で「夫の氏」「妻の氏」の両方に印を付けた婚姻届けを自治体に提出したところ受理されなかったので、二〇一八（平成三〇）年に家事審判を申し立てたが、家裁はその申立てを退け、東京高裁も家裁の判断を維持した。事実婚夫婦らは、高裁判断に承服できず、夫婦同姓を要求する民法七五〇条の規定は憲法一三条、一四条及び二四条に違反すると主張し、婚姻届けを受理すべきだとして、最高裁に特別抗告した。そして、最高裁小法廷は（第二小法廷及び第三小法廷でそれぞれ意見が分かれた）、二〇二〇（令和二）年一二月同事件について大法廷に回付したため、申立人らは、夫婦同氏制の憲法適合性について思い切った判断が出るのではないかと、期待と希望に胸をふくらませた。

私の心の中では、最高裁は、平成二七年判決が国会に対しボールを投げたのに一向に反応を示さないのでこれにしびれを切らした結果思い切った判断をするのではという推測と、そうはいっても前回判決から三組が婚姻届けを不受理とされた二〇一八（平成三〇）年二～三月までの期間が二年と数か月にすぎないことから、いくらなんでも早すぎるので違憲判決は無理ではないのか（ただ国民にとって身近で社会的関心の高いテーマであることなどから大法廷で改めて審理したにすぎない）という悲観論が交錯し、落ち着かない日々が続いた。

(2)　期待を裏切った法廷（多数）意見

はたして、最高裁大法廷二〇二一（令和三）年六月二三日決定（多数意見＝大谷直人、池上政之、小池裕、木沢克之、菅野博之、山口厚、戸倉三郎、深山卓也、林道晴、岡村和美、長峰安政）は、民法七五〇条が憲法二四条に違反するものではないことは当裁判所の判例（前掲平成二七年判決）とすることであり、民法七五〇条を受けて定められた戸籍法七四条一項もまた憲法二四条に違反するものではないことは、上記平成二七年判決の趣旨に徴して明らかであるとしたうえ、同判決以降に見られる女性の有業率の上昇、管理職に占める女性の割合の増加その他の社会の変化や、いわゆる選択的夫婦別氏制の導入に賛成する者の増加その他の国民の意識の変化といった原決定が認定する諸事情等を踏まえても、平成二七年判決の判断を変更すべきものとは認められない（三浦意見は民法七五〇条は違憲とするが最終的には多数意見に同調）、と判示した（本決定では従前の「夫婦同姓」を「夫婦同氏」と表記されているので、以下、それに従う）。

さらに、多数意見は、「なお書き」のもとに、「夫婦の氏としてどのような制度を採るのが立法政策として相当かという問題と、夫婦同氏制を定める現行法の規定が憲法二四条に違反して無効であるか否かという憲法適合性の審査の問題とは、次元を異にするものであるとしたうえ、結局、この種の制度のあり方は、国会で論ぜられ、判断されるべき事柄にほかならないというべきである」と述べた。

今回の決定が平成二七年判決を全面的に援用している以上、当然ながら目新しい論拠はなにひとつなく、意見全体が言い回しも含めお約束ごとといえる文章で占められていて、裁判所に長く勤めた者からするとそれほど違和感を抱くことはなかったものの（むしろかえって感覚鈍磨の証左として恥じ入るべきかもしれない）、司法による救済を期待した当事者にとっては、到底承服できないものであることは、記者会見での彼らの失望し落胆する様子からして明らかだ。

仮にも、多数意見の裁判官の心底に、一旦平成二七年判決で合憲判断した以上わずか二年数か月（ただし決定時点では五年半）で「違憲」に変更するのは見識がないといわれかねないとの意識が働いたとすればそのこと自体が問われるべきであるが、平成二七年以降の状況の変化は決して軽視すべきものではないし、なにより、「(同姓強制による) 名義変更に伴う手続きは地獄だった」（井田菜穂・全国陳情アクション事務局長＝週刊金曜日二〇二一年一〇月二二日号）や「多様な価値観を認めてほしい」（坂本洋子・NPO法人Mネット民法改正ネットワーク情報ネットワーク理事長＝二〇二一年一二月七日付け毎日新聞）を代表的意見とする、選択的夫婦別姓を切望する方たちの訴えに真摯に耳を傾ければ、立法政策の正当性と憲法適合性の審査とは別だと割り切ってすむ問題とは思えない。この点については、すでに、平成二七年判決においても木内道祥裁判官が「国会の立法裁量権を考慮しても、夫婦同氏制度は、例外を許さないことに合理性があるとはいえず、裁量の範囲を超えるものだ」と指摘されているのであるから、結論は別としても一歩踏み込んだ理由なり説明が必要ではなかったのではないか。

(3) 光彩を放つ反対意見、特に宮崎・宇賀反対意見の素晴らしさ

本件において、最終的に反対意見とされたのは、宮崎裕子裁判官、宇賀克也裁判官及び草野耕一裁判官の意見であり、宮崎、宇賀両裁判官は「共同反対意見」として議論を展開する。なお、草野意見は、法廷意見の理由が約一頁半なのに対して六頁半を費やしているし、宮崎・宇賀反対意見に至っては二六頁に及んでいて、ここでそのすべてを紹介できないのが残念であるが、核心的な部分を読むだけでも、夫婦同氏強制の問題点に鋭く切り込み、現状を批判する論理の説得力は素晴らしいというほかない。

宮崎・宇賀反対意見の根幹は、夫婦同氏の記載があることを「婚姻届けの受理要件とし、もって夫婦同氏を婚姻成立の要件とすることは、当事者の婚姻をするについての意思決定に対する不当な国家介入に当たるから、民法、戸籍法の上記各規定はその限度で憲法二四条一項の趣旨に反する」としたうえ、最高裁平成二七年判決では考慮されなかった以下の事情を考慮すれば、本件処分の時点においては、個人の尊厳と両性の本質的平等の要請に照らして合理性を欠き、国会の立法裁量の範囲を超えるから、同条違反と論断する。そして、その事情とは、

① 夫婦同氏制は、個人の尊厳と両性の本質的平等に適合しない状態を作出する制度であり、九六％の夫婦において、生来の氏名に関する人格的利益を失い、夫との不平等状態に置かれるのは妻側という性別による不平等が存在していることから、個人の尊厳と両性の本質的平等に反すること、

② 最高裁平成二七年判決以降の旧姓使用の拡大は、補足意見がいう人格的不利益の緩和ではなく、夫婦同氏制の合理性の実態を失わせていること、

③ 国連女子差別撤退委員会から夫婦同氏制の法改正を要請する三度目の正式勧告を受けたという事実は、夫婦同氏制が国会の立法裁量を超えるものであることを強く推認させること、

の三点を挙示するが、まことにそのとおりであり、近い将来、最高裁で違憲判決が出る場合においてそのまま法廷意見の根拠として採用して差し支えのないものである。これがどうして多数意見にならないのか、私にとって不可解以外のなにものでもない。

草野裁判官は、宮崎・宇賀反対意見とは違うアプローチで、違憲判断を導きだす。すなわち、本件における憲法適合性の判断枠組みとしてどの方法が有用であるかについて立論したうえ、その際「国民各位の福利に還元し得ない価値」を考察の対象から排除して検討し、結局「選択的夫婦別氏制を導入することによって向上する国民の福利は、同制度を導入することによって減少する国民の福利よりもはるかに大きいことが明白であり、かつ、減少するいかなる福利も人権又はこれに準ずる利益とはいえない」以上、「選択的夫婦別氏制を導入しないことは、余りにも個人の尊厳をないがしろにする所為であり、もはや国会の立法裁量の範囲を超えるほどに合理性を書いているといわざるを得ず、本件各規定は、憲法二四条に違反していると断ずるほかない」とする。

夫婦の氏の定め方に関して単に複数ある制度の選択の問題として捉えた場合には、一歩間違えると、立法の裁量とされてしまう危険性があるけれども、現行の夫婦同氏制がまさに「氏の変更を強制されない自由及び婚姻の自由」という根幹たる人権の侵害如何が問われている状況のもとでは、こうした比較

衡量論もひとつの手法として是認できると考える。ただし、草野裁判官は、おそらく、宮崎・宇賀反対意見に異論を唱えるのではなく、これに従ってもよかったのであるが、最高裁判事の職責に照らしあるいはその矜持から、同調意見よりも別の観点からの反対意見を表明しようと思われたのではなかろうか。

(4) 九仞の功を一簣に欠いたといえる三浦意見

注目すべきは、三浦裁判官の意見である。同裁判官は、先に紹介した最高裁平成二七年判決の木内意見にならい、夫婦同氏制それ自体の合理性ではなく、例外を許さないことの合理性を検討し、たとえば上記判決が指摘した同氏による家族の一体感について、このような実感は、相互の信頼とそれぞれの努力の積み重ねによって獲得されるところが大きく、各家族の実情に応じ、その構成員の意思にゆだねることから、夫婦同氏制に例外を許さないことの合理性を説明できないとするなどと述べたうえ、考察の矛先を夫婦同氏制が内包する性差別意識や、日本において夫の氏を選択する夫婦が圧倒的多数である背景などに向われる。そして、三浦裁判官は、家制度は廃止されたが、夫婦及び子が同一の氏を称する原則が定められたことから、氏は一定の親族関係を示す呼称として、男系の氏の維持、継続という意識を払拭するには至らず、固定的な性役割分担と、これを是とする意識が広まり、男性の氏の維持に関する根強い意識等とあいまって、夫婦の氏の選択に関する上記傾向を支える要因となっていると指摘する。

結局、三浦意見は、家族のあり方はきわめて多様化しており、家族の一体性や子（嫡出子）の利益などを考慮しても、夫婦同氏の例外を許されないという合理性は説明できないとして、民法七五〇条については違憲であることを明確に宣言した。三浦意見は、氏の決定に関する同条の立法のプロセスにも先に述べた性差別意識の影響を否定し難いとするなど歴史的な洞察も取り入れており、ジェンダー平等の視点に根ざした論証も明解で、読むものをして感動さえ与えるものである。しかるに、そのあとがいけない。すなわち、戸籍の編製、届書の記載事項など立法措置が講じられない以上、夫婦が称する届出を受理することはできない（法の定めがないのに、解釈によって夫婦別氏の選択肢に関する規範が存在するということはできない）として、抗告人の申立てを却下すべきものとした原審の判断は是認することができるとしたのである。それなりの理屈ではあるけれども、これについては、宮崎・宇賀反対意見が述べるとおり、「夫婦に同氏を強制し婚姻届けに単一の氏の記載を義務付ける部分が違憲無効であるということになれば、本件処分は根拠規定を欠く違法な処分となり、婚姻の他の要件は満たされている以上、市町村長本件処分をそのままにしておく裁量の余地はなく、本件婚姻届けについても（中略）届け出の日付での受理を命ずる審判をすべきことになる」と考える。なにより、三浦意見が結論として多数意見に賛成するのであれば、どうして民法七五〇条について格調高い違憲論を展開する必要があったのか疑問なしとしないのであり、九仭の功を一簣に欠くとの誹りは免れないのではないだろうか。

4　今後の展望

最高裁は、選択的夫婦別姓を希求する当事者の願いを再び退けた。「何度ボールを投げればいいのか」と申立人らが怒りの声をあげたのは当然であろう。学者では、「国会での議論が進んでいないなか、合憲判断がくりかえしなされたことで制度導入がさらに先送りされる懸念があり、社会情勢の変化を評価せず前回判決を踏襲したもので、不当な司法判断といわざるを得ない」とする批判的意見（棚村政行早稲田大学教授＝産経新聞令和三年六月二四日付け）がある一方、「今回決定で改めて前回判決の意義が大きいことが浮き彫りになった。夫婦別姓制度は、子の氏をどう決めるかとか、結婚している夫婦には世代を遡って議論をする必要があるなど混乱を招く恐れがある」として肯定的意見（八木秀次麗沢大教授＝産経新聞同）も存在する。前回の最高裁判決で違憲の立場をとった元最高裁判事でも、「基本的な人権が侵害されているのに『国会に任せる』のはおかしい。裁判所として『だめなものはだめ』と言うべきだった」と厳しく述べる山浦善樹弁護士（朝日新聞・同日付け）がいる一方、多数意見のうち三人の裁判官（深山、岡村、長峰）が「事情の変化いかんによっては、違憲と評価されるに至ることもあり得る」との指摘に着目し、「言外に、判例変更に含みを持たせている」とやや好意的な所感を述べる櫻井龍子氏もいるなど、受けとめ方は一様でない。

私は、はっきりいって今回の判決については期待を裏切られたという思いが強く、好意的な見方をとる気持ちにはなれないが、わずかに、その後に行われた第二五回最高裁判所国民審査の結果に希望を見出す。最高裁判事の信任不信任の判断材料は、選択的夫婦別姓に対する態度にかぎらず、労働事件での正規・非正規の格差是正、刑事事件での冤罪の救済に背を向けたかどうかなども含まれるほか、小法廷判決の場合には関与の有無が異なってくるので、従前は罷免率（罷免を求める票の有効投票に占める割合）を過大に評価するのは問題とされてきたが、今回は、夫婦同姓を重視するか別姓を認めるべきかという、有権者にとって身近で分かりやすい判断資基準が存在した。その結果、一一名の裁判官のうち、夫婦同姓強制を合憲とした四判事（深山、林、岡村、長峰）が罷免率順位の上位を占めたのである（毎日新聞令和三年一一月一六日夕刊による)。
こうした結果がどの程度当該最高裁判事の胸に響くかどうかは、もとより論証することはできないが、少なくとも「無視しえない声」として最高裁判事個々人の心に波紋を生じさせ、ひいてはそれぞれの人権感覚を研ぎ澄ますことになれば、自民党保守派の存在により動きの鈍い国会よりも先に、最高裁において画期的な判断が下されるのではなかろうか。

(日本裁判官ネットワーク編『希望の裁判所』LABO、二〇一六年一二月に加筆訂正)

2 面会交流調停・審判の運用はどのようになされるべきか
――やや随想的に（元裁判官の感想的意見）

1 はじめに

私は、平成二三（二〇一一）年九月末裁判官を定年退官したが、裁判官生活の最後の五年半に先立つ平成一一年四月から平成一八年三月までの一〇年間、家裁専属の裁判官として勤務した。その一〇年間のうち当初の三年間は遺産分割部に属して、もっぱら遺産分割あるいは遺留分減殺事件を担当したため、一般家事事件については「耳学問」でしか接するしかなかったが、あとの七年間は一般家事事件のすべてにわたり実務に従事した。それが長いといえるか、あるいはその程度にすぎないかはともかくも、その間、家事紛争の多様性、複雑性、困難性を身につまされるほど経験した。

そのなかでも、紛争の解決の難しさをいやというほど知らされたのは子の監護をめぐる事件、なかんずく面会交流をめぐる紛争である。そして、これが最近になってますます複雑困難化し、あるいは尖鋭化深刻化の度合いを増大させ、その結果、より一層家事担当裁判官の頭を悩まし心を痛めさせていることは、家事実務の泰斗である梶村太市元判事がまとめられた『裁判例からみた面会交流調停・審判の実務』[1]で紹介された裁判例を通覧するだけでも明らかであるし、研究会等で現職の家事担当裁判官からも異口同音に語られることである。

こうした、現時点で最も多様性を有し、かつ複雑困難といわれる面会交流の調停・審判事件において、どのような運用を心掛けるべきか、特にこうした事件では、最近とみに喧伝されている「面会交流は原則的に実施すべきである」との準則があるものとして調停・審判に臨むのが相当であるといえるのかどうか、それを検討するのが筆者たる私に与えられた課題である。しかしながら、すでに、家事実務を離れて八年以上を経過した現在、現下の調停・審判実務の実情を正確に把握しきれているといえないばかりか、児童心理学はじめ人間関係諸科学の最近の知見にほとんど不案内であるので、結局は、自分のわずかばかりの経験に即した感想の域を出ないものにならざるをえない。このことを最初にお断りしておきたいし、それゆえ、参考文献等の挙示も必要最小限にとどまることを了解願いたい。

2　面会交流権は実体的権利か

(1)　裁判例のすう勢と学説の概観等

面会交流（しばらく前は「面接交渉」といわれた）をめぐってはすでに多くの裁判例（家裁審判、高裁決定及び最高裁決定）が集積しているが[2]、学説も百花繚乱の趣があり、必然的に関連する面会交流の権利主体も絡みあって、さまざまな議論が展開されている。誤りを恐れずにいうと、近年は、裁判例では、「可能な限り子が父母双方との交流を維持することが子の人格形成と精神的発達に資する」という学問的成果を前提として、面会交流に権利性を認め、原則的に面会交流を認めるべきだとする潮流にあることは否定できないし、一方、学説も、紆余曲折を経つつも、最近では、面会交流権を子の権利であるとともに親の権利でもあるとする複合的権利説ないし両性説が有力になりつつあるといわれている。[3]もちろん、裁判例のなかでも、権利性を明確に否定するものもあり（梶村・前掲注1）裁判例【六】大阪高決昭和四三年一二月二四日）、梶村元判事は、明確に、かつ一貫してこれを否定する代表者のひとりである。

こうした趨《すう》勢のなかにあって、平成二四年四月一日施行の改正民法七六六条は、父母が協議離婚するとき非監護親と子との面会及びその他の交流については協議で定めることとしたうえ、その場合、子の利益を最も優先して考慮しなければならないと明示した。もともと面会交流についてはこれを認める明確な規定がなかったことから（周知のとおり、最決昭和五九年七月六日（梶村・前掲注1）裁判例【二五】が面会交流の実定法上の根拠は民法（旧）七六六条であるとし、訴訟で取り扱うべき権利義務の問題ではなく、家裁で決めるべき家事審判事項であるとしていた）、実際の協議離婚において面会交流について明確な取決めがなされないことが多かったため、児童の権利利益を擁護する観点から、離婚の際に面会交流について何らかの取決めがなされることを推進せんとする動きを受けて立法化されたことは明らかである。[4]しかしながら、立法化されたといっても、その改正は上記条項の限度にとどまり、韓国民法（八三七条の二第一項）のように明確に権利として認めたような文言は取り入れられなかったことからして、結局は、最決平成一二年五月一日（梶村・前掲注1）裁判例【四七】）の立場、すなわち、「面接交渉権といわれているものは、面接交渉を求める請求権ではなく、子の監護のために適正な措置を求める権利である」（杉原則彦「婚姻関係が破綻して父母が別居状態にある場合に子と同居していない親と子の面接交渉について家庭裁判所が相当の処分を命ずることの可否」ジュリ一一九九号八六頁）とする考えを踏襲したものというほかない。

したがって、法律論からすれば、改正民法によっても、面会交流権は未だ実体法上の権利と認めるのは困難であるといわざるをえないが[5]、その後においても、裁判例のなかには、面会交流権を権利と解しているとみるしかない説示が散見され、学説も少なからず、その「権利」の意味をどのようにとらえるかは別として権利性を認めることを放棄ないし断念していないところ[6]、これらに対しては、梶村元判事から従前にもまして厳しい批判がなされている現況にある。

(2) 私の見解

面会交流は、これが子どもの意思に合致しつつ円滑に行われる場合、子にとってその福祉や利益に資することは明らかである。裁判官にかぎらず同事件に携わる者は、たとえば試行的面会交流で、非監護親と久しぶりに会った子が当初はためらいがちで、非監護親の問いかけに対し軽くうなずく程度にすぎなかったのが、まもなく心を少し開いて非監護親と会話を交わし始め、さらには一緒に遊びに興ずるようになり、また身体を接触させるなどして喜びを表すに至る場面をマジックミラー越しであれ現認した体験をすると、面会交流は当然に実現してしかるべきだと思うであろう。そして、面会交流を求めている申立人（非監護親）には、格別問題性がうかがえないのに、求められた相手方（監護親）において、結婚生活を破綻に至らせたのは申立人にほかならないという認識（この認識の正否はここでは問わない）のもと、その申立人に対する怒り、憤まん、憎悪、反発等の否定的感情が面会交流拒絶の最大理由であると判断した場合、この面会交流は当然に認められるべきであると考えるのが常であろう。おそらくは（話を単純化しすぎているきらいはあるが）、裁判所に持ち込まれる面会交流に関する紛争について、そうしたイメージが先行することもあって（私自身なおそうしたイメージから完全に自由でない）、面会交流権に権利性を認めるべきだとする考えを抑え難いのは否定できない。

しかしながら、前記(1)に見たとおり、立法府において権利性を認める機会がありながら結局は改正民法七六六条に権利性を認める内容を盛り込まなかったのであるから、面会交流を求める権利を実体的権利として見ることはできない。したがって、非監護親が、監護親との協議や家庭裁判所の審判以前において、子に対する面会交流権を当然に有するとまでいうことはできないように思われる。

もちろん、「面会交流権」が前掲最決のいう「面会交流について協議を求める権利」と理解するにせよ、監護親との協議成立や裁判所の判断の確定までは、「ある特定時期にある特定場所で、かつ特定の態様で子に会える」という具体的な権利まで有するとはいえない、というにすぎず、審判申立がなされた以上、裁判所としてはその申立てを拒否できず、早晩実体的判断を下すべき拘束を受けるのであるから、実務的には大差はないというべきである。

3　「面会交流は原則的になされるべきである」か、どうか

(1)　原則実施論の是非を問う実益

面会交流が実体的（実定法的）権利であるかどうかはともかくも、子と非監護親との面会が円滑になされることが望ましいことはいうまでもない。

ところで、審判例においては、「子の福祉のため親子の面会交流の実施は不可欠である」とか「原則として認めるべきである」との説示がなされることが多く、昨年（平成二五年九月二八日）関西で行われた研究会でも、現職で家事事件に熟達されている渡邊雅道判事から、「面会交流の現況と課題」という題のもと、面会交流の拒否についての基本的姿勢としては、「子が幼児期からの成長過程において両親に監護されてきた場合、離婚後においても非監護親が子との面会を維持し、子が父母双方と良好な関係を持ち続けることが子の精神的な安定や自我の成長にとって重要であるから、面会交流の実施が子の福祉に反することが明らかな場合を除き、これを禁止することは相当ではない」との立場をとるべきだとの報告がなされたが、これに対して明示的に反論された裁判官はいなかった。

こうした面会交流原則実施論に対して、梶村元判事は、当然ながら反対され、ときにその筆鋒は厳しすぎる感があるほどである。面会交流原則実施論が面会交流権の権利性を肯定することから直接導き得るという立論であればそれは正しくないし、権利性を認めない立場をとるけれども原則的に面会交流を

認めるべきだとするのは、論理的にやや無理であるのみならず、除外事由とされる「子の福祉に反することが明らかな場合」が必ずしも定型的でなく、すぐにでもいろんな事情が考えられることからして、「原則実施すべき」といっても、きわめて規範性の強いものとみるのには無理があろう。

　例を挙げよう。わが国で最初に面接交渉を認めた審判例として知られるのは、周知のとおり、離婚後再婚事案で（梶村・前掲注1）裁判例【一】【二】）、その内容をみると、不和別居時から離婚時までは長男（六歳）を監護していた母が、調停離婚で親権者になった父に対し面接交渉を求めた（父及びその代理人が離婚後いつでも子と面会させると約束したかどうかについては争いがある）というもので、父が再婚し後妻の連れ子二名と養子縁組をし、長男（後妻とは縁組していない）との五人家族で生活を始めたというケースにおいて、原審家裁が毎月一回の母子面接交渉を命じたのに対し、抗告審は、非監護親は他方の親権・監護権の行使との関係で制限を受け、後妻に懐いている現況下では子の精神面における健全な成長を阻害するとして、面接交渉を認めなかったというものである。このような離婚後再婚事案でも、原則面接実施というべきなのか、「離婚後監護親再婚」という往々みられる事情を織り込んで「原則」を後退させるのか、判断は必ずしも容易でない。[7]

　要するに、面会交流原則実施論も、常に、そのあとに「子どもの福祉に反しない限り」という制約文言を用意しているのであって、子どもの福祉を阻害するその具体的要件が主張され、これが争点となることが予想でき、当然ながらすぐにその点についての審査がなされなければならないのであるから、結局のところ「子の利益を優先させる」点では遜色ないのであって、実益の高い議論とは思われない。そして、子どもの「福祉に合致する」とか「子どもの利益を阻害する」とかのフレーズが最も重要な役割を果たすのは、積極消極を問わずその結論部分に対する理由付けとしてなされる部分であるから、仮に、原則実施論に沿う文言が冒頭に現れてきたとしても、それは、当該事案において、望ましい面会交流が可能であるならば早く実現させたい、あるいはぜひとも実現させるべきだという裁判官（裁判所）の希求の念、ないしは面会交流に対するひとつの理念の表明とみることはできないだろうか。

(2)「原則実施すべきである」とする説示の背景

ところで、私自身は、家事審判書や抗告審決定書において、たとえば、「監護者と非監護者との間に感情の対立があることは明らかであるが、監護者と非監護者とは現時点ではなお夫婦であり、子らにとって、非監護者は、最も身近な男性モデルとしてその姿・行動等を見つつ成育するべき存在であるところ、これが両親の別居という不幸な状態に立ち至った現在であればなおさら、離れて暮らす非監護者と出来る限り交流して多様な経験を積むことが重要であり、そうとすれば、子の福祉を害するような事情のない限り、面接交渉を実施することが相当である」というように、原則実施論に立つような言い回しを使ってきたことは間違いない。しかしながら、正直に告白すると、面会交流の許否の判断の順序として、「特別な事情がない限り面会交流を認めるべきである」との判断をまずしたうえ除外事由の有無を判断したのではなく、調査官作成の報告書を含めた記録の閲読及び当事者双方の審問を実施するなかで、一切の事情を総合的に検討して「認めるべきかどうか」の判断をしたように思う。

要するに、除外事由を抗弁事実としてはとらえなかったように思うのだが、そもそも民事訴訟における財産請求のような枠組みで許否を検討すること自体問題といえよう。[8] つまり、結論は総合的判断であり、理由付けとしてむしろ原則実施論に沿うような言い方をしたにすぎない。

4　面会交流調停事件の運用について

(1)　離婚調停における面会交流の取扱い

しばらく前までは、子どものいる夫婦の離婚調停において問題になったのは、①離婚に合意するかどうか、②離婚の合意のめどがたった場合に、いわゆる離婚給付（財産分与、慰謝料、解決金）を認めるかどうか、③そして子どもの親権者をどちらの親とし、仮に親権者（監護親）から非親権者（非監護親）に対し子の養育料を求めた場合、その額はどの程度が妥当か、の各点であり、調停委員会はこれらについて合意のあっせんを行っていた（いわゆる合意あっせん説）。子どものいる夫婦であるからといって、非親権者が親権者に対し、面会交流を明示的には求めない場合も少なくなく、そのような場合、調停委員会としては、あえてこれをとりあげることなく、いわば不問にして面会交流に触れないまま、離婚調停を成立させていたのである。

しかし、平成二四年の民法七六六条の改正により協議離婚の場合でも面会交流について何らかの取決めをなすようにとの方向づけがなされたのであるから、裁判所が関与する調停離婚においてはその点についての促しをなすことは当然である。ただし、よくあるケースとして、監護親となるべき母親が離婚を急ぐあまり非監護親からの面会交流の要求を安易に（あるいは心裡留保的に）認め、調停離婚成立後に面会交流条項が反故にされることがあるが、そういう事態は極力避けなければならない。最近になって「夫婦関係の解決よりまずは親子問題の解決を」と、なにより子どもの福祉を優先すべきであるとの主張が強くなされるようになり[9]、もとより正論というべきであるが、現実のＤＶ事案などにおいて、とにもかくにも離婚をしたいという妻の切実な要求も無視できないのであって、早期に離婚を成立することにつき双方で意思の合致がある場合にはとりあえず離婚だけ成立させ、面会交流についてはあえて触れないという選択もあり得るであろう。

(2) 面会交流調停の進め方

離婚後の面会交流調停の場合には、すでに多くの家庭裁判所において、「非監護親と子との面会交流は基本的に子の健全な育成に有益なものであるとの認識の下、その実施によりかえって子の福祉が害されるおそれがあるといえる特段の事情がある場合を除き、面会交流を認めるべきとの考えが定着している[10]」との前提で、それに沿った「面会交流の進め方チャート図」なども作成されているようである[11]。

面会交流原則実施論についてどのような立場をとるにしても、調停について合意あっせん説に立つかぎり、上記実務の進め方自体については格別の異論はないであろう。また面会交流原則実施論に立つにしても、面会交流につき拒否的態度を示す監護親に対して、いきなり、「原則的に実施すべきものですので会わす方向で検討してください」と説明すれば、かえって監護親の反発を招き、調停委員会に対する不信感や警戒心を助長させるだけであるから、相当でないことはいうまでもない。

(3)　調査官関与の重要性

面会交流の是非が調停事件として俎上にあることは、すなわち、面会交流について「子の福祉が害されるおそれがある何らかの事情」の有無が問題になっていることを意味し、早晩調停委員会だけでは対処しえない状態に至ることが十分に予想される。したがって、家庭裁判所調査官に早い段階からの期日立会いを求めるとともに、子の拒否が問題になるときは、子の心情又は意向調査を命ずることが不可欠となろう。家庭裁判所調査官の児童心理等人間関係諸科学に係る専門性や、かぎられた時間や場所での調査の持つ限界等について、さまざまな批判があるけれども（筆者自身もっぱら法律分野でしか生きてこなかったので軽々にいうことはできないが、最近の調査官研修の内容や充実度をみると、かなりのレベルに達しているのではないかと推量する）、それについては、筆者の能力を超える問題であるので、ここでは立ち入らない。

(4)　同席調停のすすめ

面会交流は、非監護親と子が直接会うというその様態からして、これを円滑に実施するためには、監護親の協力が必要であることはいうまでもない。したがって、調停の当初はともかくも、面会交流を実施する方向で合意するに至った場合には（時には、それ以前においての実施の是非についての話合いでも）、同席調停によって納得のいくまで話し合い、面会交流の実施条項をまとめていくべきであろう。

私が離婚調停を担当していたころでも、すでに「相手の顔をみたくない」あるいは「相手が呼吸をした部屋には入りたくない」といって、同席調停など論外で別席調停あるいは別室調停を望む当事者が増えてきた実感を抱いたが、面会交流のように今後も引続きともに子と関係しつつ各場面において相互に協力する必要がある紛争類型で、同席調停による話合いや協議もできないようでは「将来が思いやられる」のであって、当然、同席調停を実施して面会交流が確実に履践される基礎を固めるべきである。[12]

(5) 第三者機関の援助

高葛藤ケースなどでは、せっかく調停を成立させても具体的な実施の調整等を監護者と非監護者の直接交渉に委ねると、些細な行き違いからあつれきが再燃して面会交流の実施が頓挫することになりかねない。当事者双方が、そうしたことを危ぶみ、今後の面会交流の円満、安定的かつ長期継続を願って、第三者が関与することに合意するなら、もとよりその旨の条項をいれるべきであろう。ただし、公益社団法人家庭問題情報センター（FPIC）などを利用するには適格性の要件審査や相応の費用負担も必要であるから、[13]調停条項を綿密に詰めておかないと当事者の翻意により、いとも簡単にせっかくの努力が水泡に帰す危険性があることに留意しなければならない（なお「第三者機関の関与」を審判でうたう例も少なくない（一例として（梶村・前掲注1）裁判例【七二】東京家審平成一八年七月三一日）が、筆者自身は消極である）。

5　面会交流審判事件の運用について

(1)　審判事件の限界

いきなり審判事件として申し立てられた事件でも、裁判所はこれを調停に付することが多いから、ここにいう審判事件は、調停が不成立となったことにより「審判」として登場する事件をいう。

しかし、面会交流事件が審判事件として対処しなければならないことは、すでにして「難件」になっていることを意味し、前途に暗雲が立ちこめているといってよい。なぜなら、面会交流は、仮に申立人が審問や調査の結果を経てこれを認める旨の審判を得たとしてもそれだけでは「審判書」をもらえたというにすぎず、相手方たる監護親の協力がなければ非監護親の満足のいく十全な面会交流は不可能なのである。仮に前記のとおり推奨した同席調停を経ても合意がなし得なかったということは、根本的に相容れない対立要因を抱えていることを意味するのであって、認容する審判が出ても、その協力を得ることが容易ではないことは推測するに難くない。もちろん、なかには、調停でかなりの時間を費やしたにもかかわらず最後まで両者の主張の隔たりが大きくて不成立となった案件で、原則的実施論を採用したわけではないがやはり面会交流をするのが望ましいとして認容した審判が、予想に反して監護親からの抗告がなくて確定したというケースもないではないけれども、数としては少なく、裁判官時代の実感としては、当事者の言い分に耳を傾け、調査官調査にも相応の時間をかけて、子どもの利益にも十分に配慮して、自分なりに精魂を傾けて審判書を作成しても、審判書送達後数日をおかずに抗告されたことを聞いて落胆するということがほとんどであったといってよい。抗告が必至という状況で審判を書くのは精神衛生的には負担面が大きいのであって、かなえられるのであれば、面会交流自体を却下された事案はともかくも、相応に認められた事案においては申立人（非監護親）はもとより、相手方（監護親）の方もそれなりに尊重し、仮に双方に代理人がついている場合などでは、家裁の（一部）認容審判が出た時点で、同審判を基礎にした話合い解決を目指すあり方があってもいいのではないだろうか。

(2)　調停成立の可能性を最後まで探る

先に述べたように、面会交流事件においては審判では真の解決が難しいのであるから、裁判官としては、最後まで調停成立の途を諦めてはならない。当事者双方から審問を終えたあと「絶対に合意は無理なのですみやかな審判を望みます」といわれれば、万策尽きるわけだが、監護親の拒否事由が「子どもがおそらく会わないでしょう」とか「子が非監護親に嫌悪感なり恐怖心を抱いていて実質的な面会交流になりようがない」などというのであれば、ともかくも、ベテランの家庭裁判所調査官が立ち会っての試行的面会交流の実施までこぎ着けるべきである。

私が在官中経験したのでは、監護親が面会交流に消極であったところ、裁判所の説得でなんとか試行的面会交流をしぶしぶ了承したものの、週日はとても無理なので土曜日曜にしてほしいという難題を出してきたことがある。私は家庭裁判所調査官と協議のうえ、開庁日でない土曜日に裁判所の近くの公園で調査官立会いのもと試行的面会交流を実施した（不測の事態に備え筆者が裁判官室で待機した）ところ、案外うまくいき、監護者も折れて無事面会交流を認める調停成立に至ったという事例がある。そのほか、当事者双方とも、普通の面会交流だけだと時間がもたないというので、監護親と子どもが食事をしているところに非監護親と家庭裁判所調査官が登場して（もちろん子どもには不意打ちにならないよう相応の準備作業をしたうえである）、食事をともにするという、最近ではおそらく推奨されない形態の試行的面会交流を行ったことがある。そのケースでも調査官の尽力が効を奏して調停成立にたどりついたが、概していうなら試行的面会交流の効果は顕著であって（もちろん失敗例もあるが）、場合により回数を重ねることにより、互いに信頼感が醸成され、合意成立の運びとなることも少なくない。

要は、審判で面会交流を認めても理想的な面会交流の実現は困難であるとの認識に立って、当事者間の合意成立に向けた努力を最大限なすべきである。

(3) 審判結果の尊重について

最大限合意あっせんの努力をしても合意に至らない場合、審判を下さざるをえない。裁判官がここで直面する規範は、結局のところ、「子どもの福祉ないし利益に適合するかどうか」であり、極言すれば、比較基準説（請求原因説）をとるか明白基準説（抗弁説）の対立は背景に後退すると考えるが、すでに述べたところと重複するので、面会交流審判の主文の記載方法等を含め、割愛し、ここでは、家裁でなされた審判の尊重ということを提言したい。

先にも少し触れたけれども、面会交流は子どもを巻き込んでの紛争、というより健全な子どもに育ってほしいという願いの込められた紛争である。なにより迅速な解決が求められる。家裁の審判が出た段階では、まだ一審にすぎないということで、不満な結果になった当事者はすぐにも抗告するのであるが、面会交流事件の上述した特質に鑑みると、無用な抗告を避け、とりあえず、当事者には家裁の審判の結果をできるかぎり尊重するというスタンスをもってほしい。抗告審を担当した経験からいうと、面会交流の原審判は、ほとんど、監護親と非監護親双方を審問し、子に会った家庭裁判所調査官から子どもの率直な感想や意見をつぶさに聴取し、そうした結果を踏まえて「子の利益」を十分に考慮したうえで結論を出しているように思えるのであって（もちろん中にはそうではない審判があることも否定しえないが、その数は少ない）、基本的に尊重していいのではないか、と考える。[14]

要は、先にも述べたが、家裁の判断が出た段階で、関係当事者がその審判をベースに、当該事件について その時点で考えられる最良の解決策を検討して合意点を見出し、それを実践することが子どもの福祉にとって必要なことではないだろうか。

1　梶村太市『裁判例からみた面会交流調停・審判の実務』（日本加除出版、二〇一三年）。

2　横田昌紀＝石川亨＝伊藤彰朗＝加藤幸＝吉永希〔横浜面会交流研究会〕「面会交流審判例の実証的研究」判タ一二九二号五頁、梶村・前掲注1）参照。その後の著名な裁判例として、面会交流審判について、頻度等、受渡場所、受渡し方法について審理不尽があるとして原審に差し戻した東京高決平成二五年七月三日判タ一三九三号二三三頁などがある。もとより現実の審判は公刊物で紹介された以外にも日常的に多数出されていて、その全容を把握するのは困難である。

3　栗林佳代『子の利益のための面会交流』（法律文化社、二〇一一年）四四頁。

4　改正経緯については細矢郁＝進藤千絵＝野田裕子＝宮崎裕子「面会交流が争点となる調停事件の実情及び審理の在り方―民法七六六条の改正を踏まえて―」家月六四巻七号四頁以下に要約がある。

5　最高裁は、たとえば夫婦同居に関する審判の合憲性が争われた事例において、「家事審判法の審判は夫婦同居の義務を確定する趣旨のものではなく、同居義務の存することを前提として、その同居の時期、場所、態様等について具体的内容を定める処分である」「前提たる同居義務自体については、公開の法廷における対審及び判決を求める途が閉ざされているわけではないから、審判手続は合憲である」と判示した（最決昭和四〇年六月三〇日民集一九巻四号一〇八九頁）。そして、その他の事件類型に対応してなされた同旨の最高裁判例によって、非訟事件において、当然に実体的権利義務があることを前提として、裁判所が裁量権を行使して権利義務の内容を具体的に形成するとした枠組みができあがった結果、家事非訟事件の権利性を認める判例理論が実務に定着したのであるが（若林昌子「面会交流事件裁判例の動向と課題」法律論叢八五巻二・三合併号三八七頁）、具体的に形成される以前の権利をも「実体的権利」として出発点がその後の議論の混乱を招いたように思われる。なお、高橋宏志「夫婦同居に関する審判の合憲性」別冊ジュリ「家族法判例百選」（七版）一四頁参照。

6　面会交流を親の義務の視点から捉えることの重要性を指摘されるのは二宮周平教授である（『家族法』（新世社、第四版、二〇一三年）一二四頁）。同教授は次のとおりいわれる。「基本的には面会交流は子の権利であり、この権利に対応して、別居親には子と交流する義務があり、同居親には子と別居親の交流を保障する義務がある」「子を扶養する義務が離婚後も継続するのと同様に、別居親も潜在的にはなお親権者であり、離婚後も子の監護教育にかかわる義務がある」「自分から交流を求める場合には、監護教育義務の履行なのだから、子の福祉に適うように配慮する義務を負うのである」子の権利性、親の義務制を強調される点においてもちろん異論はないが、その分、「面会交流権」の実体的権利性は弱めざるをえないであろう。

7　本多智子判事は調停委員に対してなされた講義において、監護親が再婚して新しい家族ができていることは、再婚家庭の安定が子にとって大事であることを考慮するにせよ、それだけで禁止・制限事由に当たるとは考え難いとされている（「家事調停における当事者の納得と家裁への信頼」調停時報一八八号一二頁）。一方、月一回の面接と年二回の宿泊付面接交渉を認めた原審判（梶村・前掲注1）裁判例【六八】京都家審平成一七年八月二四日）のあとに父が再婚しその再婚相手と子が養子縁組をした場合に「新しい家族関係を確立する途中であることに鑑み」宿泊面接を認めなかった抗告審決定（裁判例【六九】大阪高決平成一八年二月三日）、将来の面接に備えて写真送付を命じたものの直接面接を否定した京都家審平成一八年三月三一日（裁判例【七一】）などがあるほか、従来の裁判例では原則として制限される傾向にあるとの指摘もあって（裁判例【六九】の判批として山田美枝子「家事裁判例紹介　面接交渉の認否と方法についての判断基準――四つの事例」民商一三七巻一号八四頁）、原則的実施が望ましいかどうか疑問が残る。

8　なお、二宮教授も、「子を監護する側がこの例外的な事情（子の福祉に反する事情＝筆者注）を証明できない限り、面会交流を認めるといった要件事実的な捉え方をすべきでない」と叙述されたうえ、梶村元判事の『家族法学と家庭裁判所』（日本加除出版、二〇〇八年）二六八頁を援用されている（二宮・前掲注6）一二五頁）ので、その点では一致している。

9　若林昌子「離婚関連紛争の解決を支える司法制度と当事者支援」（平成二六年二月一五日大阪弁護士会主催第二六回司法シンポジウムプレシンポでの講演）、なお、離婚紛争において面会交流紛争へ弁護士が対応することの重要性を指摘する感銘深い論考として、片山登志子「面会交流紛争における弁護士の役割及び家事事件手続法施行による面会交流紛争への影響に関する考察」（『日弁連研修叢書　現代法律実務の諸問題［平成二五年度研修版］』所収）。

10　この点に関し、田中由子元判事は、かつての実務は子の心理的葛藤への配慮等から面会交流に慎重であったが、最近では、面会交流が子の発達に及ぼすより影響が多くの論文等でも紹介されるなどするようになったとしたうえ、非監護親と継続的な交流を保つことで、子はどちらの親からも愛されていると感じ、親との離別というつらい出来事から立ち直ることができるという面会交流の意義からすると、明らかに子の福祉を害するような特段の問題がなければ、面会交流の実現を目指すことになろうとされている。「子をめぐる家事事件の審理と運営について―初めて家事事件を担当する裁判官のために―」（家月六二巻四号一頁）三四頁以下。

11　本多・前掲注7）論文四頁。同チャート図によれば、①実情を把握する、②面会交流の意義、目的についての理解を得る、③禁止・制限事由の有無を把握する、④実施方法を決める、の順で調停を進めることとされている。

12　（梶村・前掲注1）二八七頁。なお小田耕治元判事は、現家事調停委員の立場から、家事担当の弁護士に対し、家事調停一般ではあるが同席調停（実質的には同席聴取）の重要性を熱く論じられている（「月刊大阪弁護士会（特別編成号）」二〇一四年八月一九頁）。

13　ＦＰＩＣの活動については、たとえば、山口恵美子「ＦＰＩＣによる面会交流援助」棚村政行編著『面会交流と養育費の実務と展望』（日本加除出版、二〇一三年）所収、ＡＤＲ四年間の歩みと課題・冊子編集委員会編『夫婦間紛争とＡＤＲ：対話促進型調停を目指して：大阪ファミリー相談室ＡＤＲ四年間の歩みと課題』（家庭問題情報センター大阪ファミリー相談室、二〇一四年）。

14　筆者が構成員としてなした抗告審の決定（抗告棄却、公刊物未登載）で、そのような趣旨の説示をなしたことがある。やや特殊なケースであるが、従前の経緯（特に子どもの消極的意向）に照らして年二回の日帰り面会交流のみを認めた原審に対して抗告人（非監護親）がより頻回の面会を求めた事案で、「抗告人は、年二回にとどまらず、より頻回にわたる面接交渉を求めるものであるが、審判で決定された面接交渉の頻度・内容は相手方にその履行を余儀なくさせる最低限度のものにすぎず、仮に、抗告人と子が面接交渉を重ねる中で、子が抗告人に対して年二回を超える回数の面接交渉を希望するに至れば、そうした事態を歓迎こそすれ、その実現を阻むものでは決してない。したがって、抗告人は、自らの希望だけを一方的に主張するのではなく、当面は原審判に従ってそれに沿う面接交渉を行い、それをしばらく続けるなかで、子から、その日常生活、抗告人に対する気持ち、さらには面接交渉自体に関する感想や希望を聴き、基本的にはそれを尊重しつつ、自らの希望との調和点を見出す努力をして、面接交渉の充実、発展を図っていくのが肝要であると思われる」と説示した。抗告人の納得を得られたかどうかは不明である。

（梶村太市・長谷川京子編著『子ども中心の面会交流』日本加除出版、二〇一五年）

1　現職裁判官が語る裁判員制度（講演）

はじめに――男子マラソンのお話から

皆さん、こんにちは。京都家裁の裁判官の森野と申します。以前から、日本でも陪審制度が導入されればいいなと思っていて、現職ながら、「陪審制度を復活する会」の活動に参加してきました。

きょうは二〇〇四年九月で、夏休みが終わったばかりですが、この夏休みは、アテネで開かれていたオリンピックの中継を結構見ました。最後のマラソン、なかなか面白かったですね。その男子マラソンでハプニングがあり、トップを走っていた人が妨害されました。あの場面、犯人が捕まって、どうなるかなと思っていましたら、すぐ翌日くらいには判決が出て、釈放されました。皆さん、あの妨害場面をご覧になってどのように思われましたか。

私はギリシャの法律や裁判制度を全く知りません。しかし確信的な犯行ですから、それなりの審理をし、少なくとも懲役か禁錮かはともかく三〜四か月程度の実刑になるのではと漠然と予想しましたが、すぐに判決が出るなどとは毛頭思いませんでした。ところが、すぐに禁錮一年だけど執行猶予がついて、罰金が三〇〇〇ユーロ、四〇万円くらいの判決が出ました。その次の日のニュースでは、「刑が軽い」という人が結構いた、と報じていました。マラソンという晴れ舞台でトップを走っているランナーを妨害したのだから、もっと厳しくすべきではないかというのです。なかには、一生スポーツ観戦を禁止すべきではないかという意見もあったようです。私は、短期の実刑か、さもなければ五〇キロぐらい罰として走らせるのはどうか、あるいは五〇キロの倍の一〇〇キロぐらい走れと命じるのはどうかなどと考えたりしました。つまり走った人の苦労を分からせるような判決をしたらどうかと。実際は、ギリシャの「スポーツ競技に関する法令違反」という罪で罰せられたようですが、そうなると、その法律内容等について知らない私たちがその判決の当否をどうこういうことはできません。私がここでいいたいのは、ギリシャの、アテネでのああいう事件で、どういう量刑になるかというのは、一般市民である皆さんと裁判官である私とで、そんなに変わらないということです。

そうすると、今回のギリシャでの量刑は同国の裁判官が先例に則って決定したものであって、妨害男(意外にも元司祭だったようです)、オートレースで邪魔したという前歴はあったものの、前科といわれるものがなかったことから、そんなに重い量刑にならなかったのは当然かもしれません。しかし、これは何ともいえません。そういう意味では量刑というのは難しい。一方、少し深読みをすると、あんまり彼をそのままにしておくと、いつまで経っても人々の注目とか憎しみの的になってしまうのでそれではいかんと思って早いこと裁判をしてしまったかもしれません。これはあくまでも推測です。

マラソンの話をしたのには実はわけがあるのです。マラソンといえば、ボストンマラソンが有名です。

年配の方はよく御存じかもしれませんが、山田敬三といって、日本人が優勝したことがあり、私にはマラソン＝ボストンという連想から何年たっても解放されないのです。そのこともあって、あとで、ボストンに関連する話もしてみたいと思っています。

裁判官は「裁判員制度」をどうみているか

このたび、司法制度改革審議会が、刑事裁判について「裁判員制度」を採用することにしました。陪審制度の実現を希求していた私にとっては残念なのですが、決まった以上受け容れざるをえず、あとは陪審制度のいいところを取り入れ、理想的な裁判員制度を実現するためにどうすればいいかを考えなければなりません。

さて、皆さんは、この裁判員制度について、一般の裁判官はどう思っているのかということに興味なり関心を持たれるのではないでしょうか。私はいま家庭裁判所に勤務していますので、刑事裁判官と日常的に話をする機会がなく何ともいえないのですが、なかなか裁判員裁判に関する話が伝わってこない。まだ五年先ということもあるのかもしれませんが、熱っぽく議論がされるという状況ではありません。その理由としては、いまの裁判所は、基本的には民事裁判が優勢なのです。刑事裁判官になろうとして裁判官になる人は比較的少ない。裁判官を目指した理由について当然ながら皆が皆一致しているわけではないですが、大きくいって、いろんな紛争を解決したい、あるいは難しい法律問題、当然、事実認定と絡みますが、そういう法律問題や事実認定に絡んで裁判に取り組みたいということになると、民事裁判の方がやはり多様なのです。刑事裁判は、いまのところ、事実に争いのない事件がほとんどで、量刑だけが問題となることが多いのです。そうすると、これが一つの弊害ともいわれていますが、毎日毎日、起訴された公訴事実を認める事件ばかりで、そして覚せい剤とか、恐喝とか、強盗とか、まあ代わり映えのない事件を次から次にやることになります。もちろん最近では否認事件が増えて結構大変なのですが……。それはともかく、民事裁判では、一つ一つ争いのある事件で、証拠をにらみ合わせて事実認定したうえ紛争を解決するというのが通例になりますので、どうしても民事裁判の方に魅力を感じる人が多くなるのです。

そうすると、民事裁判に現実に携わる人が多く、そういう方は、刑事裁判にはあんまり興味が湧かず、裁判員裁判にもいまひとつ関心が向かないのです。一方、刑事裁判官の方は、多くの争いのない事件をやりつつ、難しい否認事件もやってきた。刑事事件の否認事件は民事とは違う難しさがあり、また誤判は民事以上に許されませんので神経を使います。皆さん御承知のように刑事事件では争われると、三年、五年、なかには多数の被害者が出て死刑求刑が必至の事案で有罪無罪が争われるともっと長期になります。こうした事件に取り組むのは大変ですが、それはそれでやりがいがあります。そのやりがいは、いわばプロの裁判官としての自負というか、矜持というか、難しい事件を、真摯に、よし私がこの際証拠を徹底的に吟味して真相を解明してやろうという意欲を持ってやることになります。そして、そのような事件は非常に難しいですから、いわばプロ同士で議論を闘わせ、あるいは精緻な理論を展開し、かつ、精密司法といわれますが、細かな点に及ぶ証拠調べをし、証拠のちょっとした違いを一生懸命探るということになります。そうすると、言葉は悪いですが、市民、素人はお呼びじゃなくなる。そういう世界にどっぷり漬かっている人たちの中に、市民が入ってくるということになると、市民の相手をするのがそもそも「しんどい」、あるいは「面倒くさい」という気持ちになります。それを思うと「裁判員裁判」に諸手をあげて賛成とはいかず、消極的になるのも無理からぬ面はあるように思います。

しかし、ここに来て、もう法律も通りました。そして、ことは裁判制度ですから、なによりこれは裁判所がやっていかないとどこもやってくれませんので、最高裁もいま必死になって、裁判所あげて裁判員制度を盛り立てようじゃないかという動きになりつつあります。だから、これから四年、五年の間に、裁判員制度に積極的な裁判官が育ってきてほしいなと思っています。だから、最高裁判所も、いままで民事裁判のほうにシフトといってはおかしいですが、裁判官を重点的に配置していたのを、将来、かなり近い将来ですが、刑事裁判官の養成、それも一般市民と話ができる、あるいは上手に説明する、そういう裁判官が必要だし、養成もする必要があるということで、つい最近でもいろんな機会に、当局の方から、いままで刑事裁判の経験が少なかった民事裁判官に対して「刑事裁判官」になりませんかという誘いを熱心にしている最中です。

そういうのがいまの裁判所の状況です。

それから、それじゃおまえさん自身どうなのかということをよく聞かれるのですが、私自身は、先ほど申し上げましたように、あるころからもう陪審裁判がいいということで、この復活する会にも積極的に参加して、それなりの活動もしています。だから、本来は陪審がいいなとは思っているのですが、残念なことにこういう裁判員裁判に裁判制度がなった以上は、これを現職の裁判官が真っ向から反対することはなかなか難しい。反対が難しいなら、いま考えられている「裁判員裁判」を「市民参加」の観点からみて少しでもいいものにするよう努力する方がいいのではないか、そのように考え、時に発言もし、こうした形でお話もしているわけです。

今回の裁判員裁判のいいところ

陪審裁判を復活する会のスタンスとしては、裁判員制度に一〇〇％賛成、もろ手を挙げて賛成ということはおそらくできないと思いますね、その内容からしても。しかし、私は今回の裁判員制度について、個人的には二ついいことがあると思うんです。

一般に、裁判に関与する市民の選び方のひとつとして、ドイツやフランスなどのように、ある種制限された階層とか、一回選ばれると継続として相当期間裁判にかかわるというやり方があるのですが、今回の裁判員制度で採用したやり方はそういうのではなく、無作為で抽選して選ばれるという方式です。この点はまさに陪審が採用している本質部分といってよく、そこは十分に評価していいと思っています。それが一点です。もう一点は、裁判員の数です。刑事裁判の経験が私などよりはるかに長く豊かな安原浩判事が、今年の一月の連続セミナーでお話しになったと思いますが、安原さんは裁判官二名で、裁判員が七名、あるいは八名、まあ七名ぐらいというふうにいわれていました。結局、裁判官は三名になってしまいましたが、一方で、裁判員の方は六名という、安原説には届きませんでしたが、当初のいわゆるコンパクト論とかに比べれば数が多くなりました。その点でも、私は辛うじて合格点をあげてもいいのではないかと、思っています。少なくとも現職裁判官としては、裁判員制度をむげに拒否するのではなく、充実したものにするべく盛り上げていきたいと思っています。

陪審法の成立過程について

ここで、せっかくの陪審制度を復活する会の連続セミナーですので、私が陪審について思うところを話させてください。

陪審やもうひとつの市民参加の形態である参審制度などについて議論をし、陪審の方がいいという場合に、昔日本にも陪審法、大正陪審法があったじゃないかということをよくいわれます。なるほどそれはそのとおりです。しかし、それは結果的には失敗というか、失敗というとちょっと語弊があるかもしれませんが、いまから考えるとある意味必然的な経過をたどって停止に至ったような気がします。

これはなぜかといいますと、これは三谷太一郎さんの著書『政治制度としての陪審制』(東京大学出版会、二〇〇一年)に書かれているのですが、日本にはもともと陪審はなかった、ところが明治になったときに、明治一〇年ごろ急に陪審がいわれ出した。なぜそのころいわれ出したかというと、当時、日本が取り入れようとしていた欧米諸国の司法制度に陪審制が定着していて、プロイセンの憲法にも重罪事件について陪審裁判によるべきだとの規定があったのです。それと、歴史の皮肉というか、そのころ西南戦争という大きな内乱があり、その前触れとして佐賀の乱いうのがありました。司馬遼太郎の『歳月』とか『翔ぶが如く』とか皆さんのなかにも夢中で読まれた方もおられると思いますが、私も大好きで読みました。あの中で江藤新平は、佐賀の乱を起こしましたが捕らえられ、あっという間に死刑にされてしまいます。そして死刑を命じたのはほかならぬ大久保利通で、彼は彼なりに考えがあったとは思うものの、一方の江藤新平というのはまさに日本の司法の一つの、ある種司法の骨太なところを作ろうとした人なのに、その彼を一瞬のうちに死刑にしたという問題があるのです。このとき、福沢諭吉は強く陪審裁判の必要を主張しました。これが三谷さんのいう第一の波なのですが、ところがこのころもう一つ日本では大変なことがありまして、不平等条約というのが存在していた。その不平等条約を改正しなければ世界に太刀打ちできない。そういうことが国の喫緊の要請としてあった。それで陪審というのは結局のところ日本の国内でのことだから、そんなことにいまかかずらうどころではない、不平等条約改正が先決じゃないかということで、そっちに行っちゃって陪審論が消えてしまったんです。それが第一の波なんです。

この話を聞かれていてお気づきになるかもしれませんが、この第一の波に一般の市民は登場しないのです。そもそも陪審というのは市民が主体となって裁判するのですが、その陪審の採択については市民が声をあげたわけでは全然ないのです。上に立つ人が陪審がいいのではないかというふうな感じで、出てきただけです。

それから、少し三〇年ほどの歳月が経過しまして、明治末から大正にかけての時代に移り、第二の波が起きますが、これがあとになって大正デモクラシーといわれるものです。それを起こすのは、御承知のとおり立憲政友会の原敬です。原敬は司法省でボアソナードに学んでいます。ボアソナードは原敬に陪審制がいいのだということを教えました。原敬は外交官としてパリに行ってボアソナードと交友を結びたいへん親しかった。そういう時に、日糖事件とか、大逆事件とか、いろんな事件が起こります。これについては、三谷さんの本ばかりじゃなくて、わたしたち「陪審制度を復活する会」が出しました『陪審制の復興』の中にも「第四部　陪審法の制定と停止の経過」という箇所にちゃんと出ています。その日糖事件などの汚職事件があるんですが、そういう事件がつぎつぎ起こります。そういう汚職事件などを取り締まるのはいいことではないかと皆さん思われるかもしれませんが、原敬からするとそれが問題なのです。というのは、原敬というのは政党人です。政党を盛り立てていって日本の政治を何とかしていこうという精神を持っていたのですが、一方の検察庁というのは、いまでいう司法権の独立というんですか、検察権の独立というか、あの当時は検察庁も裁判所も一体と考えれば、そういう司法省のまあ検察ファッショ、このままでは検察ファッショで政党がつぶされると考えたのです。そのためにどうしたらいいかということを原敬は考えて、そしたら、それに対抗するためには陪審しかないというふうに考えたんです。

それからもう一つ、このころ起こった事件に大逆事件（明治四三年）というのがあります。これは結果的には証人調べなしに死刑が行われてしまったんですが、その裁判は天皇の名において行われました。しかしながら、ここに当時の限界がありますが、天皇の名において行われる裁判にしても、いえそれゆえにやはりちゃんとした裁判でないといかんと彼は考えました。そのためには陪審をしなければならないということで、つまり、原敬は政党というものを生き続けさせるために陪審制を持ってきた。したがって、ここにも市民はいないのです。

この三谷さんの論文は、政治学者ですので、政治的な場面から光を当てていますので、そこだけをとるとちょっと極端になるかもしれませんが、そういう面があるのです。その後、原敬は途中で暗殺されて陪審法の成立の時には生きていなかったものの、その筋道は全部立てていたわけです。しかしその途中で、当初は「いい陪審」だったのですが、どんどん妥協していく。それは、枢密院という関所のごときものがあって、枢密院やほかの勢力と妥協しなければ陪審法が通らないのです。それで妥協に妥協を重ね、その結果、たとえば、陪審の答申に裁判官を拘束されないとか、あるいは陪審員の候補者の資格もある程度資力がないといけないとか、そういう後退した内容が盛り込まれました。したがって、ここにも、何度も繰り返しますが、市民からの盛り上がりというのは残念なことになかったのです。もちろんその後の経過を見ますと、政府のそれなりの啓蒙とか、裁判自体の持つ仕事の中身、すなわち人の生命、身体の運命を左右する厳粛な仕事という、仕事自体が持っている性質とか本質でそれなりの盛り上がりは私は持ちえたと思うのですが、残念なことに戦争という障碍もあって、それ以上発展するということにはなりませんでした。

なお以上の話の中で法律の制定と市民のかかわりに言及したのは、これがなかったことについて市民を責めるつもりは毛頭ありません。時代のすう勢により仕方のないことなのですが、今日の裁判員制度の制定過程をみるときの参考材料にはなると思ったので紹介しました。

司法制度改革審議会での議論など

一挙に現在に移りますが、それでは今度の裁判員制度、あるいは市民の司法参加はどうかというのを見てみたいと思います。

これもよく考えると、当初司法制度改革を言い出したのは財界ないし経済界から押されたというか、まあ指図を受けたというか、自民党なのです。それと経済界になると。経済発展のためには規制緩和路線でいく必要があり、そうすると、紛争解決は事後にはなるが、けれども迅速が必須となる。そういう関係から司法に手を付けてやろうと乗り出しました。だからいろいろと論じる間に、それぞれ広がりをもっていわば司法全体が改革の対象になってきたわけですけど、当初から市民の司法参加まで想定していたかどうか私には分かりません。ある人は司法界に少し問題があるからということで火をつけた、まあせいぜいボヤにするつもりだったのが、もう山火事になってしまったといわれるのですが、そういう側面があるんです。市民の司法参加なんて当初は全然念頭になかった。一方、別の面でこういうこともあります。例の司法制度改革審議会の会長というか座長に佐藤幸治さんという方が入られました。彼は憲法学者でもありますし、司法参加にも積極的でしたが、彼が一番力説したのはロースクールです。ロースクールというのも当初だれも考えていなかったといってもいいぐらいです。それがもういまはロースクールが始まっている。制度が変わるという時にはそういう要因があるのですね。それはちょっとおきまして、それじゃ国民の司法参加というのをどういうことからいわれたかというと、いろんな面がありますが、結果的には佐藤色が濃い形でとりいれられたと思います。

つまりいままでの国民は、残念なことに、選挙権は行使するけれども司法権については、検察審査会は別として、それ以外は駄目じゃないかと。国民よ、もうちょっとしっかりして下さいよと。しっかりしていないのは、要するにそこに参加してないことが大きな原因ではないか。それなら「しっかりする」

ために司法権に入っていく必要がある。つまりお上に任しているだけでは駄目だと、国家に対する過度の依存体質から脱却するようにと、これは言葉どおりですが、そういう意味で司法権にも国民が参加すべきだと言い出されたのです。

弁護士会の中では、一部の方が陪審制の採用（復活）をいわれて、陪審によって市民参加を図るべきだといわれた方も相当数おられます。復活する会もそうです。私などは、そういう意味では一番後からついてきた人間かもしれませんが、しかしそこでも、専門家は別として、一般市民がこぞって陪審を言い出した、という状況ではありませんでした。

そうした過程について、いまあれこれいうのは必ずしも適当ではありませんので省きますが、陪審制度は採用されなかったとしても少なくとも裁判に市民が入っていくことには間違いがないのですから、その市民の方こそ頑張ってほしいと訴えたいです。

ここで話題を変えますが、司法制度改革審議会の時には残念ながら名前がでませんでしたが陪審論の原点ともいうべき方に青木英五郎さんという方がおられます。朝日ジャーナルに書かれていた論稿を後に『陪審裁判』という本（朝日選書、一九八四年、朝日新聞社）という中にまとめられています。これはなかなかの名著ですが、青木さんは、やはり基本的に、裁判というのは権力者が行う裁判であって、普通の裁判はそんなに目くじらを立てる必要ないかもしれないが、権力という色彩が帯びる事件については、もっと注意してしかるべきだというスタンスを持っておられます。いろんな誤判例を挙げられて論議されています。時間の関係で申し上げませんが、その中には外国の裁判も引用されています。陪審の誤判事件として有名なサッコ＝ヴァンゼッティ事件とか、そのほか狭山事件とかいろんな問題がある事件について言及されていますが、最終的には裁判官の自白偏重とかいろんな点を攻撃されたうえ、それを根本的に改めるには、陪審しかないといっておられます。

私は青木さんとは直接お話ししたことなんかありませんが、石松竹雄さんなんかはよく御存じで、石松さんが現役でおられたころにバリバリでおられたわけですね。少し余談になりますが、私が初任で左陪席として刑事裁判を担当したとき、いまでいえばもう歴史的な存在といわれる方たちがまだ現役で、最後の法廷という形で、法廷に現れてこられました。もう三〇年以上も前ですが、そういう書物でしか知らない元裁判官が弁護士として、法廷で弁論されるのを見て、ああこういう瞬間に立ち会えたのは幸せだなと思ったことを覚えています。だから、そういうその人たちの、弁論での発言の一つ一つを覚えておこういう気持ちで法廷に臨んでいました。青木さんが最後の労働争議がからむ事件でおっしゃったのは、細かなことは忘れましたが、裁判官に対してですね、どうか「裁く論理」じゃなしに、「裁かれる側の論理」で裁いてほしいというのを最終弁論でいわれました。さらに青木さんは、職業裁判官にはどうしても不可避的に存在する問題点がある、限界があるといわれるのです。免田事件等の「死刑えん罪」事件がその典型例ですが、そのほかにもたとえば徳島ラジオ商殺し事件というのがあります。もう皆さん忘れられたかもしれませんが、これについては、秋山賢三さんが『裁判官はなぜ誤るのか』(岩波新書、二〇〇二年) のなかでも述べられています。裁判官というのは、論理的に見えて、論理的でないところがある。まあずるいところがあるんです。よく読まないと分からないところがあるんです。これは、本当は時間があればもっと詳細にいえばいいんですが、徳島ラジオ商殺し事件でもいろんな争点があります。そのひとつに、配電盤に絡んだ事実認定があります。細かくは省略しますが、まず、配電盤が犯人が操作した（開いた）から電気がつかなかったという事実があり、次には、その後で配電盤を元に戻したから今度は電気がつくのですが、配電盤は結構高いところにあるのです。数字を控えてくるのを忘れましたので、数字はいえませんが、犯人とされた富士さんは背が小さいので配電盤には、何らかの踏み台（ここでは陳列台）に乗らなければ配電盤に触れないんですね。この陳列台に乗らなければ配電盤に触れない。陳列台が現にあることはあるのですがが、その陳列台の上にはほこりがいっぱいたまっていた。そうすると、のった人は絶対にのった跡、それにのっておれば絶対に靴跡が残るわけですね。富士さんは陳列台にのらなければ配電盤に触われない。そして富士さんが配電盤に触ったとしたらのっているはずだと。ところが、この陳列台の跡にはのった跡が全然ついてないのです。そういう事実が厳然とあるんです。ところが判決を読みますと、こういうふうに書いてあるんですね。判決文そのままですが、二審判決で次のように説示されています。「ただ配電盤の下方には陳列台がありその上に上れば容易に配電盤に手が届く状態にあり、右陳列台上には実況見分当時人の上った形跡は遺されていなかったのであるが、このことは直ちに被告人の開放（開放というのは配電盤の開放です）の事実を否定するものではない」。こういうふうに「否定するものではない」と、この一言で蹴っているんですね（稲木哲郎『裁判官の論理を問う』（朝日文庫、一九九二年）、特に五八頁以下でも指摘されています）。こういうのが判決書をよく読むとあるのです。これは裁判官としてまことに恥ずかしいというか、申し訳ないんですが。それから、この徳島ラジオ商殺しのことについてついでにいいますと、凶器を川に捨てたというのが自供にあります。ところが、川に捨てたのだから、それは場合によったら時間の経過等で発見できないこともあるかもしれませんが、しかし、この事件では比較的早期に川ざらいをしたんですね。ところが、川ざらいしたけれども発見されなかった。しかしながら、その事実も被告人が犯人であることと何ら矛盾しないというふうになってるんです。そういう判決が結構あるのです。このような例を挙げていったらきりがないんですが、皆さんもぜひそういう本を読んでいただいて、裁判の実体を知っていただいたらいいと思います。

陪審やその他の市民参加で誤判は防げるか

それでは、こうした問題が陪審であればどうなるかということに移ります。

陪審であれば、あるいは裁判員裁判になれば、つまりは市民が参加すれば、そういう誤審は防げるかというと、それが必ずしもそうではない。そこが難しい問題なんですね。サッコ＝ヴァンゼッティ事件というのがあります。これは少し文献としては古いですが、小此木真三郎という方が岩波新書の『フレームアップ』で、その事件を取り扱っています。

これが、実はボストン（正確には少し離れた二つの町での強盗事件）で起こったんですね。

このサッコ＝ヴァンゼッティ事件というのは、犯人の意図としては強盗で、犯人二人が現金輸送車を襲った事件なんです。結果的に強盗殺人になってしまったのですが、これについては目撃証人がいっぱい出てきます。ところが、証人の証言が――これも本を読まれると分かりますが――めちゃめちゃといって良いほど、全然合っていないんです。犯人とされたサッコとヴァンゼッティの人相とかひげの状態とかについて合致しないばかりか、一瞬しか見てないのに、一年後に法廷に出てきて、この人が間違いなく犯人だという人が何人も出てくるんです。しかし実のところ、証言にたった証人の人は事件直後に調書をとられているのです。そしてサッコやヴァンゼッティにちゃんと面通しして、この人犯人ですかと聞かれて、いやこの人ではありませんと答えているところもちゃんとあるんです。それなのに、それをみんな隠して、そして法廷で証人尋問を受けるんですが、皆堂々と答えるのです。それももちろん陪審員たちの前なのです。その証言をよく検討すると、矛盾はもう明らかなのです。それから、当時の警察も、サッコとヴァンゼッティがやってないことは百も承知していたのです。というのは、犯行は客観的に見てある程度プロのギャングの仕業なんです。そういうことも分かっているのに、なぜか途中でそっちを追求するのをやめるんです。で、サッコとヴァンゼッティを犯人に仕立てあげて、もうこいつをやってしまうんだという形で進めるんです。

当時ですね、サッコ、ヴァンゼッティも後ろめたいことがありました。それはイタリア系として、少し政府に批判的だったんです。無政府主義、その無政府主義は必ずしも共産主義ほどきつくはない、アメリカにとっては恐れるに足らないのですが、アメリカのあの当時にとってはもうとんでもないことで、およそ、彼らを無罪にするなんてありえない、つまり陪審員もそういうことに汚染されていたのですね。したがって、有罪になってしまった。

これは、陪審員も偏見を克服することはできなかったという実例です。偏見とか、風潮とか、感情とか、そういう面については、当時の雰囲気や世論の流れがあったかもしれませんが、それにすべてをおっかぶせることは許されません。いつの時代でも起こりうることなのです。これからの裁判員裁判でも同じ轍を踏むことのないよう、気をつけなければならないという一つの見本ですね。

もう一つあります。これはギルトフォード事件といって今度はイギリスです。これも皆さんよく御存じかもしれませんが、これはＩＲＡ。ＩＲＡの爆弾、いまはあらゆるところで爆弾がありますし、そうした爆弾で人を殺戮する犯罪についてはこれ以上に憎むべき犯罪はないと思いますので、誰もが犯人を捕まえ、犯人を厳罰というかそれに見合った刑罰に処するということは誰もが考えることで、これは裁判官も同じです、その意味では。しかしながら、やはり無実の人を罰するのは絶対にいけないですね。

このギルトフォード事件というのはロンドンで爆弾事故が起きて、ディスコが爆破されます。そして多数の人が死にます。ＩＲＡの仕業ということはある程度分かるんですが、しかし有力な証拠はないんです。

しかしながら、たまたま、そのロンドンではありますが、その辺をうろついていた、闘士じゃないけれども、ＩＲＡの青年二人が目星を付けられて、捕まります。イギリスでもまだこの当時はものすごい拷問があって、とうとう白状してしまう。最後の拷問は、それも本になっているのですが、それによりますと、お父さんをしょっ引いて、「お父さんに乱暴するぞ」ということを最後の切り札にするんですね。それで犯人のひとり、いや犯人ではない、コンロンという普通の若者が自白してしまいます。

これももちろん陪審になります。そのなかで自白の証拠能力も争いになります。被告人コンロンに対して厳しい取調べをした警察官も証人になります。そして「暴行したではないか」との質問を受けて、その警察官は、なにもしてませんということを、よくある例ですが答えるわけですね。一方、被告人、弁護人側は、今度はそんなことじゃない、ひどい暴行を加えたのではないかということで、法廷で糾弾します。そうすると、検察官が陪審員にいうわけです、「あなたたちの前にいるこの警察官が被告に暴行、乱暴なんかするはずないじゃないか」と。そんなことをすれば、警察官の名誉を失い、身も破滅すると。そういうことをするかどうかよく考えなさいというふうに陪審員にいうわけですね。そうすると、陪審員はそれを聞いて、こういうIRA同調者で、当時不良だったコンロンとその仲間のような者のいうことと警察官の証言とどっちを信用しますかということをいわれて、陪審員も結局は自白を信用して有罪にしてしまうのです。

ところが、二人は有罪になるのですけれども、実は彼らにはアリバイがあったのです。同じロンドンですが、ディスコには近づけない場所の公園に寝泊まりしていたのです。その日ね。これは映画で皆さん見られたかもしれませんが、ベンチがあるんですね。あるベンチで寝ようとしたんですが、そのベンチはある浮浪者の専用のベンチだったんです。浮浪者の専用のベンチだから、おまえさんたちそこで寝たらあかんといって追い払われるのです。チャーリーといってたかな。で、その浮浪者がそのベンチの裏に印を書いているのです。自分のベンチやということで。その当日、そこに彼がいた。そういうこともちゃんと警察官にいっているわけです。そのときロンドン警視庁はそれを調べに行ったんですね。そしたら、ちゃんと浮浪者も見付け、ベンチも見つけているのです。したがって、彼らのいうことは間違いなく真実で、彼らはもう真犯人じゃないのが分かってたのです。それにもかかわらず、警察当局は「でっち上げ」の事実を維持してそのまま裁判を続けるのです。

それが後になって判明して再審になってしまうんですが、こうした事実からなにが導かれるかというと、権力機構がその気になれば、ある人を真犯人に仕立てあげて、裁判になっても陪審さえもだませるということなのです。これは必ずしも陪審の責任ではありません。しかしよく考えれば、その自白を採用し信用したというのはやはり問題なのです。もちろんその一番大きな原因は、証拠を隠したということですが、こういうことがどこでも起きるということに注意する必要があります。この事件は映画にもなり、本もあります（集英社文庫）。題名は『父の祈りを』というものです。これは映画になったときは結構話題になりました。しかしながらそのときに、たまたま同じ年にあったのが「シンドラーのリスト」という話題作があり、こちらの方が目立つ作品だったため、そっちにアカデミー賞とか全部とられてしまいました。

以上のとおり、陪審であるからというので諸手を挙げて賛成していれば済むというものでもない。つまり市民が参加するからといって、そのことだけで裁判というのが全部がよくなるわけではありません。正しい裁判をするための条件というか、市民の方にもそれなりの心構えが必要です。それはなにかというと、市民が参加した場合でも、市民もそういう偏見をやっぱり超えなければならない。内なる偏見。これは先ほどいいましたアメリカの場合、サッコ＝ヴァンゼッティ事件では、イタリア人というか、赤というか、政府に手向かう人に対しては、有罪要求も構わないんだというそういう一種の偏見、また警察の取調べに対して、警察の取調べというのはそんな過酷なものではないと、それからやっていない者は自白するはずがない、そういうふうな思い込みに対して、やっぱり偏見を打ち破る必要があるんじゃないかと。

しかし偏見を超えることに関しては、私は、市民のほうがまだ克服をしやすいと思っています。職業裁判官の場合はなかなかこれを打破するのが難しい。なぜかといいますと、陪審あるいは裁判員は、これは一般に選ばれて裁判体を構成して、その場かぎり、一回かぎりで解散になりますね。後ではどんな人が陪審員や裁判員になっていたか分かりません。だから、問題のあった陪審員ないし裁判員だったかどうか、そういう人を追及しようにも追及できないわけですが、ところが裁判官の場合は、それが問題になる……。つまり偏見を克服してですね、ある種こんな自白は採用すべきじゃないと思っても、一方で誰かが犯人としているはずだ。特に爆弾事件とか残忍な事件なんかを見て、被害者が法廷に、ちょうどこのぐらいのところに、法廷の傍聴席の最前列で「被告人に極刑を」という雰囲気を漂わせているわけです。そのような中における、無罪判決を出すことのプレッシャーというか、それはすごいものです。完全な真犯人が出てきて冤罪が明らかなら、無罪判決も容易ですが、証拠不十分であれば、場合によったら被告人が犯人かもしれませんよ。それでもやはり証明できてないとなれば、無罪を言い渡さざるをえないわけです。それで、ある程度そういう無罪判決を出す人はそれなりに腹が座っていますから、まあ腹が座らないと無罪ができないのはちょっとおかしいんですけど、無罪判決を出しても少しのことではへこたれませんが、仮にその無罪にした人がそのままなにもしてくれなければいいんですが、このごろ無罪になった人がまた場合によって問題を起こすことがないではない。そうすると、以前の裁判をした裁判官がたちまちやり玉に挙がる。そのように糾弾する本もでています。無罪判決をした人も、仮にもまだ裁判官生活をしているといたたまれない気持ちになるかもしれませんが、しかし、それによってですね、前の裁判がそれじゃ間違いかというとそうではないのです。前の裁判がおかしいと、そういうふうにいうほうがやはりおかしいんです。つまり裁判というのは真犯人かどうかを確定するのではなく、要するに法廷に出てきた証拠によって被告人が有罪といえるかどうかを判定しなければならないのですし、それに尽きるのです。そこを忘れてはいけません。

それを取り違えて、前の裁判は間違いだと。あるいは場合によってはそういう裁判長を無罪病裁判官というレッテルを貼るとしたら、裁判官もたまったものではありません。無罪判決に対してバイアスがどうしてもかかってしまって、ますます証拠不十分の無罪判決が出なくなります。その点、これは裁判員なら、市民なら、それは乗り越えられると思いますね。そこが私一つの救いだと思いますから、そういう面でも頑張ってほしいなと思いますね。裁判官になられた市民には、「内なる偏見の克服」と「合理的な疑いを超えた証明」の二点を貫徹してほしいと思います。一方で、何度もいいますが、裁判というのは実体的真実、真相はなにかまでを極端に進めると危険です。そして、真実追究をとことんすることもできない。何年もやるわけにはいけないんです。皆さんをそこまで拘束することはできない。そういう裁判に今度変わろうとするのですから、この「合理的な疑いを超えた証明」になるかどうかが、本当に重要になると思うんですね。

最後ですね、そのためにはこれから評議で、もちろん皆さん論理的な対話をせざるをえないんです。私は事実認定の能力、市民の皆さんにも十分あると思いますが、最後は裁判官と評議になりますね。今後は裁判官も市民に対して分かりやすく説明する能力をつけるようにというふうに上からお達しが来ています。だから、いまから裁判官は勉強しなければなりません。したがって、まあみんながみんなやさしく議論してくれるとはかぎりませんので、そういう意味でも皆さんの論理能力を高めてほしいと思います。それがこの陪審の精神を生かして、「疑わしきは罰せず」の精神が裁判員裁判の中に生きる一番の近道だと思います。

それはともかく、いろんな機会に市民の方といろんな話をして、私も裁判所の中で、裁判員制度、あるいは裁判員裁判、あるいは今回の司法制度改革の中では裁判官も変わらなければならないといわれていますので、そういう意味も含めて、残された年月頑張っていきたいと思っています。

（連続セミナー「陪審制度を学ぶ」二〇〇四年九月四日講演に加筆修正）

2 「裁判員制度」の制度設計はいかになされるべきか
――裁判官と市民の実質的協働を目指して

はじめに

司法制度改革審議会は、各界の叡智を結集して精力的な議論を約二年続けた結果、二〇〇一（平成一三）年六月「裁判員制度」を提唱するに至った。

この間、多くの意見が審議会に寄せられ、特に日弁連は、陪審制度こそ国民が司法制度に対して直接かつ主体的にかかわる国民の司法参加を実現するものであるとしてその採用を訴えた（地方での公聴会などでは陪審制の導入を望む市民の声が参審制を凌駕したことは事実である）が、これが国民運動として非常な高まりと熱気が生じたというわけではなかった。一方、最高裁や法務省は、陪審制に対しては拒否的ないし消極的態度をとり続けたものの、三権の一翼を担う司法に国民の参加がほとんどないことに問題があることは認め、一定程度国民の参加を受け入れる姿勢を示し始めてはいた。現場の裁判官といえば、審議会での議論をそれなりに注目しつつも、目の前の裁判に力を傾注するのに精一杯で、目指すべき裁判をどのように描くかについて具体的提言をするまでにはなかなか至らなかった。

こうしたなかで、審議会は、世界でもあまり例のない形の「裁判員制度」の導入を提起した。それは必ずしも現下の刑事裁判制度に対する厳しい批判のもとに打ち出されたものでも、刑事裁判の理想型として提案されたものでもなく、ともかくも、司法における国民的基盤を確立するという観点に重点をおいてなされたものであった。その立論の根本に疑問を差しはさむ余地がないではないけれども、ここに至っては、議論を後戻りさせることは百害あって一利もないというべきであろう。問題は、その提言をいかに活かすかである。以下は、裁判員制度の具体的設計をはかるために、特に重要だと思われる点について、私見を述べたものである。

対象事件と被告人の選択権

意見書は、裁判員制度の対象事件を法定刑の重い重大犯罪とした。この点については、いきなり重大事件に関与させることは問題であるとする意見があるけれども、審議会は、国民の関心が高く、社会的にも影響の大きい事件から始めることこそ、国民が司法に積極的に取り組む近道と考えたのであろう。それはひとつの見識だと思われるし、いまそれを云々することは適当ではないであろう。

さて問題は、重大犯罪をどのように画定するかであるが、法定合議事件（裁判所法二六条二項二号）とするか、死刑又は無期刑を法定刑として含む事件にするか、さらには、法定合議事件のうち故意の犯罪行為により被害者を死亡させた罪とするべきか、意見は分かれている。現在の事件数でいうと、法定合議事件だと年間約四五〇〇件、死刑又は無期刑を法定刑として含む事件だと約二五〇〇件になるようであるが、裁判員の数をどの程度にするかによって、一年間にどれだけの国民が裁判にかかわることになるのか違ってくる。裁判員制度を司法のごく一部のものとしないためには、相当数の市民が当初からこれに関与することになるのが望ましい。私は後記のとおり裁判員の数は九名が望ましいと考えているので、とりあえずは死刑又は無期刑を法定刑として含む事件に限定するのが相当ではないかと考える。

被告人の選択権、つまり被告人に裁判員制度による裁判を辞退することを認めるべきだとするとの意見があるが、意見書がいうように「個々の被告人のためというより、国民一般にとって、あるいは裁判員制度として重要な意義を有する故に導入した以上」、また安易に認めると制度の発展を阻害しかねないので、被告人の選択権は認めるべきではない。また当面は、重大事件以外において、被告人が望んだからといって、これに応じて「裁判員裁判」を行うというのも適当ではない。

特殊事件についての例外を認めるべきかどうか。安易に認めるべきではないとする日弁連意見書の見解もあるけれども、裁判員に対する危害や脅迫的な働きかけのおそれが考えられるような組織犯罪やテロ事件などについて、また、連続あるいは大量殺人事件等訴因が多数にのぼり、かつ訴因の絞り込みが困難な事件などで、当初から相当長期間の審理が必定とされ、裁判員の負担が著しく重いことが当然に予想される事件については、検察官及び弁護人を意見を聴いて、裁判官のみによる審理を可能にする途を残すのが相当であろう。

裁判体の構成について

裁判体の構成をどのようにするかは、裁判員制度の基本的枠組みといってよい。審議会意見書は、「裁判官と裁判員の数及び評決の方法については、裁判員の主体的・実質的関与を確保するという要請、評議の実効性を確保するという要請等を踏まえ」て適切なあり方を定めるべきだとした。この両者を調和的に実現するのはそれ自体かなり困難で、現実の刑事裁判において、法廷での証言や供述はもとより、多数の書証の細部を対比検討して綿密な合議を行っている裁判官からすれば、そのうえに多数の裁判員が合議に参加してきた場合、その数が多くなればなるほど、全員の意見を聞くだけで時間がかかるし、はっきりと自分の意見をいわない人も出てきてとても実質的な評議とはならないという懸念を抱くことは、ある意味当然であろう。検討会の議論で「コンパクトな構成」とすべきだ（職業裁判官三名に対して裁判員二ないし四名）とする意見が出、識者のなかにかなりの支持があるのもそれなりに理解できる。

ところで、「コンパクトな構成」論は、職業裁判官三名を当然の前提にしているように思われるが、これに対しては、職業裁判官の数は二名（裁判長と判決を起案する裁判官）とし、裁判員は五ないし六名程度が妥当とする考え方もある。裁判員の数が陪審に近いほどになると実質的に評議を尽くしにくいという懸念がやはり根底にあり、一方で三名の合議体で職業裁判官の意見が一致すると、市民が相当数参加しても共通の議論の場が形成されることは難しいという面に配慮して、職業裁判官の数を減らすほうに解決を求めたものである。日弁連意見書は、同様に、裁判官の数は二名（両名とも判事）にしたうえ、裁判員の数は減らさずなお九名としている（ただし死刑事件は一二名）。

裁判員裁判が実施されても、職業裁判官三名の合議事件は依然として残ること、判事補の研鑽にとって「裁判員裁判」を経験することは結構重要な意味を持つこと、後記に述べる証拠開示決定等に当たり二名の裁判官だと意見が異なったときにどうするかという問題があること等を考えると、職業裁判官の数を減らす案は方向性として正しいものがあるものの、現時点ではなお三名が必要と考える。そして、職業裁判官が三名とした場合、これに対してはやはり相当多数の市民を配しないと、「一般人のさまざまな社会経験」をもってしても「裁判官の法的知識と実務経験」には対抗できないので、九名が妥当ではないかと考える。

こうした、裁判官三名に裁判員九名という構成はなるほど大所帯で、評議が本当にできるのかという反論が根強くあることは私自身よく承知している。しかしながら、私は当初から「評議の実効性」の名のもとに「数の制限」に重さを置くのは問題だと考えており、数が少しくらい多くても、裁判官の実力とマネージメント力を高めることによって実効性を確保すべきだと主張してきた。私はこれまで、各地で実施された模擬裁判員裁判において、裁判員の数が四名、六名、九名、そして一二名というケースを経験させていただいたが、時間的制限もあって、また模擬裁判という制約もあって、必ずしも理想的な評議を実施できたわけではないけれども、「九名の裁判員」が評議の実質的弊害になることはなかったように思われる。

なお、司法改革国民会議は、民意の反映という共通の目的で創設された検察審査会制度が一一名の一般国民で構成されていること、社会の多用な意見を反映させる必要があること、集団討議が可能な規模の人数を確保する必要があること等に鑑みて、「裁判官一名、裁判員一一名」の裁判員制度を提案している。その根拠理由には異存がないけれども、「裁判官一名」は審議会意見書を読むかぎり、おそらくその予定としたものから逸脱しているのではなかろうか。

事前準備（争点整理）手続きと証拠開示

市民が参加する法廷においては、分かりやすい審理が行われなければならないし、また裁判員の記憶保持と負担の軽減のため、公判は原則として連日的に開廷する必要があるが、それを可能とするためには、第一回公判期日前において周到な事前準備が不可欠である。審議会意見書も、刑事司法改革の部分でこの趣旨を述べ、裁判所の主宰による新たな準備手続きを創設すべきだとの提言を行っている。

まず、準備手続を行う主体は受訴裁判所とすべきか、それとも別の裁判体とすべきか。日弁連意見書は、審議会意見書が「予断排除の原則との関係にも配慮することを求めている」ことにも触れたうえ、準備手続きに関与した裁判官が引続き公判審理を担当することは、予断排除の原則に抵触するのみならず、職業裁判官と裁判員との間で当該事件に関する情報の格差が生じることにもなるとして、受訴裁判所を構成しない裁判官がすべきだとしている。しかしながら、起訴状一本主義については、これを貫徹させることが現在においてどれだけの重要性を持つのかという点から見直しがされているうえ、争点整理及びそれに基づく審理計画の策定は、本来的に審理を担当する裁判官が自己責任と強い気概を持ってこれに当たってこそなしうるものである（別の裁判官のなした証拠決定等に対し、受訴裁判所がこれに従わないという場合も考えられる）から、受訴裁判所が行うのが相当であろう。

これに対し、裁判員に事件の概要を的確に理解させ、一回かぎりの裁判員に裁判官と協働して裁判に当たる主体性をできるだけ涵養するという視点から、第一回公判期日の冒頭手続きを履践した後に、受訴裁判所で準備手続きを行い、争点の明確化と立証計画の策定を行うことを提案する論者もあり、予断排除原則との抵触を避けつつ、あわせて裁判員にも早期に裁判に関与させるという、いわば一石二鳥を狙ったもので、傾聴すべきものがある。しかしながら、裁判所のなしうることを第一回公判期日の前後で区別することにどれだけ実益があるか疑問があるのみならず、裁判員の負担加重を考えると、やはり受訴裁判所の裁判官（だけ）が第一回公判期日前に行うとするのが妥当である。したがって予断排除の要請は、証拠の中身を直接見ないという限度まで後退せざるをえない。裁判員がこうした事前準備期日に参加することを認めるかどうかについても争いがあり、少なくとも参加の機会は与えるべきだとする考えに惹かれるが、裁判員間で「情報の格差」が生じることは好ましくないので、消極に解する。

こうした理論的な側面からの議論とは別に、公判準備手続きの裁判官と公判手続きの裁判官を別にすることは、大都市の裁判所であれば格別、地方の小規模裁判所あるいは支部などでは、物理的に不可能だとの意見が存在する。本来、これには裁判官増員をもって対処すべきで、その実現困難性を前提にした議論は本末転倒ではあるが、裁判官数の飛躍的増員を望めない昨今の状況をみると、こうした現実論も無視できないといえよう。

準備手続きを十全に行うためには、証拠開示が十分になされなければならない。証拠開示については、長年にわたり議論が続けられる一方、実務においては、裁判所の訴訟指揮権を根拠とする個別の開示という枠組みで、それなりの解決を図られてきたのであるが、事件によっては検察官、弁護人で激しい対立が生じたうえ、裁判所もその対応に苦しみ、それがネックとなって審理が遅滞するという事態もしばしば見かけるところである。

ところで、審議会意見書は、刑事司法改革の一環として証拠開示の拡充を謳い、「証拠開示の時期・範囲等に関するルールを法令により明確化するとともに、新たな準備手続きのなかで、必要に応じて、裁判所が開示の要否につき裁定できることが可能となるような仕組みを整備すべきである」と提言した。そしてこの点に関しては、最高裁意見書（二〇〇二〔平成一四〕年九月二四日付）が、「開示の申し出があった場合、受訴裁判所は、公訴事実に関連する被告人の供述調書等、開示の必要性が高く弊害発生のおそれも乏しい一定の類型の証拠については、検察官から具体的な弊害の疎明がないかぎり開示を命ずることとし、それ以外の証拠については、開示の必要性と開示による弊害とを考慮して、開示の可否を決するといったものが考えられる」としている。大枠としては異存はないが、上記の仕組みが行われる前提として、検察官が被告人に有利な証拠を隠しているのではないかとの疑念が弁護人側にあるかぎりは、およそ訴訟準備に協力しようという気持ちにはならないであろうから、少なくとも、検察官の手持ち証拠全部の標目を開示することが必要であろう。

直接主義・口頭主義に徹した証拠調べの実施

裁判員裁判では、従来の裁判のような調書を中心として審理から決別し、直接主義・口頭主義に基づいた弁論と証拠調べが行われなければならない。争いのある事件、争いのない事件を問わず（なお、日弁連意見書は両事件について手続きを峻別すべきと提案している。実際の審理はおのずと変わってくるにせよ、仮称「答弁期日」まで設けて手続峻別を図る必要があるのか、また法文上これを明確に区別できるのか問題があり、疑問である）、争いのない事実については、同意書面（ただし最良証拠に絞るべきである）や合意書面を極力活用して、争点中心の証拠調べを行う必要がある。公訴事実について全面的に争わない事件では、合意書面の朗読等で検察官の立証は足りるのであるが、その場合でも、検察官から、適宜被告人質問を実施して、裁判員に対し事案がよく把握できるように努めるべきであろう。

裁判員は基本的に裁判官と同等な権限を持つとされていることから、また、国民が統治主体として自立的かつ能動的に司法の運営に参画し、かつ裁判の結果にも責任を持つという裁判員制度の趣旨からして、証人等に対する質問権を認めるべきである（あらかじめ裁判長に告げるべきは当然である）が、どのような質問をすべきか、直接質問するか裁判官を通じて行うか等は、その質問を許すかどうかも含め、最終的には裁判長の訴訟指揮に委ねるのが相当であろう。

さて問題は、いわゆる二号書面（刑訴法三二一条一項二号書面）や自白調書をどう取り扱うかである。二号書面については、供述者死亡等の供述不能にかぎり証拠能力を認め、相反供述については証拠能力を否定すべきだとするのが日弁連意見書である。従前の刑事実務において安易に採用しすぎだとの認識を持つ弁護人側からすれば当然の主張かもしれないし、伝聞法則を厳格に運用すべきだとすることには実務家として真摯に耳を傾ける必要があろう。

しかしながら、証人が被告人の面前であることからやむなく真実を述べないという事態はこれからも起こりうるところ、その場合に検察官面前での供述を全く排除していいかどうかは、裁判員裁判以外の裁判でこれが残ることをあわせ考えると、やはり問題であろう。さりとて、供述調書が証拠となることは極力避ける必要があるので、いわば妥協的措置であるが、安原浩判事がかねて主張されるように、検察官は、質問のなかで記憶喚起や矛盾指摘のために供述調書の内容を引用することができ、その引用内容が（正確であることは当然として）立証に不可欠でかつ特信性が認められる場合に初めて、その引用内容自体に証拠能力を認めることとする扱いが妥当ではなかろうか。自白調書についても、基本的には捜査官が自白内容を法廷で証言し、その証言等から被告人の捜査段階での自白に任意性と信用性が認められれば、証拠として利用できるとするのが相当である。もちろん、その前提として、取調べの可視化をはじめ、自白中心主義の捜査の改革がなされなければならないのは当然である。

結びにかえて

すでに紙幅が尽きているが、評議をどのように行うかは、審理のあり方に劣らず重要であるので、簡単に触れると、裁判官三名と裁判員九名という構成であろうが、それと異なる構成をとろうが、基本的にいえば、裁判長は、裁判員からできるだけ自由で率直な意見を引き出すように最大限努力すべきである。まず裁判員から意見を聞くべきは当然であるが、裁判官はひととおり裁判員の争点についての意見が出揃うまで、自らの意見の表明は差し控えるべきであろう。「出揃う」といってしまうと簡単であるが、これまでの模擬裁判などの経験に照らすと、なかには細部にこだわったり、的外れな意見に出くわすことも少なくなく、裁判員の意見の概要を把握すること自体一筋縄ではいかない。裁判長や裁判官が肝に銘ずべきことは、裁判員の意見を辛抱強く聴くことを第一にすべきで、プロの経験や専門知識でもって裁判員の意見をすぐに押さえつけるのは禁物である。しかしそうだからといって、議論が横道にそれ、枝葉末節にわたっているのをそのまま拱手傍観していては、時間ばかりくって、裁判員のなかからも不満が出ること必至であるから、時宜を得た交通整理をするのに躊躇してはならないであろう。裁判長は従前にない「評議主宰能力」が必要とされるのである。

裁判員制度が目指すものは、その「評議」が象徴するように、出身階層、学歴、社会経験が似通う、法律専門家である職業裁判官と、職業、出身階層、社会経験の多様な、非法律家である裁判員が、相互のコミュニケーションを通じて、それぞれの知識や経験法則を共有することにより、従前職業裁判官だけでなしてきた裁判内容（事実認定や量刑）よりも一層適正・妥当なものにすることであろう。そのために工夫・検討すべきことはなお多く、幾多の困難な問題も予想されるが、制度論もさることながら、それぞれが裁判員制度をよきものにしようとする心構えの重要性も忘れてはならない。職業裁判官には、裁判員を謙虚に迎える広い度量が必要だし、裁判員になる市民には、裁判にいやいや参加するのではなく、時に被告人の生死にもかかわることになる裁判という仕事の重大性に思いを致すとともに、相応の負担に耐える覚悟（もちろん経済的手当・心理的ケアの支えは必要）を持つことが要請されるであろう。

（「季刊刑事弁護」三三巻〔二〇〇三年春号〕）

1　キャリア擁護論に対する若干の意見

──現職裁判官からみたキャリアシステムの問題点

はじめに

これまで裁判所では、キャリアシステムについて、あるいは、それに対する批判をめぐって活発に議論が展開されたということはなかったし、一弁護士（そのなかには裁判官退官者の方も存在する）の意見として、あるいは日弁連の見解として鋭いキャリア批判がなされても、現職の裁判官たちは、特に反論せず、基本的に沈黙を守ってきたといってよい。

それが、平成一〇年春に経団連と自民党が相次いで司法制度改革について包括的な提言を行い、これを受けたかたちで政府が平成一一年七月、三十数年ぶりに司法制度改革審議会を設置するに及んで、様相が変わってきた。最高裁は、同年一二月八日第八回審議会において、「二一世紀の司法制度を考えるか──司法制度改革に関する裁判所の基本的な考え方」[1]と題する書面を提出したが、これと相前後するかたちで、現職あるいは元裁判官が、新聞の全国紙や法律雑誌に、法曹一元に対する懐疑、陪参審制度の日本への導入への疑問、他国の制度に対する批判など、さまざまな意見表明をなすに至っている。最高裁のプレゼンテーションは、「我が国の裁判官に対し、キャリアであることをとらえて様々な批判や非難がなされている。我が国の裁判官は、戦前、戦後を通じて、独立不羈、公正廉直を自らに課し、最終的な判断者としての職責の重さを自覚し、不断の研さんを通じて実務能力をかん養するという執務姿勢を一貫して堅持してきたところである」として、キャリアシステムに対する批判には直接答えないまま、かえってキャリアシステムを誇るべきものとして自賛している。上記引用の箇所のあとに弁護士任官の増加を期待したうえ、裁判官相互の間で意見の交換が活発化することが望ましいとしているが、付けたり的な印象は否めず、現在のキャリアシステムの問題点やその改善策についてほとんど述べるところがないのは物足りないといわざるをえない。これでは、キャリアシステム批判に対して、真っ正面からの議論をしていないのではないかといわれても仕方がないのではないだろうか。[2]

ところが、最近になって、キャリアシステムの維持ないし擁護を真っ正面から主張する発言や論稿が、現職裁判官のなかから現れるに至っている。もともと、裁判官が、裁判所内部で自由闊達な議論をすることは当然として、時に外部に発言することも必要だと主張してきた私にとって、[3]そのこと自体は、喜ばしいことだと思っている。しかしながら、裁判官が雑誌や新聞等で意見を発表する以上、今度は、その中身が問題とされなければならないであろう。以下は、私が接しえたこれら裁判官の発言や論稿のなかで代表的と思われるものに対する私の感想と意見である。

横山秀憲（宮崎地裁判事）『キャリア裁判官』批判は心外」
（朝日新聞平成一二年三月三〇日論壇）

横山判事は、「キャリア批判は現に裁判官として誠実に職務を行っている者にとって誠に心外である」と率直な感想を述べられ、「裁判官も仕事以外では一般の社会人として普通の社会生活を営んでおり日常的な社会常識に欠けるとは思えない」し、「時に裁判官の良識を疑うような言動が話題になるけれども、これは多分に個人の人格や資質によるものであり、裁判官の任用制度の弊害とはいえまい」とされる。果たしてそうだろうか。このように、裁判官の非常識言動を個人の問題にしてしまうと、そこですべてがストップしておよそ制度に対する批判的な視点は生まれてこないのではなかろうか。

さらに、横山判事は、①「裁判官には行政官のような昇進や出世という観念はない」、②「裁判官が具体的な事件を処理するに当たり、誰かの意向を気にしたり、任地や報酬をおもんばかって、良心を曲げて判断するということはおよそ考えられない」、③「裁判官の中には、あたかもそういうおそれがあるかのようにいう人もおり、それが裁判官全体の意見のように受け取る向きもある。しかし、そのようなことをいう裁判官は自分自身が判決をする際、そういう考慮を働かせているのだろうか」とされ、結論としては「キャリアシステムには何の問題もない」立場を表明されている。そして横山判事ご自身は、全国規模の異動を覚悟して裁判官になり、その必要性を理解したうえで遠隔地にも赴任し、一件一件納得のいく審理と判決を心がけてきたとされる。その自負と心意気はまことに頼もしい[4]が、その内容については大いに異論がある。まず上記①の点だが、俸給が多数の段階にも分かれているうえ、時に三号あるいは二号の昇級時期で納得しがたい処遇がされていること、総括裁判官の指名が最高裁によって一方的に行われることのほか、家裁所長―地裁所長―高裁裁判長という歴然たるプロモーション制度（あるいは最高裁事務総局、最高裁調査官、司法研修所教官というエリートコース）があることを無視しているし、他の箇所で大都市の裁判所で力量を試したいと考える人がいることを認めているのと首尾一貫しないように思われる。②の認識については、同判事が本心でそう思っているとしたら、「イノセント」というしかないのではなかろうか。あるべき理想と現実とは違うことを認めることが必要であり、仮に意識的にそれに眼をつむるとすれば、それ自体が「キャリアシステム」の弊害といわざるをえないであろう。③のような問いかけは、裁判官が建前として「イエス」とは答えにくい根元的な問いかけではあるが、ここでは、その答えを追求することがかえって、そうした質問に本音で語ることのできない「強いようで弱い」裁判官の存在に眼を覆うことになることを指摘しておきたい。[5]

菅原雄二（東京地裁判事）「一人の民事裁判官の思い」（判例時報一七〇五号三頁以下）

菅原判事は、主として民事裁判官の立場から、キャリアシステム及び法曹一元の制度について論じておられるが、冒頭で、キャリア裁判官批判のなかには「裁判官として謙虚に受け止め、現状を反省する契機となる貴重な批判や提言が含まれていることはもちろんである」と、キャリア批判に一定の理解を示されている。さらに民事裁判の現状についても、それが国民の期待に十分応えているかというと決してそうはいえないとされて、裁判所としても必要な自己改革が望ましいとされる。一方、最近における民事裁判の改革の動きにはめざましいものがあり、この点は強調したいと力説される。ここまでは異存はなく、多くの裁判官の認識とも一致するであろう。同判事はその次に、「民事裁判官に求められる資質、経験」の考察に移られ、「我が国の民事裁判では、当事者の主張・立証に多少不十分と思われるところがある場合であっても、裁判官が訴訟記録を十分に精査し、事案の実体を積極的に解明し、争点整理についても主導的に行い、実情に即した判断をすることが求められている」といわれる。最高裁判所のプレゼンテーションでも指摘されていることでもあるが、わが国の民事裁判が同判事の指摘するような側面があることは否定できないであろう。さらに同判事は、判決書作成について、「社会的影響力の大きくない単独事件などでは、充実した審理及び早期の判断あるいは和解による紛争解決そのものこそ重要であって、現在の新様式判決よりさらに抜本的に簡易化した判決書が工夫されていく、あるいは必要な立法上の措置がなされることを期待したい」と大胆な提案をされるなど(結論には直ちに賛成し難いが)、同裁判官の民事裁判にかける情熱と意欲が窺え、その点では大いなる敬意を表したい。

同判事は、さらに論を進めて、民事裁判官にとって必要な諸要素を考えると、世間の距離の近さを重要視して裁判官の条件と規定するのは、いささか短絡的であり、感覚的に過ぎる議論ではなかろうかとされたうえ、議論の矛先を弁護士に向けられ、弁護士が本当の意味で国民に近い存在といえるのかについては議論の余地があるといわれる。

同判事のいわれるところは、同じ裁判官として頷けないではないけれども、そこから、現時点においいて、キャリアシステムに有効に代替しうる制度は展望できず、法曹一元制度はその採用に踏み切る、あるいはその方向に舵を向けるには、現実的に問題がありすぎると結論づけられるのは、いささか短兵急ではないだろうか。同判事の立論は、国民の弁護士に対する信頼度が裁判官や検察官に比して必ずしも高くなく、国民の真意がキャリアシステム下にある裁判官を廃して法曹一元による裁判官を望むということがあるかと問いを投げかけ、さらに一旦弁護士になった者のうち裁判官にふさわしい者が果たしてどれだけ裁判官を志望してくれるのかという現実的問題もあるとされるのであるが、法曹一元でない現在の状況下の弁護士を標的にするのはいささかフェアーではないように思われる。菅原判事は、「法律的に構成された事実以前の生の事実の段階から当事者と接し、悩みや苦しみにじかに触れるという経験が少ないという自覚は多数の裁判官は有しているといってよい」と断定されるのであるが、全体としてそのように言い切れないからこそ、キャリア裁判官の裁判の問題事例が指摘されたり、法曹一元推進論が出てくるのではないだろうか。当事者と直接接し、その喜びや苦労をともにする経験のないことを自覚することは、これに全く無頓着でいることよりはいいに違いない。しかし、そうした自覚よりも、実際に当事者経験を有することのほうが格段に勝ることも紛れもない事実である。キャリアの裁判官の個人的努力や心がけによってなしうる以上のことが、当事者経験を踏まえた（もちろんそれだけで十分というわけではない）裁判官によってよくなしうるのであれば、それはやはり検討に値する制度といえるのではなかろうか。

長井秀典（神戸地家裁尼崎支部判事）「司法制度改革に対する私見」（判例タイムズ一〇二七号五〇頁）

長井判事は、「裁判所の改革を議論するに当たっては、司法サービスの質の向上を第一とすべきである」としたうえ、なにをもって質の向上というかが問題であり、たとえば、刑事訴訟において迅速性の要請と実体的真実主義との双方を満たすことは難しいが、法律家だけの議論により具体的な指針を見出すことは容易ではなく、国民全体の議論に期待するしかないとされる。この改革の出発点ともいうべき視点については、仮に改革の問題について裁判官あるいは法律家のプロとしての責任を軽減させる見地からなされるのであれば問題ではあるが、おそらくそうではないであろうから、格別異論はない。さらに同判事は、裁判所自身による改革には限界があるけれども、たとえば裁判所が集中審理等の実践により民事裁判の審理の充実化をもたらしたこと等を正当に認識し、評価すべきだとされる（この点は菅原判事と軌を一にしている）が、そのかぎりではそのとおりとして是認できるであろう。しかしながら、その次の「裁判官は足りないのか」の項で、「少なくとも十年前の仕事量を前提とすれば、決して裁判官が少ないとは思われない」とされ、かつ、仮に裁判官に余裕ができると、そのほとんどが趣味と遊びに費やすであろうとの理由で、「余裕」を生み出す方向への増員を否定され、過重な労働を解消するための増員だけが必要だとされるのには、異論を差し挟まざるをえない。ここでは、仕事が忙しいかどうかの基準が、長井判事の以前と現在の仕事量の比較から語られていて、大都市の高裁民事部や地裁民事部の繁忙状況については触れるところがなにもない。仕事が繁忙なときほど効率化に目がいくからいいのだとの趣旨が窺える箇所もあるが、裁判官が事件に追われて「紛争の解決」よりも「事件処理」を目指すことの弊害が叫ばれている折から、仮にもそのような心構えで事件に臨むことは、長井判事がいわれる「司法サービスの向上」に真に資するとはいえないのではなかろうか。

さらに長井判事は、法曹一元に対してはきっぱりと反対であるとされる。その根拠として、日本では、アメリカにみられるような弁護士としての豊かな経験こそが裁判官の仕事に必要だという認識は歴史的にも社会的にも存在せず、また仮に法曹一元の制度に人事政策の透明性に関するメリットがあるとしても、司法サービスの質の低下を覚悟してまで導入すべきメリットがあると思われないとされる。長井判事の考えられる「裁判官の仕事」のイメージは、確かにきのうまでの裁判所にはあったかもしれない。しかし、いま問われているのはこれからの裁判所であって、弁護士としての豊かな経験が裁判に活かせることができるのであれば、それを積極的に評価することをどうしてはばかるのであろうか。法曹一元に人事政策の透明性を高める価値を見出しながら、それが当然に「司法サービスの質」の低下を招くと危惧されるのであるが、その推論が必ずしも正しいとは思えないし、閉鎖的、秘密的人事の下での裁判官に国民にとって望ましい「司法サービス」を期待するのは、木に縁りて魚を求むことになりはしないだろうか。長井判事は、さらに、「弁護士として一定の経験を重ね、その経験を築いた者の中に、一定の期間だけ裁判官になることを希望する者がどの程度存在するかということは重大な疑問である」と菅原判事と全く同様な議論を展開されるが、先にも述べたとおり、現在の状況だけを前提とする立言であり、現在の弁護士はいまのキャリアシステムを前提として弁護士を始めているのであるから、その弁護士に対してすぐにでも裁判官を希望する者がどの程度存在するかを問うのはやや酷な質問ではなかろうか（現在の裁判所に弁護士任官する人が少ないと非難するのも同様の誤りを犯していると思う）。仄聞するに、弁護士に対するアンケートでは、法曹一元が実現した場合に裁判官を希望する弁護士は相当数いるとのことであり、この点を反対理由とするのは問題であろう。

ただ、長井判事は、法曹一元に反対とはいわれながらも、裁判官の給源の問題としては、現在の状況のまま推移するとは考えておられず、当面は現在と同様に原則として司法修習生から採用し、同時に弁護士任官制度を充実させ、その実績を作りながら、弁護士以外からの任官を試みてその多様化を図っていくのが現実的ではないだろうか、と柔軟な面もみせておられる。その柔軟さに水を差すつもりはないけれども、その立論は、キャリアシステムを大前提にしていることが弁護士任官が必ずしも大幅に延びない主因であることを看過しているといわざるをえず、弁護士任官を肯定するのであれば、少なくとも法曹一元を視野に入れなければ、単なるリップサービスになってしまうのではなかろうか。

まとめにかえて

以上、現職裁判官の代表的な意見について若干の感想と意見を述べたが、三判事に共通するのは、①ご自分のなされてきた仕事に対する自負ないし自信が随所に感じられ、その点については敬意を表したいが、これを直ちに裁判官一般に還元している点が問題で（ただし長井判事は「私自身を一般化するのは他の裁判官には迷惑と思うが」とされ、一般化の危険を承知されてはいる）、建前の議論が中心になっている、②裁判所の後見的役割を強調する一方で、弁護士に対する不信感が相当強くあり、弁護士も現在懸命に自己改革に取り組んでいる点を評価していない、③法曹一元を非難するあまり、キャリアシステムを過度に評価するか、そうでなくともその問題点、特に人事行政の不透明性、不明朗性について触れようとせず、それゆえ具体的な改善策の提唱が少ないという点であろう。

ともあれ、二一世紀の司法を構築するためには、議論は開かれたものでなければならず、また建設的でなければならない。高名なイタリアの訴訟学者カラマンドーレイは、「民主主義において、裁判官、そして一般にすべての公務員を脅かす、最も大きな危険は、惰性、官僚的な冷ややかさ、匿名の無責任さである」と述べた。[6] 三判事は、匿名の無責任さを打破され、その名を顕らかにされて自己の意見を開陳された。少なくとも開かれた議論が始まったのである。三判事には、やや言葉が過ぎたかもしれないが、わが国の司法のレヴェルを少しでも高めたいとの気持ちゆえのことである。ご海容願いたい。

1　裁判所時報二〇〇〇年二月一五日号（一二六〇号）。なお「月刊司法改革」五号に、最高裁のほか、法務省、日弁連の各プレゼンテーションの内容が資料として掲載されている。
2　弁護士の立場から最高裁のプレゼンテーションを厳しく批判するものとして、斎藤浩「最高裁プレゼンテーションの特徴と主な問題点」自由と正義二〇〇〇年一月号四〇頁。
3　拙稿「素顔の司法——世間とのつながり重要」一九九九年一二月二〇日付朝日新聞大阪版朝刊。
4　伊東武是「裁判官人事の透明化を求める」二〇〇〇年五月三日付朝日新聞論壇。同判事は、キャリアシステムのマイナス面と閉塞状況を考えると、法曹一元制に大きな希望を感じるが、（仮にキャリアシステムを維持するにせよ）裁判官人事の基礎となる勤務評定制度の法的整備、とりわけ評価基準の明確化、本人開示及び不服申立制度の確立が不可欠とされる。

5　同判事の投稿に対する弁護士側からの厳しい反論として、辻公雄「横山裁判官の投稿を読んで」「月刊司法改革」一〇号一六六頁。

6　カラマンドーレイ「裁判と政治」同『訴訟と民主主義』（中央大学出版部、一九七六年）四五頁。

（「月刊司法改革」一一号〔二〇〇〇年八月〕）

2　裁判官人事評価制度の見直しについての一意見
――特に評価権者と不服申立てをめぐって

Ⅰ　はじめに

司法制度改革審議会は、意見書のなかで、「裁判官の人事制度の見直し（透明性・客観性の確保）」の題のもとに「裁判官の人事評価について、評価権者及び評価基準を明確化・透明化し、評価のための判断資料を充実・明確化し、評価内容の本人開示と本人に不服のある場合の適切な手続きを設けるなどの、可能なかぎり透明性・客観性を確保するための仕組みを整備すべきものである」と提言した。

この提言は画期的なものである。少なくとも、いままで普通の裁判官にとってヴェールに覆われていた「裁判官の評価」にスポットを当て、「透明性・客観性において必ずしも十分でないとの指摘のある」現状の改善を図ろうとしていることは、本文の説明からも容易に読み取ることができる。ことは裁判官の地位及び職責に直接かかわるものであり、改革の担い手は、当然ながら、われわれ裁判官でなければならない。

最高裁判所は、この司法制度改革審議会の提言を受けて、いち早く、「裁判官の人事評価の在り方に関する研究会」を設け、その協議内容をホームページ（以下、HPと略記する）で公表している。また、四人の裁判官に対する意見聴取を行い、その内容も明らかにするとともに、各高裁管内で意見交換会を開催し、その結果を論点ごとにまとめて整理してHPに載せている。さらに、最高裁判所はこれとは別に、ひろく裁判官の意見を募集していたが、これに応じてメールを送信した一〇人以上の裁判官の意見をHP上で明らかにしている。[1] こうした形での意見の募集及びその公表もかつてなかったことであり、「透明性」、「客観性」を獲得せんとする努力は評価していいようにも思う。問題は、こうしたことが、どれだけ現実の改革に活かされるかどうかであるが、まずは、これら裁判官の真摯な意見に耳を傾け、その真意を汲み取ることが必要であろう。

四人の裁判官に対する意見聴取、高裁管内別の意見交換会での出席裁判官の発言内容、HPに送られた裁判官の意見はさまざまで、これを要領よくまとめることは難しい。幸いにも、その整理の分析は、馬場健一教授が別稿[2]でなされているので、それにゆだねたいが、HP上に展開される意見や議論を一読して痛感するのは、現状を肯定しつつ改善を図ろうとする立場と、現状を厳しく批判したうえ、原点に帰って根本的変革を図ろうとする立場との間に、越えることのできない溝があるように思えることである。また、両者のなかにあっても、さまざまな考えがあり、まさに百花繚乱の様相を呈しているが、こうした意見をみて、その多様性ばかりに目を奪われていると、あるべき人事評価の焦点がぼけ、結局は現状追認に比重のおいたものになるおそれなしとしない。おそらく、現状追認に傾けば傾くほど、それは「改革」の名に値しないものとなるが、一方、理念論ばかりに走ると現実を変える起動力を有せず、なにひとつ変わらなかったという不毛な結果を招きかねない。したがって、そのようなものにならないためにも、理念は決して忘れないが現実の土俵にも足のついた、実現可能性を最重視した具体的提言が必要と思われる。以下は、そのささやかな試みである。

II　人事評価の現状に対する裁判官の認識について

具体的内容に入る前に、ひとこと触れなければならないことがある。それは、冒頭に述べたとおり、裁判官の人事評価という、裁判官にとって重要な事柄が、長年厚いヴェールに覆われたままであったことである。最高裁はつい最近まで、この点についてはっきりとした説明を避けてきたし、多くの裁判官もこの問題についてはなにか「くさい物にふた」をしてきたような態度をとってきた。司法改革審議会での高木剛委員の厳しい追及があって、初めて、最高裁判所はその概要を明らかにし始めたにすぎない。[3] 遅きに失した感はあるけれども、人事評価の実情を、過去のことも含めて、より詳しく明らかに（差し支えない限度でもっと具体的に）する必要があるのではないだろうか。研究報告会で意見聴取に応じた裁判官も、この点を正当に指摘しており、人事評価の基準・方法が開示されなかったことが最大の問題であり、種々のうわさなどがあって、疑心暗鬼になったり、それが裁判官の発言に萎縮的効果を与え、自由闊達な雰囲気を奪った面があるのではないかと述べている。[4] 全く同感である。当面する問題の過去を知らなければ、現在に目をつぶることになり、[5] 結局、将来への真の展望をもつこともできないことになる。

もちろん、こうした問題を必ずしも自分のものとして受け止めず、人事評価のことを真正面から考えてこなかった裁判官の方にも少なからず責任があるといえよう。幸い、各地の意見交換会では、これまでの不透明さ、不明瞭さに対しての不平、不満が、噴出とまではいかないにせよ、かなりの程度で沸き上がっている。司法制度改革審議会の積極的意見に背中を押されて、語り出したという側面はあるにせよ、現状への批判をはっきりと述べる人たちの登場を私は歓迎する。先ほども述べたように、現状に対する正しい批判がなければ、何事も始まらないのである。

もっとも、こうした現状批判の声が上がるなかで、依然として人事評価の現状に、それほど問題を感じないとする意見も少なからず存在する。このなかには、裁判所のなかでそれなりに評価され、従前の人事異動でも不利益を受けることなく「幸せな」裁判官生活を過ごしてきたという、いわばエリート型に属する者もいれば、一方では、そうした人たちとは別に、「裁判官として評価は必要ないし、評価とは関係ないことが魅力で裁判官になった」、「評価するなら勝手にすればよい。裁判官として真面目に仕事をするだけだ」という、いわば職人型というか古典的というか「専門職裁判官」ともいうべき人たちがいる。前者に属する裁判官については論評のかぎりではないが、後者に属する裁判官には「その意気込みや良し」とエールを送りたい気持ちも正直いってないではない。しかしながら、過去はともかくとしても、その内部においてもさまざまな価値的対立があり、裁判所外の政治的な紛争とも決して無縁ではいられない今日の司法が、ひとり、超然としている時期ではもはやないように思う。好んで「政治的」になる必要はなくても、あるべき裁判所の実現を目指すために裁判官の人事評価を含む司法行政万般に積極的関心を抱くことは、決して邪道ではなく正道であるはずだ。まして、司法制度改革審議会が、われわれ裁判官に対し、裁判官評価についてその改革の必要性を直言したのである。われわれとしては、これを真摯に受け止め、かつ、千載一遇のチャンスにしなければならない。

なお、私自身の立場も、これまでどちらかといえば裁判官の人事評価に消極的であったことを正直に告白しなければならない。それは、ひとつには、仮にも人事評価が正当に行われてもそれに基づく正しい個別人事ないし処遇が正しく行われなければ、いわば絵に描いた餅にすぎないからである。[6]「正しく評価された。けれども処遇は一貫してひどかった」では救われないのである。このような例がかつて一度もなかったと思う裁判官は幸いである。しかし、そのような例を身近な出来事として経験し、あるいは仄聞にせよ、確かなこととして知った者は、いまさら「評価」の改善といわれても、と懐疑的になるのは無理もないであろう。しかしながら、どのように考えても、いまのままでは現に行われている「人事政策」にそのまま切り込む手段はない。そうとすれば、この人事評価の改善をひとつの踏み台として、これを梃子に、人事決定ないし人事政策を少しでも良くするように目指すことこそが、いまの時代を生きる裁判官に要請されるのではないだろうか。そうしたことから、私は、今回の裁判官の人事評価の見直しを積極的にとらえ、ささやかでも、その改善に資することができればと思うに至ったのである。

Ⅲ　評価の目的

裁判官の評価をめぐっての論点としては、評価の法的根拠、評価の目的、評価項目、評価権者、外部評価や自己評価の是非、本人開示、不服申立ての可否等が考えられるが、一番の問題は、評価権者をどうするかだといってよい。以下、これを中心に論じるが、その前提として、評価の目的に若干触れる必要があろう。

人事評価の目的については、意見交換会でも各人各様の意見が開陳され、評価消極説に立ってできるだけその目的（あるいは用途）を絞ろうとする意見から、最高裁の広汎な人事権を承認する以上、人事万般の決定作業に資料として用いられるのも当然とする説、それとともに（あるいは「主として」）自己研鑽や、特に若手については教育、育成、指導のためというのをあげる意見もある。結論だけを述べると、私は、この際、人事評価が人事権行使の際の判断材料になることを直截に認めるべきだと考える。それゆえ、不適格者排除（再任拒否）、補職、任地の決定（任地の決定については人事評価の果たす割合は少ないと説明されるが、そうだと言い切れない運用をときに経験する）、昇給（ただし現在行われている、任官後約二〇年間長期病休等の特別事情のないかぎり同じ昇給ペースをたどるという運用は今後も維持すべきである）、部総括者指名等を検討するための資料になることは当然である。このように述べると、要するに、最高裁が裁判官に対して現に行っている人事上の決定を全面的に肯定するばかりか、その前提として行っている人事評価をも無制約に是認し、これをいっそう強化するだけではないかとの批判が出るかもしれない。しかし、そうではない。仮にわれわれが、ある者、特に自己に対する人事上の決定（再任拒否という重要決定はもとより、不利益転勤、昇給遅延）を問題にしようにも、その材料となる人事評価が表に出されないのでは問題視できないのである。人事評価が人事上の決定に正確に反映されることが前提ではあるにせよ、「評価」が本人の眼前に明らかにされれば、当然それを武器として人事上の決定の不合理を争えるはずである。いや、場合によれば、争わなければならないのである。

個々人の自己研鑽を目的とするという意見は、おそらく、裁判官が独善であってはならないということからの発想であろう。私も、かつて、人事決定の際の資料よりは自己研鑽の方に力点をおいたことがあった。しかし、いまは改める。岡文夫判事が正当に指摘するように、[7]「評価」を自己研鑽に資するものとして活用すべきだとする（したがって本人はこれを当然見るべきであるとする）考えは相当ではないであろう。自己研鑽は、もっとおおらかな形で各人各様のやり方でなせばいいのではないだろうか。もっとも、裁判官によっては、訴訟関係人や当事者から自己の審理方法、法廷での態度、あるいは言い渡した判決がどのように受け止められているか、すなわち自己の問題点を発見するために「外部評価」を活用したいと思うことは自由であり、これを積極的に利用することは当然ながら許されてよい。

IV　評価権者の問題について

1　第一次評価権者を所長・長官とする

提言は、「最終的な評価は、最高裁判所の裁判官会議によりなされることを前提にして、第一次的評価権者を明確化すべきである」と述べている。

それでは、第一次評価権者を誰にするのが適当であろうか。

評価権者は、裁判官の人事評価における最大の問題であるが、これについては、そもそも現行の裁判所法上、長官・所長には評価権限はなく（評価をすれば違法）、あるとすれば、各裁判所の裁判官会議だけであるとする、有力な見解がある。伊東判事の所説[8]であり、同判事は、裁判官評価は、裁判官に対する監督権の一部である監察作用の顕れであるとし、裁判官に対する監督権は、裁判所法八〇条に定める司法行政に対する監督権のなかに含まれるところ、この監督権の主体は、同条で最高裁判所、高等裁判所、地方裁判所、家庭裁判所となっているから、いずれも裁判官会議であり、長官や所長では決してないと結論される。裁判官人事評価の法的根拠をどこに求めるかについてはつきつめると難しい問題をはらんでおり、この点についてはいまは立ち入らない[9]が、長官や所長が当然には評価権限をもってはいないことは、伊東判事も指摘するように、最高裁もその理を認めているように思われる。すなわち、司法制度改革審議会における議論のなかで、最高裁事務総局人事局は、「現在行われている裁判官の人事評価の評価権者は誰なのですか」という質問に次のように答えている。「裁判官については誰かが一定の評価を決定する権限を有しているわけではない。裁判官の人事については、その裁判官の能力、適性等も含めて、高裁長官や所長が意見を述べる機会が多いが、高裁長官や所長が上記のような意味での評価権限を有することはなく、言ってみれば一つの人事情報にすぎない」と述べている[10]。提言もこうした議論を踏まえて、最終的な評価権限は、最高裁判所の「裁判官会議」にあるとしたものであろう。

伊東判事は、さらに続けて、「本来、裁判官会議がなすべき裁判官評価を長官や所長が代わって行ってきたこと」、「必要性はそれなりにあったであろうに、法的根拠がきわめて怪しいものであったがために、秘密裏に実施せざるを得なかったのである」とされるのである。この立場からは、長官・所長に評価権限を与えることは到底許されず、裁判官の内面的独立を侵害しない、すなわち評価する者と評価される者との間に従属関係を生じさせないような裁判官評価の方法は、自己評価と相互評価の組み合わせしかないのではないかと述べられるのである。[11]

最善の評価方法が自己評価と相互評価しかないとする後段の部分はともかく、前段の部分は、理論的にはおそらくそのとおりで、異論の余地はあまりない。しかしながら、裁判官会議が、その評価の対象者自身がその席に臨み、かつ他の者を評価する立場でもあるという状況のもと、忌憚のない評価がなしうるか疑問があるうえ、裁判官会議自体の現況をみるに、到底これをなしえる機能をもっていないといわざるをえないであろう。それゆえ、伊東判事も、裁判官会議自体が評価を行うことを断念され、自己評価と相互評価の組み合わせを力説され、そうした評価を基礎に、必要なら、裁判官会議が選任した二、三名で構成する裁判官評価委員会を設けて、この委員会が補充的な調査を経て、裁判官評価を最終的に確定するという方法がありうるとされる。[12]

あくまで、裁判官会議の権限にこだわり、また長官・所長といった特定の地位の者が単独又は共同で「部下」の裁判官を評価する制度を排斥しようとする立論は、理念的には正しく、私自身も、必ずしも論文等で明らかにしたわけではないけれども、ついきのうまで、保持していた考えでもある。しかしながら、高裁管内別で開かれた裁判官の意見交換会での議論結果を通読すれば、出席した裁判官のうち多くの者が所長・長官の評価権限を所与のものとして肯定し、さらに所長、長官が「評価している」現状を追認していることは明らかであり、出席した裁判官が勤務庁の裁判官の意見を聴取したうえでそうした意見を開陳したという状況に徴すれば、現在の日本の裁判官の大多数は、所長・長官の評価権限を肯定しているとみてよいであろう。仮にそうであれば、いま、評価権者を誰にするかについて理念を強調しても、裁判官会議で「所長・長官を評価権者とする」と決議されれば、現実には大きな影響をもちえないこととなる。さりとて、いまさら後戻りして、評価を「秘密裏」におくこともできない。[13]

そこで、私は、この際、思い切って、人事評価の責任の所在を明確化させる意味からも、所長・長官の評価権限を認めるべきではないかと考える（法律でその点明記すべきか、規則改正で足りるかは別論とする）。そして、そうした場合において、反対論が危惧する「裁判官の内面的独立を侵害する危険」を最大限排除する方策がないかを検討する方が実情にかなうのではないかと考える。[14]

2　部総括裁判官には評価権限を与えない

所長とともに、部総括裁判官にも評価権限を与えるべきか。裁判官は、原則として部ごとに配置されているから、部総括裁判官は、その部に属する裁判官を他の構成員とともに最もよく知る立場にあるといえる。しかしそうだからといって、部総括裁判官に所属裁判官の評価権限を認めるのは相当ではない。部総括裁判官と所属裁判官（多くは陪席裁判官）は、日頃事件について合議を組み、時には遅くまで議論を闘わせ、あるときは判決起案の一字一句について彫琢に心がけて、いわば毎日の労苦を共にする仲間でもあるから、そこで、評価する者と評価される者とに峻別するのは問題といわなければならないであろう。部総括裁判官の評価がそのままストレートに最高裁判所に伝わるとなれば、陪席裁判官は裁判所での一挙手一投足が人事評価の対象になると考え、萎縮した行動をとるであろうことは火を見るより明らかであり、対等意識のもと自由活発に行うべき事件の合議が損なわれることにもなるからである。[15]

もちろん、さきほども述べたように、総括裁判官が所属裁判官を最もよく知る者のひとりであることは明らかであるから、所長がある裁判官を評価する際、総括裁判官の意見を聴取することはもとより許されるし、むしろ当然にすべきものである。しかし、総括裁判官はあくまでも同僚としての一意見をいうにすぎず、決して評価権者のそれではない。

3　小規模裁判所での所長の評価のあり方

このように所長に評価権限を与えた場合、所長は第一次評価権者として、その評価に全面的に責任を負うことになる。以下、まずは、東京とか大阪とかの大規模の裁判所ではない、普通規模の裁判所（つまり所長が少し努力すれば所属する裁判官の仕事ぶりや職員、当事者に対する態度等をそれなりに把握できる裁判所）を念頭において論ずることとする。所長は、裁判官を具体的に評価するに際して、次のようなやり方をすべきである。所長は、まず当該裁判官が属している部の総括裁判官の意見を聴くべきであろう。しかし、それはあくまでも参考としての意見聴取ないし資料収集であって、決して、総括裁判官に評価を代行させてはならない。総括裁判官の評価を鵜呑みにしてはならず、仮に総括裁判官から聴取した内容が本人にとってネガティブなものである場合、本人とそれとなく話し合う（多くの場合、直接的に「総括裁判官の評価」をぶつけるのは相当でなく、それなりの工夫は必要であろう）ことによりその評価が正しいかどうかの検証をする。所長は、控訴記録を高裁に送付する際、当該記録を閲覧する機会があるので、かぎられた事件ではあるがそれを通じて本人の作成にかかる判決書を見ることができ、審理の仕方も推察することができるが、日頃の仕事ぶりも見る必要があると思えば、法廷傍聴も厭うべきではあるまい。ドイツはともかくとして、所長も「裁判官仲間」である日本ではおよそ風土にあわないとの意見もあるけれども、この程度のことをしなければ、所長も自信のある評価はできないのではないか。所長は折りに触れ、また他の裁判官や書記官、速記官、家庭裁判所調査官からも意見を聴くべきであろう。問題は外部評価の結果であるが、外部評価こそ貴重な材料ととらえるので、もちろんこれをも参酌して、内容全般に責任のもてる評価書を作成すべきことになる。

4　大規模裁判所では評価委員会を設置する

それでは、さきほど除外した東京とか、大阪のような大きな裁判所ではどうすべきか。

私は、東京の裁判所に勤務したことがなく、大阪の裁判所のことしか知らないけれども、裁判官の数からして、所長がひとりでその裁判所に所属する裁判官の評価をなしうることは無理ではなかろうか。したがって、ここでは、小さな裁判所の場合と違って、部総括裁判官の意見が格段に重要性を増してくることになるが、おそらく、所長は部総括裁判官から出た意見を批判的に検討する材料をもちえないであろう。そこで、所長のほか、所長代行者を評価権者とする案が考えられるが[16]、私はこれには反対である。私は、やむをえない選択として、所長を評価権者とするのを認めたが、所長ひとりでよくこれをなしえない裁判所では、この際、民主的な基盤をもつ評価委員会を設置してはどうだろうか。こうした委員会の設置自体が現在の裁判所において必ずしも突飛ではないことは、東京地裁民事司法制度改革委員会が「多角的な視点から公正に評価を行うための制度として、所長が構成員となる評価委員会により、あるいは、所長が評価委員会の意見に基づいて人事評価を行うようにするべきであるという考え方もあり得る」としていることからも証しえるであろう。もっとも東京地裁の上記委員会は、評価委員会のメンバーが被評価者を知らない場合には単なる風評に基づく評価がされるおそれがあり、被評価者について詳しい情報が与えられたとしても、前記の（事件処理能力、法律知識、指導能力などをいう）各評価項目につき具体的な評価を記載することは事柄の性質上、合議体による討論をして決定するという手続きになじまないという問題があるとして、結論として消極の立場をとる。前段の理由は、それこそ所長自体に当てはまるのであり、その難点を克服するために少しでも客観性を高めようとする手立てを否定する論拠にはならない（委員会の構成には工夫なり配慮が必要であろう）と考えられ、後段も所長が議論をまとめたうえ、最終責任者として評価書を作成すればいいのであり、超えられない障壁とは思えない（審議会意見書が、評価の最終的責任者を最高裁判所の裁判官会議としていることを想起すべきである）。

　このような委員会をつくることは、裁判所の現下の状況をみると、きわめて困難といえる。しかしながら、所長や所長代行者だけで個々の裁判官全員を客観的に、過不足なく評価することは、大規模庁では不可能であることに鑑みれば、この際、そうした機関を思い切って設置することを真剣に考える必要があるのではないか。[17] ところで、こうした内部的な委員会の設置については、「現状では部総括↓所長のラインを補佐・正当化するだけの機能を持つにすぎないか、再び形骸化して結局は不透明な評価体制を存続させる危険性が大きいから、むしろ、こうしたメンバーに加えて、地域弁護士会の弁護士、検察官、それに有識者を加えたものにすべきだ」との意見がある。[18] 方向としては正しい指摘だと思うが、裁判官の評価自体の段階は、とりあえず組織内で収束させ、外部者を含めた機関については、裁判官から人事評価ひいてはそれに基づく人事決定に対して不服があった場合の処理機関としての受け皿として用意するのが、相当ではないかと考える。

5 外部評価の重要性

先ほど、所長は裁判官を評価する場合、外部評価の結果も十分に参酌して結論を出すべきだとしたが、この外部評価をめぐっては、際立った対立がみられる。この点についても、馬場健一教授の適切な要約があるので、議論の詳細は省略するが、反対の急先鋒といってよい東京地裁グループの見解について一言触れておく必要があろう。同グループは、当事者、弁護士等、事件関係者の声を人事制度に反映させることは、裁判あるいは裁判官の独立の観点から疑問である、あるいはそれを害するおそれがあるというのである。[19] しかし、本当にそうだろうか。現在の社会にあって、裁判官は自ら下した結論に対して、多くの場合、どちらか一方から、あるいは双方からこれを不満とする声が上がることは十分に予測しており、また社会的な注目を浴びている事件では、黙っていても報道や投書等で大きく取り上げられることは覚悟のうえのことだと思われる。人は、見えるものに対してはそれほど脅えないものである。目に見えての外部評価に脅えるようでは、これからの厳しい社会は生きていけないし、これからの裁判官はある面では批判に負けることのない、また一方では批判に謙虚に耳を傾ける裁判官でなければならないのではなかろうか。もちろん、ある個別事件だけを取り上げれば、当該事件の当事者、弁護人、検察官は、当該事件における担当裁判官の訴訟指揮や下した結論に直接利害関係を有するから、冷静かつ客観的な評価をなしえないのではないかという懸念が生じることは否めない。したがって、たとえば、個別事件の当事者、訴訟代理人等からの意見については、両方の当事者、訴訟関係人から意見を聴取しえた場合にのみ資料とするとか、アンケート等を徴するにしても、ある程度以上の回答が得られることを前提にするとかの条件を満たすことの必要があるにせよ、前述の懸念があるからといって外部評価そのものを否定するのは相当でないと考える。

一方で、内部評価、それも上司的立場からの評価は、裁判官をいま以上に萎縮させることになるので、外部評価のみで評価すべきだとの意見もあるけれども、ときに裁判官は、外部にいい面を見せるが、その実、内部で問題を抱える者も少なくないので、外部評価一本説も採りえないと考える。

V　本人開示と不服申立て

1　評価内容の開示

評価内容の開示については、本人の意向に関係なく開示すべきだとの意見もあるけれども、個人として特に開示してもらう必要がないとする者に対して、あえて開示する必要はないのではないかと考える。ただし、裁判官の評価は、先に述べたとおり、再任拒否判定の際の資料ともされるのであるから、所長が、たとえば「このままで再任するのは疑問である」との評価をするのであれば、当然ながら、本人の意見を聴取したうえ、遺憾ながらもそのような評価をせざるをえなかったことを説明し、評価の骨子、場合によってはその全文を告知すべきであろう。本人としては、仮に所長の指摘が正しいと考えれば、それなりに発奮して再任拒否にならないよう、問題となる事件処理等を迅速かつ適正にしようと頑張るであろう。少なくとも、そうしたチャンスを与えることなく、いきなり再任拒否等を行うことは、裁判官の身分に関するという重要性に鑑み、避けなければならないと考える。

したがって、本人開示は、原則として、評価の開示を要求した者と、このままでは再任拒否されるなど本人に著しい不利益を生じる蓋然性の高い者に対して、開示をなすべきだと考える。もっとも、次のような場合には、本人の要求がなくとも、開示した方が望ましい。すなわち、所長が総括裁判官からの意見聴取の結果その他、所長が把握しているさまざまな資料により、本人との意見交換等により看取しえる本人の自己評価とが大きく齟齬し、結果的に本人の自己評価とは違ってネガティブな評価をせざるをえないような場合には、これに対する反論の機会を与えるため、あらかじめ原稿段階で、本人に評価(案)を知らせるべきである。その場合にも、本人が知りたくないといわれれば、その旨口頭で話をするしかないけれども。

2　不服である場合の措置

本人が開示を要求した結果、あるいは上記の例外的場合に開示がなされたときにおいて、その評価内容に不服、不満がある場合、どうすればよいか。

まず、評価の記載がまだ確定しない段階、つまり、所長がいわば原稿段階で当該裁判官に評価を開示し、「これでどうか」といってきた場合に、本人がこれに不服や納得できない部分があれば、臆することなく自分の思うところを述べるべきであろう。たとえば、所長の評価では「事件処理に迅速性がやや欠ける嫌いがある」とされているけれども、「私は当事者に対して親切を旨に対応し、一件一件十分熟慮して裁判をしている。つまりその事件にとって必要な時間をかけて処理しているのであるから、迅速性に欠けるという批判は当たらない」と、また「仮にその記載をそのまま残すのであれば、せめてその旨の趣旨を付加してほしい」などと所長と議論し、それなりに書き直してもらうことができるものと考える。

しかし、一旦所長が、総括裁判官の意見、大庁の場合の裁判官評価委員会の意見、外部意見等を参酌して、評価書を完成した場合、それは一個の内部文書として作成が完了したものであり、上級庁たる高裁にも報告が行っていると考えられるから、そうした話合いでの調整は困難であろう。

この場合、本人はなにも文句はいえず、いわば泣き寝入りになるのであろうか。この点に関して、研究会報告の四裁判官は全員消極意見で、河合、近藤両判事が意見書提出・添付をという程度にとどまり、野田、福士両判事補も、制度設計・運用が難しいとして難色を示している。意見概要では、一部積極説があるけれども、概して消極説がほとんどである。私は、せっかく開示を認め、評価についての話合いの機会を設けたのに、所長が修正に応じないならそれで終わりというのは、泣き寝入りに近いのであって、やはり不服申立権を認めるべきであろう。問題はその不服申立てを受け付けるのは誰かということになる。馬場教授は、裁判所内の紛争を全く別の外部機関で処理するのは考えられないから、裁判官の任命・再任という人事の根幹にかかわる機関である、裁判官選考諮問委員会が適当であろうといわれる。私としては、本来は別の「裁判官評価不服委員会」(地域弁護士会や検察庁から選ばれた弁護士や検察官、有識者、所長・長官経験者でない元裁判官などをメンバーとする五名程度のもの)といった機関の設置が望ましいと考えるが、当面は、そうした機関で代替させるのもやむをえないように思われる。不服申立てを担当する委員会は、不服が相当と認めれば、その旨の意見を最高裁判所に上申することになろう。ところで、評価自体はそれほど不当ではないとしても、結果として行われる人事決定が不当である場合に、それを是正することができなければ、それは結局は元の木阿弥になってしまい、人事評価に対する不服申立権を認めても意味がない。したがって、人事決定に対しても不服申立権を認めるのが相当である。この場合も、現時点で想定しうる道筋としては、裁判官選考諮問委員会がこれを審議し、不服申立てに理由があれば、何らかの勧告的意見を出すことになろう。

翻って、このように開示請求権や不服申立権を認めても、それではどれくらいの裁判官が実際にその権利を行使するかが、実は大問題なのである。それでなくとも、日本の裁判官は横並び意識が強いので、人と変わったことをすることを極度に嫌がるといわれている。私自身は、これまで、裁判官が自由に発言することこそ国民の信頼に足る裁判所を築く一番の近道だと思って、その時その時でいいたいことを述べてきたと自負しているが、それでも、自分の処遇等に一度も異議を述べたことはない。多くの裁判官もそうであろう。最高裁に文句をいえばそれなりのしっぺ返しがきっとあると思っているからである。今回の開示要求、不服申立てをそうした踏み絵にするようなことは決してあってはならない。

VI　おわりに

新堂幸司教授は、かつて「法曹一元への道のり」と題する一文[20]で、次のように述べられたことがある。「現在のキャリア裁判官の裁判の実態をみるかぎり、優秀といわれる裁判官ほど、最高裁の意向を忖度して裁判を行うという指摘がなされている。勇敢に自分の意見を出す裁判官は出世街道から落ちこぼれるという噂は、それが事実であろうとなかろうと、そういうささやきが聞かれるというだけで、将来を考える若い裁判官を萎縮させるに十分である」。

現職の裁判官として、「そうだ、そうだ」と頷くわけにはいかないが、さりとて「そんなことは断じてない」ともいえない。仮に、裁判官が自分の天職ともいうべき裁判でそのような危険があるとすれば、最高裁の行う司法行政の一施策について、真っ向から反対することは控えるであろうことは、容易に推察しうることである。

最高裁判所は、研究報告会、意見交換会あるいはメール等で開陳される意見にしても、まだまだ「弱い」裁判官の声であることを十分に認識し、懐の深いところを見せることが必要ではないだろうか。それが、かつて存在したとされる「自由闊達」で「明るい」裁判所を復活させる唯一の道である。

１　意見を送られた裁判官に深甚の敬意を表したいと思う。私自身は、残念ながら、メールの提出期限までに、その考えをまとめることができなかった。理念論と現実論との間で右往左往して袋小路に入ってしまっていたのである。なお、最高裁ＨＰには、日本裁判官ネットワーク所属裁判官による座談会意見書が掲載されている。私も同ネットワークの一員であるが、差し支えがあって座談会には参加していないし、本稿も、当然ながら、私の個人的意見である。なお、同座談会は、法律時報増刊『司法改革二〇〇二』（二〇〇二年）にも「座談会・裁判官の『人事評価』を巡って」として掲載されている。

２　馬場健一「裁判官の人事評価に対する現職裁判官の意見」阿部昌樹ほか編『司法改革の最前線』（日本評論社、二〇〇二年）一二頁以下。この論考は、最高裁ＨＰに現れた現職裁判官のさまざまな意見を手際よく整理したうえ、的確かつ鋭い（時に手厳しい）論評を加えたものである。私も、当初、同様な問題意識のもとに裁判官の意識と傾向を探ろうとしたのであるが、馬場教授の見事な分析にいわば兜を脱いで、それなら、現職裁判官として、現実の改革にいささかでも寄与するためには、どのように対処したらいいのか、そして現実に実現するためになしうることはなにかを考えようとしたものである。

3 司法制度改革審議会の審理のなかで「人事制度」がどのような経緯で明らかにされていったかについては、明賀英樹「裁判官人事制度の問題点と改革の方向性」阿部昌樹ほか編『司法改革の最前線』（日本評論社、二〇〇二年）一五六頁以下参照。なお、伊東武是「裁判官人事の透明化、客観化のために——人事局提出の二書面の検討を踏まえて」法律時報増刊『シリーズ司法改革Ⅱ』（二〇〇一年）八九頁。

4 第六回研究会における野田恵司大阪地裁判事補の意見。なお、河合裕行判事も「これまで実際に行われていた人事評価のシステムの内容を明らかにすることが検討作業の出発点」とする。

5 ある問題についての解決を図り、事態の改善を図ろうとするとき、私はいつもドイツ元大統領の次の言葉を思い浮かべる。「過去に目を閉ざす者は結局のところ現在にも盲目になる」（永井清彦編訳『ヴァイツゼッカー大統領演説集』（岩波書店、一九九五年）一〇頁）。

6 従前からこの点を厳しく指摘されるのは伊東武是判事である。今回のメール意見書でも「人事評価を人事決定の仕組みと切り離して改革をしてもほとんど何も解決しない」とされている。

7 前掲注1「座談会・裁判官の『人事評価』を巡って」における岡判事の意見（『司法改革二〇〇二』六九頁）。

8 伊東武是「裁判官の人事制度の改革について」自由と正義五二巻三号（二〇〇一年）七八頁以下。

9 前掲注1「座談会・裁判官の『人事評価』を巡って」でも議論がされている（『司法改革二〇〇二』七二頁）。

10 最高裁事務総局人事局の司法制度改革審議会に対する二〇〇〇年七月三一日付「回答」。

11 伊東・前掲注8論文八四頁。

12 伊東・前掲注8論文八四頁。

13 同旨、河合判事の研究会での意見。

14 どのような方策をとろうとも、独立・自立・平等が使命の裁判官を日常的に監視するようなシステムは裁判所ではそぐわないとする立場があることは承知しているが、そこにこだわっていてはいつまでも議論が平行線でしかないと思い、いわば苦渋の選択をして、所長・長官に評価権限を認めたのである。

15 最高裁HPにおける東京地裁民事部司法制度改革検討委員会の意見書。
16 最高裁HPにおける東京地裁刑事部人事評価関係検討チームの意見書。
17 私は、裁判所での何らかの決定が所属裁判官の選挙によって行われることが、裁判所に自由闊達さを取り戻す一番の近道だと考えている。別に、評価委員会にこだわらず、たとえば大阪地裁で長年行われていた部総括裁判官の推薦を選挙で行う制度など民主的で素晴らしい制度だと思うのだが、いまはその機運にはないようである。それゆえにこそ、裁判所を活力のあるものにするために、所長の評価権限は認める代わりに、評価委員会の設置という民主的機構の復活を希求するのである。
18 公刊物には未登載だが馬場健一教授の意見である。なお、柳志郎「裁判官の人事制度の見直し」自由と正義五三巻二号（二〇〇二年）五〇頁。
19 東京地裁民事部司法制度改革検討委員会及び東京地裁刑事部人事評価関係検討チームの各意見書。
20 NBL六七六号（一九九九年）二六頁、近著『司法改革の原点』（有斐閣、二〇〇一年）に所収。

（阿部昌樹ほか編『司法改革の最前線』日本評論社、二〇〇二年）

1　元裁判官の目に映る、日本国憲法と裁判官の現状

1　いまそこにある憲法の危機

いま、憲法をめぐる事象が政治の場に満ち溢れている。しかし、そこに登場する憲法は、平和と民主主義の輝きを失い、それらを乗り越え、改竄《かいざん》すべき遺物として扱われているような気がしないでもない。自衛隊の活動領域を飛躍的に広げる安全保障関連法は憲法違反の疑いがあるとの、決して少数ではない反対の声があるにもかかわらず、政府与党が描いた筋書きどおりに強行採決がなされた一方、その後、衆議院の総議員四分の一以上の要求でもってなされた国会の臨時会の要求は、召集を義務付ける憲法第五三条の存在にもかかわらず、内閣はこれを歯牙にもかけない形で無視した。そのほか、憲法にかかわる事象が次々と現出しているのに、すべて政治により、あえていうなら現在圧倒的多数を占める政権党により、一応議論は尽くされたという形はとられるものの、結局のところ、お役所仕事的に一件落着のごとく処理されている。本来なら、法令や処分等が憲法に適合するかしないかを決定する権限を有する

裁判所が、なにがしか容喙《ようかい》する手立てがあればいいのだが、具体的事件争訟性[1]を要求される制約のもとでは無理である。また、曲がりなりにもチェック機能を果たしてきたとされる内閣法制局も、昨今はその議論の内容さえ記録に残さない体たらくだ。

内閣や国会が憲法擁護に尽力せず、むしろこれを蔑《ないがし》ろにしようとするのであれば、これを阻止しえるのは国民一人ひとりの強い意志と団結しかないのであるが、それに何らかの寄与ないし支援をなしえる国家機関があるとすれば、それは、「憲法の番人」と呼ばれる裁判所しかない。裁判所にそれを期待しうるかどうか、そうした観点からなにかを述べようとしたが、ことは大問題で、到底、ひとりの元裁判官のなしえることではない。自分のわずかばかりの経験から、裁判官は、憲法をどのように見、いざ憲法に関係する場面に立たされたとき、どのように対処してきたのかを、思いつくまま述べてみたい。

2　任官以前の憲法意識

唐突ながら、私事にわたることをお許し願いたい。私は、日本国憲法が公布された昭和二一年（一九四六年）一一月三日の直前といってよい同年九月末に生まれた。つまりは、憲法と誕生の年を同じくする者として人生を歩み始めたのだが、ものごころがつく年頃になっても、憲法が普段の生活の隅々に関係していることなど思いもよらず、普通の子どもから普通の青年へと成長した。

憲法を少し身近に感じたのは、高校生のときの社会科の授業であった。ある先生が、授業中に教科書を離れて、生徒の理解力が及ぶかどうかにお構いなく、「緊急逮捕は令状による逮捕といえるか」とか「死刑は残虐な刑罰として憲法違反ではないのか」と独り言のように話し出すのである。私はそうした問いかけに対して面食らうばかりで、どのような回答をしたのか、残念ながら正確には思い出せないのだが、下校時に本屋に立ち寄り、索引などを頼りになにがしかの「正解」を得ようとしたことだけは覚えている。もっとも、後年、裁判官になって、緊急逮捕は日常茶飯事であり裁判所では違憲性は全くといっていいほど問題になっていないことに気づかされ、死刑の残虐性については、残虐な刑罰に当たらないとする最高裁判所大法廷判決（昭和二三年三月一二日）が確定していて、これもほとんどすべての裁判官は問題にしていないことを知らされた。もっとも、私は、同判決文中にある「火あぶり、はりつけ、さらし首、釜ゆでの刑のごとき残虐な執行方法を定める法律が制定されたとするならば、その法律こそは、まさに憲法第三十六条に違反するものというべきである」とのくだりを読んで、その「おどろおどろしさ」に違和感を覚えたのであるが、それを言葉に出すことはしなかった。なお、余談ながら、四〇年余りの裁判官生活のうち、刑事事件は通算で一〇年担当したが、その間、幸いにも、死刑を求刑される事件には遭遇しなかった。

3　突然直面した憲法問題

憲法問題は突然向こうからやってきた。これまで裁判官は、判事補一〇年を経験したあとよほど問題がなければ「判事」として再任されていたのだが、昭和四六年（一九七一年）春、宮本康昭判事補が再任を拒否されるという事態が起こった（同じ年、私は裁判官になったのであるが、私同様に裁判官を志望した者のうち七名が採用を拒否されるという、忘れることのできない事件が起きた年でもある）。なるほど、憲法（第八〇条）は「下級裁判所の（略）裁判官は、任期を一〇年とし、再任されることができる」と定めていて、当然再任されるとは書かれていない。したがって、仮に一〇年間の職務経験を経ても裁判官としてその適格性に問題があれば当該裁判官を再任するのは相当でなく、国民の側からしてもそのような裁判官は再任すべきではなかろう。しかし、仮に、その裁判官が「最高裁の方針にしばしば反対意見を唱え、気骨がありすぎる」という理由で再任しないことが許されるとすれば、「もの言えば身分危うし任期制」になってしまう。ある教科書[2]が正当に指摘するように、「一〇年という任期保障が、じつは再任拒否の可能性という、裁判官統制のための心理的な梃子を最高裁（事務総局）に与える」ことになったのである。

　これは、裁判の場面でいえば、最高裁判例がある法令について合憲性を明確に宣言している場合に、下級裁判所裁判官は安易にこれに立ち向かっていけないことを意味するとともに、統制手段としてはなにも再任拒否だけではなく、その他の不利益処遇でも代替しうることを意味している。その後、長年月を経て、平成の司法改革により下級裁判所裁判官指名諮問委員会が発足し、さすがに思想信条による再任拒否はなくなったといわれるが、昇給、部総括判事の指名、任地・職務等による差別が全くなくなったとは寡聞にして知らない。そうしたことが、下級裁判所裁判官に違憲判断を躊躇させるひとつの理由になる（事柄の性質上、実証することはできないにせよ）とすれば、その被害者は、当の裁判官以上に国民であるといわなければならない。

4 上級審にいけばいくほど憲法価値基準は遠ざかるか

私が修習生であったころに遡るのだが、おそらく知る人も少なく、著者がその後ある問題で物議をかもしたので、引用するのにやや気が引けるのであるが、法社会学者であった潮見《うしおみ》俊隆氏は、昭和四五（一九七〇）年に発行された『法律家』（岩波書店）において、日本の裁判所について、「国民主権、平和主義、基本的人権の尊重という価値基準からすれば、その判決は地方裁判所、高等裁判所、最高裁判所と上級審にいけばいくほどわるくなる、という仮説である。わるくなるというのは、いうまでもなく、日本国憲法の価値基準から具体的に遠ざかっていくということを意味する」と指摘した。

いま、ここでその仮説を詳しく論証する余裕はないけれども、少しだけ触れさせてほしい。生活保護をめぐっての有名な朝日訴訟[3]において、東京地方裁判所（第一審）は、「厚生大臣による保護基準の設定は、憲法第二五条に由来する生活保護法三条、八条二項の規定によって拘束されるいわゆる羈束《きそく》行為であると」と述べたうえで、健康で文化的な最低限度の生活について、「国内における最低所得層の生活水準をもってそれに当たると解してはならないこと、それはその時々の予算の有無によって決定されてはならず、むしろ予算の配分を指導支配すべきものであることを注意すべきである」とする画期的な判決をした（東京地裁昭和三五年一〇月一九日判決）が、第二審（東京高等裁判所昭和三八年一一月四日判決）は、第一審判決同様、厚生大臣による保護基準の設定は羈束裁量行為であるとしながら、しかも本件保護基準は「いかにも低額に失する感は禁じ得ない」としつつも、「裁判所は確信を持って違法とは断じ得ない」とやや異例な説示をしたうえ、第一審判決を取り消し、原告の請求を退けた。原告に対する同情的感慨をどうみるか、人によって評価は分かれるが、原審を覆したことに変わりはない。

問題は最高裁である。最高裁大法廷昭和四二年五月二四日判決は、本件訴訟が控訴審判決のあと原告が死亡したことにより終了したにもかかわらず、「念のため」として憲法第二五条一項について、「国の責務として宣言したにとどまり、直接個々の国民に対して具体的権利を賦与したものではない」としたうえ、健康で文化的な最低限度の生活の認定判断について、厚生大臣に大幅な裁量権を認める判示をなすに至った。上記経緯からみれば、潮見仮説が真実を穿《うが》っているといえる（なお、上記のような形でなされた最高裁の付随的判断がその後の裁判に与えた影響は小さくなく、是非はともあれ、その政治性を見落としてはならない）。

しかしながら、歳月は経過し、私と同じころに裁判官になった人たちのなかには、まさに平和と民主主義を体現している裁判官も少なくなく、彼らが高等裁判所の裁判長になって、結論的に潮見仮説を覆す形で、世に警鐘を与える判決を出していることも忘れてはならない。その例が、住基ネット（住民基本台帳ネットワークシステム）の導入につき、行政機関に保有されている個人情報が住民票コードとマッチングされて利用される危険性を指摘してプライバシー権の侵害を認めた大阪高裁平成一八年一一月三〇日判決や、自衛隊のイラク派遣に関して、国民に平和的生存権を認めたうえイラク派兵の違憲性を認めた名古屋高裁平成二〇年四月一七日判決である（ただし結論は原告敗訴）。詳しく触れることはできないけれども、私は、定年までまだ少し年月を有していた時期に、おそらく心血を注いで起案されたこれらの判決に接して、どれだけの勇気を与えられたか。おそらく私ひとりだけの感慨ではないはずだ。

以上のほかにも、第一審判決より高裁判決の方が憲法が重きを置く価値を尊重あるいは重視する判決に出合うことが少なくない。もちろん、勇気ある判決、思い切った判決は地裁の方に多いと思われるが、数だけくらべてもあまり意味はなく、少なくとも潮見仮説は幾分修正する必要がありそうだ。

5　最近の家族法判例について

最近になって、家族法関連の違憲訴訟が増加し、その都度、新聞紙面をにぎわしていることは周知のとおりである。個人の価値観が多様化し、夫婦のあり方についてもさまざまな考え方が増えてきて、いろんな紛争がもっぱら家庭裁判所に持ち込まれている。そのなかで耳目を集めた代表例として、非嫡出子の相続分差別規定の違憲性を問う訴訟と、夫婦につき選択的別姓を許さない夫婦同氏強制違憲訴訟を挙げよう。

まず前者。従来から、非嫡出子の相続分を嫡出子と等しくしたからといって、配偶者の相続分に影響はないし、相続分差別という規定があるからといって、婚外子の出現を抑止することはほとんど期待できないうえに、非嫡出子側からみると、自己の意思や努力によってどうともし難い不利益を受けることになるが、これは自分に帰責事由（法的に責任を取らなければならない事情）がある場合に初めて不利益を受けるという近代法の基本原則に反するので許されないとして、多くの学者は違憲説が有力であるとしてきた。だが、裁判所では長く合憲判決が続いていた。

こうした場合、違憲説をとる裁判官が事件に遭遇したときにどうするか。

私は、最高裁決定（平成七年七月五日）が同規定について合憲であることを再確認してまもなくの平成八（一九九六）年四月、家裁への転勤を命じられたうえ、遺産分割の専門部に配置された。しばらくして、相続人が、配偶者と、嫡出子三人、非嫡出子一人という事件がきた。非嫡出子側の代理人は、非嫡出子相続分差別規定は違憲であると考えるが、さりとてその点に固執して紛争が長期化するのはできるだけ避けてほしいと要望してきた。私も以前から違憲説であったが、嫡出子側の代理人は当然ながら、依頼人の利益のために同規定は合憲との考えで、調停に臨んできた。私は、両者の代理人と同席で話し合った。私としては差別規定は違憲と考えるが、仮に調停不成立の後、違憲を前提として審判すると当然、嫡出子側は高裁へ抗告なさるであろう。一方、合憲を前提とした審判をすれば、非嫡出子側もすんなりとは承服せず、高裁や最高裁までいくとすると、長期化は免れない。そこでたとえば、なかをとって嫡出子一・五対非嫡出子一の割合とするのはどうだろうか、とかなり強く説得し、調停を成立させた。たまたまうまくいった例ではあるが、家事審判官としては、最高裁の確定判断と自分の考えが齟齬している時には、こうした裏技も必要となる。そもそも、遺産分割を担当する裁判官は、ひそかに最高裁に早く違憲判断を出してほしいと、願っていたほどなのである。一方、最高裁の方も、本音は、国会で早く是正措置をとってほしいと願っていたが、国会がなかなか是正立法をしなかったので、とうとうしびれを切らした形で、大法廷で平成二五年九月四日、違憲判断に踏み切った。この決定の理由付けには、従来の合憲理由を維持するためにせよ、外国の事情を重視しすぎた点にやや疑問があるが、その結論にはもとより異論はない。

一方、夫婦別姓については、最高裁大法廷平成二七年一二月二六日判決は、①姓の選択は夫婦の協議に委ねられ、形式的には男女の不平等はない、②改姓で喪失感を抱くなどの不利益を女性が受ける場合が多いが、通称使用で緩和されるから憲法に反しない、③別姓を選択できる制度の是非は国会で判断すべきだ、と判示して原告らの訴えを退けた。

難しい問題で、軽々に論評できないが、裁判所で現に働く女性裁判官や、家庭裁判所で調停委員として働く女性弁護士はどうみるであろうか。普段やむなく通称を使っているものの、判決や調停調書にそれとは違う夫の姓での署名や記載を強いられる違和感は決して小さくなく、最高裁判決といえどもこれに強く反論したくなるのではなかろうか。

6 「普通の裁判官」に立ちはだかる現実

本題から、少し逸脱してしまったきらいがある。触れなければならないことは山ほどあり、特に、最高裁に真っ向から反対して違憲判決を書いた裁判官のその後のことは避けることはできない。遺憾ながら、多くの裁判官は、その後の処遇において必ずしも日の当たる道を歩いていったとはいえない。冷遇としかいいようのない仕打ちを受けた方もおられる。そして、その方たちは、自分の信念に従った結果であり、任地がどこになろうとも、また仕事がおよそ憲法判断にかかわれない性質のものであろうとも、そうした処遇をいさぎよく受け入れ、淡々と仕事を続けられた。そのことはまさに畏敬の念に値するけれども、普通の裁判官には、違憲判断をするとこのようになるとの警告と映るであろう。そうしたことはあってはならないが、残念ながら、完全になくなったとはいえないようである。

ことは憲法だけではない。いま日本での裁判で、最大の関心事は、原発訴訟と沖縄の埋立て関連訴訟である。最近、ある裁判所で原発再稼働の差し止めを認める判決が出たとき、勝訴した原告側代理人の弁護士は、「裁判官自身がどういう判断をすべきかという葛藤のあるなかで、この決定は全国の裁判官に大きな影響を与えるだろう」と述べた。私は、担当裁判長とはかつて同じ部署で仕事をさせていただいたことがあるが、奇をてらうことなく、事件に淡々と、しかし真っ向から取り組んでおられた裁判官であったことが印象に残っている。こうした国の推し進める政策等にストップをかけたり、憲法違反の判決を下した裁判官が、ごく普通の裁判官としての経歴をたどることが当たり前になることこそ、司法にとって一番よろこばしい状況といえるのではないだろうか。

1　裁判所が司法審査をなしうるためには、当該紛争が「法律上の争訟」（裁判所法三条一項）に当たらなければならないとする考え。

2　木佐茂男＝宮澤節生＝佐藤鉄男＝川嶋四郎＝水谷規男＝上石圭一『テキストブック現代司法（第六版）』（日本評論社、二〇一五年）。

3　昭和三二（一九五七）年当時、国立岡山療養所に入所していた朝日茂が厚生大臣を相手取り、憲法第二五条に規定する「健康で文化的な最低限度の生活を営む権利」（生存権）と生活保護法の内容について争った行政訴訟。

（「調査情報」（株）ＴＢＳ五三〇号〔二〇一八年〕）

2 「一票の格差訴訟」をどう考えるか
——裁判官として同選挙訴訟に二度かかわって

1　はじめに

「一票の格差訴訟」といっても、一般の方はピンとこないかもしれないが、民主主義にとってその根幹といえる各選挙人の投票価値の平等が当該選挙では損なわれたとして、憲法違反の選挙区割りのもとでなされた選挙の無効を訴える裁判のことをいう。普段はあまり注目されず、投票日前後と判決言渡し直後だけ話題になり、関与する裁判官も、争いのない「格差の存在」を前にたちまち合憲か、違憲状態か、それとも違憲か（その場合、事情判決をするか選挙無効に踏み切るか）の決断を迫られるという特異な裁判ではあるが、憲法にそれなりの関心を持つ者にとって決して看過してはならない、重要な訴訟なのである。

私は、たまたまではあるが、一度目は裁判官になって一〇年を過ぎたころ大阪高裁の陪席裁判官として、二度目は定年少し前に福岡高裁の裁判長として、同訴訟に関与し（選挙の効力を争う裁判は公職選挙法二〇四条の規定により高等裁判所が第一審となる)、それぞれその直近になされた最高裁判決の論理や説示に従うか、あるいはこれらに異を唱える余地があるかについて、あれこれ思いをめぐらし、前者のときは裁判長と、後者では陪席裁判官と議論をたたかわせた経験がある。昨今、国政選挙のたびに選挙無効訴訟が提起されて、多くの裁判例が累積されてきているので、総合的かつ網羅的な検討は私の手に余るけれども、往事を振り返りつつ、一票の格差訴訟の流れ及び現状について、思うところを述べてみたい。

2 中選挙区制度(衆議院)のもとでの選挙無効訴訟

(1) 画期的判決もあったが、大勢は、立法府の裁量を重視・尊重する最高裁

最高裁は、当初から、議員定数の配分について立法府の裁量を大幅に認めてきた(当時はいまと違って、いわゆる中選挙区制が採られていた)。そのことは、議員数の配分を立法政策の問題とした昭和三九年二月五日の判決(参議院議員選挙、最大較差一対四・〇九)はもとよりその後の判決にしても判文を一読するだけで容易に看取できるのであり、立法府に対する遠慮といってもよいくらいだ。ところが、昭和五一年四月一四日、最高裁は、昭和四七年一二月一〇日実施の衆議院選挙(最大較差一対四・九九)について、「憲法の番人」という職責に覚醒したかのごとく(実は国会は選挙後の昭和五〇年に公選法を改正し、最大較差を一対二・九二に縮小させてはいた)、次のように判示して違憲判決を下した。

「投票価値の不平等が、国会において考慮しうる諸要素を斟酌してもなお一般的に合理性を有するものとはとうてい考えられない程度に達しているときは、特段の正当化理由がない限り、憲法違反となる。本件選挙における約五対一の偏差は、選挙権平等の要求に反する程度になっており、また憲法上要求される合理的期間内に是正されなかったものと認めざるをえない」。

こうして、選挙区の本件較差は違憲であると高らかに宣言したのであるが、いわゆる事情判決の法理により選挙は無効としなかった。最高裁及び下級審（高裁）も、それ以後、仮に定数配分についてこれが違憲との判断を下しても、後掲する広島高裁判決を除いて選挙の無効を宣言することはなかった。

前記昭和五一年判決は、画期的なものではあったが、国会の裁量権を否定したものではもちろんなく、国会は、「公正かつ効果的な代表という目標を実現するために適切な選挙制度を具体的に決定することができる」裁量権を有しており、投票価値は、「原則として、国会が正当に考慮することのできる他の政策的目標ないし理由との関連において調和的に実現されるべきものと解されなければならない」との立場、すなわち、基本的には国会の裁量権を尊重すべきものとしたのであった。

(2) 障壁化しつつある「合理的期間内における是正」

前記最高裁判決の判文のなかに「合理的期間」という言葉が登場する。これが存外曲者なのである。すなわち、ある時点で定数配分が憲法の選挙権の平等の要求に反する程度に至っていたとしても、「憲法上要求される合理的期間内における是正がなされなかった」といえなければ、違憲状態であっても違憲ではないとされるのである。ここにいう「違憲状態」とは、結論的には「合憲」判断のひとつなのだが、「違憲」の一歩手前とされ、国会は「合理的期間」のうちに是正することを求められる。そして是正されないと違憲とみなされ、選挙のやり直しが命じられる可能性があるのである。

ここで、私が関与した、昭和五五年六月二二日施行の衆議院議員選挙をめぐる訴訟に触れてみたい。当時の議員定数配分規定は、議員一人当たりの有権者の最大区と最小区との格差が三・九四対一に達していたので、われわれの合議体としては、前記最大格差が示すあまりにも著しい不平等は、非人口比率的要素やある程度の政策的裁量を考慮に入れてもなお、一般的合理性を有するものとは到底考えられないとして、投票価値の平等原則に明らかに反するものと断じたうえ、定数配分規定は昭和五〇年に改正された当時でもすでに約三対一の格差が存在し、右改正以後の昭和五〇年の国勢調査の結果等により人口変動の状態が把握できたのに本件選挙の時まで約五年間にわたって何らの改正がなされなかったのであるから、本件規定は憲法上要請される合理的期間内にその是正がなされなかったものと認めざるをえないと判断した（大阪高裁昭五七・二・一七判決・判例時報一〇三二号一九頁）。

実は、この事件の主任であった私は、議員の定数配分については議員のよって立つ存在基盤にかかわることである（正当な選挙によって選ばれて初めて議員となる）から、国会の裁量権を最初から当然に認めてしまうのは問題ではないかとの意見を述べたのだが、裁判長から「それなりに正当な意見であると思うが一〇年早い」と一蹴された。おそらく、裁判長はそのような趣旨の文言をいれなくても、この件は違憲であることは明らかだし、最高裁も憲法違反の判断を支持するものと確信していたので、私の意見を採用するまでもないと判断されたと思われる。

ところが、上告審の最高裁（昭和五八年一一月七日判決）は、較差については平等の要求に反する程度に至っていたとしながら、①昭和五〇年改正により、昭和五一年判決によって違憲と判断された投票価値の不平等は一応解消された、②較差が選挙権の平等の要求に反する程度に達したとされる場合にあっても、国会が速やかに適切な対応をすることが必ずしも期待し難いこと、③人口の異動は絶えず生じ、その結果、右較差が拡大する場合も縮小する場合もありうるのに対し、議員定数配分規定を頻繁に改正することは実際的でも相当でもないこと、④本件選挙当時における較差の最大値は昭和五一年判決の事案におけるそれを下回っていることなどを総合して考慮すると、合理的期間内における是正がされなかったものと断定するのは困難である、とした。

以上の判決文を読んで、国会が是正しなかったことに無理からぬものがあったと思う人はどれくらいいるだろうか。むしろ、なぜにここまで最高裁が立法機関の怠慢をかばう必要があるのだろうかといぶかる人が多いのではなかろうか。そして、さらに問題なのは、こうした最高裁の合理的期間についてのスタンスは、それ以後今日に至るも基本的に変わることなく、ほとんどすべての判決で維持されてきているのであって、私にいわすれば、国会に対する「気がね判決」のなにものでもないのである。さらに付言すると、後に現れた判決ではあるが、その根拠のひとつに、最高裁が直前の判決で違憲判決をしなかったことを国会が是正努力をしなかったことの正当化事情に挙げるなどしており（平成二一年八月三〇日実施の選挙を対象にした平成二三年三月二三日判決では、平成一九年六月一三日判決がいわゆる一人別枠方式を含む選挙区割りについて違憲としなかったことを立法府に有利に斟酌している）、これでは、立法府と裁判所間で傷口のなめ合いというか慣れあっている感が否めないのである。

(3)　二度目の違憲判断をした最高裁昭和六〇年七月一七日判決

ところが、最高裁は昭和六〇年七月一七日には「合理的期間内に是正が行われなかったとして」二度目の違憲判決を下した。この判決では、寺田治郎裁判官ら四裁判官が、「選挙を無効とするがその効果は一定期間後に始めて発生するという内容の判決をすることもできないわけではない」とのいわゆる将来効判決の可能性を補足意見で述べるなど、裁判所自身による目的合理的な対応の創造可能性を示唆して（川岸令和『注釈日本国憲法(二)』有斐閣、二〇一七年一九七頁参照）、最高裁としての矜持を示したが、国会のこれに対する反応は芳しいものではなかった。

3　いわゆる一人別枠方式の合理性をめぐる判決について

(1)　小選挙区比例代表並立制の導入と一人別枠方式

その後、時代が一気に下がるが、平成五（一九九三）年の総選挙で自民党が敗北するという政治変動が起き、衆議院議員選挙では、いわゆる小選挙区比例代表並立制が導入された。その際、衆議院議員選挙区画定審議会設置法（以下「区画審設置法」という）は、次のような区割基準を定めていた。すなわち、三条一項で各選挙区における人口較差が二倍以上にならないことを基本とし、同条二項において各都道府県にあらかじめ一議席を配当し（これが一人別枠方式）、残りの議席を人口比例で各都道府県に配分することを求めた。以後、一人別枠方式の合理性が裁判の論点になっていき、私もそうした裁判に関与することになるので、この点について検討していきたい。

(2) 最高裁平成一一年一一月一〇日判決の多数意見と反対意見

新しい選挙制度のもと、同判決の多数意見は、区画審設置法三条二項が一人別枠方式を定め、人口の少ない県に定数を多めに配分しているが、同時に同条は、選挙区間の人口較差が二倍未満になるように区割りをすることを基本とすべきことを定め、投票価値の平等にも十分な配慮をしていることなどから、最大較差二・三〇九倍は昭和五一年大法廷判決が示す違憲基準の程度に達せず違憲ではないとした。

これに対して四裁判官の反対意見が出ているが、なかでも福田博裁判官が示した反対意見が興味深い。福田裁判官は、①投票価値の平等は、二倍を大幅に下回る水準に限定されるべきであり、事務処理上生ずることが不可避な較差など明白に合理的であることが立証されたごく一部の例外がきわめて限定的に許されるにすぎない。②他国における投票価値の平等は厳格であり、今日では、二倍の較差は到底適法とは認められず、可能なかぎり一対一に近接しなければならないとするのが、文明社会における常識となっている。③一人別枠方式については、「過疎への配慮」は有権者数に見合った選挙区の統合又は議員総定数を増加して対処すべきだし、都道府県を連邦制下の州とみて現選挙区を平等に優先させる考えは、憲法に明文がない以上取りえないなどの理由で正当でない、とされた。

福田裁判官は外交官出身で、最高裁に入る前は「投票価値の平等」など全く考えていなかったが、最高裁判事になると決まったのち入るまでにアメリカの文献や憲法判例などを読破した結果、民主主義における投票価値の重要性を再認識し、上記意見を表明することになったと述懐されている（福田博『「一票の格差」違憲判断の真意』ミネルヴァ書房、二〇一六年）。

(3) 福田裁判官の最後の反対意見と泉徳治判事の登場

福田裁判官は、前例踏襲に固執する最高裁調査官と真っ向から対峙して、小気味よい論調を展開されたが、残念ながら、裁判官には定年がある。その最後の反対意見は、参議院議員に係る選挙訴訟であるが、このとき登場したのが、泉徳治裁判官である。泉裁判官は、最高裁事務総長を経験した、いわば最高裁の中枢を歩んできたキャリア裁判官であるが、いきなり平成一六年一月一四日判決で、福田裁判官とともに反対意見を述べている。その反対意見の最後の箇所を読んだときの感激を忘れることができない。泉裁判官は次のようにいわれる。

「民主主義のシステムが正常に機能しているかどうか、国民の意思を正確に議会に届ける流れの中に障害物がないかどうかを審査し、システムの中の障害物を取り除くことは司法の役割である。議員定数配分の問題は、司法が憲法理念に照らして厳格に審査することが必要であると考える」。

泉判事は退官してからのインタビューで、上記叙述は、国民に対するというよりも、裁判官の皆さんに対する私の呼びかけだったと述べている（『一歩前へ出る司法』日本評論社、二〇一七年）が、その当時、私はまさに後輩裁判官である私たちに対する激励のように受け止めたことを覚えている。

さて、泉裁判官は、一人別枠方式を厳しく批判し、同方式を採用して定められた選挙区割り規定は違憲であると主張したが、最高裁の多数意見（平成一九年六月一三日）は、泉意見に賛同せず、これを合憲とした。泉裁判官は結局、最後まで反対意見を貫き、平成二一年一月退官された。

4　一人別枠方式をめぐっての新しい流れと最高裁の再度の後退

(1)　平成二一年八月実施の衆議院議員選挙をめぐっての訴訟

泉裁判官が退官されて約半年後の平成二一年八月衆議院議員選挙が実施された。当然ながら、全国各地で、もっぱら一人別枠方式を包含する区割規定の合憲性を争点とする訴訟が提訴された。私は、半年前の同年二月福岡高裁に裁判長として赴任して民事裁判を担当していたので、全国展開でのこうした訴訟に関与することができればといいなと思ってはいたが、当時、福岡高裁の民事部は五か部あり、生来くじ運に恵まれないことを自覚していたので、なかばあきらめていた。しかるに、あにはからんや、同訴訟は私が所属していた部に配転された。

各高裁で審理が始まり、やがて判決が次々と出されていくのであるが、前出最高裁平成一九年六月一三日の多数判決に従い合憲とするもの、違憲状態とするもののほか、同判決中の泉裁判官らの少数意見の影響もあってか、四つの裁判体で違憲判決がなされた（もっとも、事情判決により選挙は有効とした）。久しぶりに、選挙訴訟が活況を呈したのである。

(2) 私が関与し言い渡した判決とその顛末

私が裁判長として関与した福岡高裁（平成二二・三・一二・判例集不登載）は、前掲泉少数意見を全面的に採用したうえ、一人別枠方式は、平成一四年の改正当初から区割り規定（正確にいうとその前提となる平成六年の区画審設置法それ自体）が違憲であると判断した。その要旨の核心部分は次のとおりである。

国会が、選挙制度の骨格ないし大枠を決定するに当たっては、ことの性質上、国会に相当広範囲な裁量権を認めて差し支えないし、憲法も許容するものとみてよいけれども、ある選挙民の投じた一票が他の選挙民が行使した一票と遜色のないものであること、すなわち、ある選挙民が投票に託したその意思が他の選挙民と同等の価値をもって（つまりは公正に）選挙結果に反映するかという点については、基本的には「誰もが過不足のない一票」を理念として出発すべく、実際の投票価値の平等を完全完璧な形で実現することは不可能であるとしても、その理念を没却することは許されないと考える。したがって、国会といえども、この点についての裁量の範囲はおのずから限定されるというべきである。

昭和五七年すなわち約二八年前に主張したけれども当時の裁判長から「一〇年早い」として採用されなかった国会の裁量権を基本的に認めないとする考えを、自ら言渡すことになった判決の中で表明しえて、感無量の思いであった（余談ながら、被告選挙管理委員会の指定代理人であった弁護士からは、論旨に異論がなく個人的には上告を断念したい気分との言葉をいただいた）。しかしながら、最高裁は、平成二三年三月二三日、理由は異なるものの違憲判決をした他の高裁判決について例の「合理的期間の法理」を適用して、合憲判断を下し、私が言い渡した判決も同様に破棄されてしまった。

(3) 初めての選挙無効判決が出るも、「合理的期間の法理」で破棄される

私は平成二三年九月定年退官した。しかし、当然ながら、一票の格差訴訟はその後も選挙のたびに続いた。平成二四年一二月一六日に衆議院選挙が行われ（最大較差一対二・四二五）、これについても選挙無効を求める訴訟がなされた。前回以後の国会の対応等から、多くは「違憲だが選挙は有効」の判決がなされるだろうという予測がなされていたところ、広島高裁は、平成二五年三月二五日、区割り規定は違憲であるとしたうえ、「①民主的政治過程のゆがみは重大で憲法上許されない事態で、憲法の規定に反する区割り規定に基づいて施行された選挙は無効。②区割りの改正作業が始まっていることなどを勘案し、選挙無効の効果は本年の一一月二六日の経過を持って発生する」との判決を言い渡した。その興奮がまださめやらぬ翌二六日、同じ広島高裁の岡山支部が高裁本庁判決を一歩進めて何らの猶予を設けず岡山一区の選挙無効を宣言した。もとより確定しなければ無効の効果は発生しないが、それでも国の心胆を寒からしめるに十分であった。なお、広島高裁岡山支部判決の裁判長であった片野悟好裁判官は、その年（平成二五年）の一一月二八日、同支部で、同年七月の参議院議員選挙（最大較差四・七七倍）に関して、参議院議員選挙で初めての無効判決を出した。普通なら躊躇してしまう「無効」でも一度出してしまうと、抵抗感がうすれるのであろうか。もちろん私は積極的に評価したものであり、当時勤めていた龍谷大客員教授の肩書で「定数配分だけでなく選挙区割りから根本的な見直しが必要なのに、国会が何もしていなかったという単純明快な論理で（違憲無効とされたもの）で、素晴らしい判決」とコ

メントした（京都新聞平二五・一一・二八夕刊）。

国は、当然ながら前記違憲無効判決を含め、違憲とされた高裁判決に対して上告したところ、最高裁は、平成二五年一一月二〇日、合理的期間徒過の判断枠組みを示したうえ、前回より較差が拡大しているけれども、一人別枠方式の規定の削除及び〇増五減による定数削減、そして較差を二倍未満に抑える区画の改定がなされたことで、平成二三年判決に対し国会が憲法価値を実現する方向で取り組み一定の前進を見ているとし、今回のような漸次的な見直しを重ねて実現していくことも、国会の裁量による現実的な選択として許される、として違憲とはいえないとした。国会が選挙で選出される国会議員で構成されていることを後ろ盾にしたものであるが、私からすれば「国会議員性善説」の極みというべく、到底賛成することができない。そして、最高裁は、平成二六年一二月一四日実施の衆議院議員選挙（一対二・一二九）について平成二七年一一月二五日に判決を言い渡したが、これも合理的期間の法理により、違憲判決を回避した。

5　アダムズ方式の導入決定の意味とこれをめぐる裁判の動向

(1)　アダムズ方式の採用などその後の国会の動き

合理的期間の法理により違憲判断を回避した平成二七年一一月二五日の最高裁判決がなされて約半年後の平成二八年五月二〇日、国会は、衆議院議員の定数を四七五人から四六五人に削減するとともに、各都道府県への定数配分の方式につきアダムズ方式を採用すること等を内容とする改正公選法等を成立させた（ただし、同方式による選挙区数の変更は平成三二年以降の大規模国勢調査の結果に基づきおこなうこととされた）。ここでいうアダムズ方式とは、各都道府県の人口を一定の数値（基準除数）で除し、その端数を切り上げて得られた数の合計数が小選挙区数の定数と一致するよう基準除数を設定するもので、その際、端数処理の方法として小数点以下を切り上げるものである。文章で説明するとややこしいが、実際の内容はそれほど複雑ではなく、私のようなアナログ人間でも容易に理解でき、いわゆる一人別枠方式を含む旧分割基準より較差抑制の効果があることは間違いない。

(2) アダムズ方式をめぐる下級審の判決内容

平成二九年一〇月二二日の選挙は、こうした状況で行われた。その時点では、アダムズ方式はまだ採用されていなかったものの、定数を〇増六減し、一九都道府県の九七選挙区で区割りが見直された結果、選挙当日における選挙人比の最大格差は、一（鳥取県第一区）対一・九七九（東京都第三区）で、二倍以下に収まった。

従前から一票の格差是正を訴えてきた弁護士らは翌日には選挙無効訴訟を全国の高裁・高裁支部に提起した（合計一六件）。ほとんどの裁判所は、国会がアダムズ方式の採用に踏み切ったことを評価し、〇増六減の結果として較差が二倍以上の選挙区が存在しないこと等を指摘して「合憲」判決をした。しかしながら、唯一、名古屋高裁（藤山雅行裁判長）は、アダムズ方式で都道府県の定数を再配分した場合の「七増一三減」が実現されず、いわゆる一人別枠方式も廃止されていなかったと指摘したうえ、「選挙時点で問題は抜本的に解消されておらず、憲法の投票価値の平等に反する状態にあった」として、「違憲状態」と結論つけた（ただし、アダムズ方式が実際に導入されれば一人別枠方式の問題点が解消される〇増六減など「投票価値の平等に向けた取り組みが行われてきた」ことを評価して、「違憲」には当たらないとした）。

まことに正論であり、こうした判決が藤山裁判長だけにとどまったことを残念に思うとともに、高裁の各裁判体が予想される最高裁判決を強く意識したとすれば、ことは残念ではすまないであろう。

(3)　最高裁平成三〇年一二月二〇日判決

下級審が以上のような状況では、最高裁に「違憲判決」を期待することは所詮無理であった。最高裁は、平成三〇年一二月二〇日、合憲とした各高裁判決と同様に、骨子、①アダムズ方式の導入決定や定数の「〇増六減」などにより、国会は一票の格差の段階的な是正を図った、②一人別枠方式による議席配分も残ったが、格差が縮小した状況などを踏まえれば違憲状態ではないとして、結論「合憲」の判決を下した。予想されたとおりの判決で、憲法は一人一票の原則による人口比例選挙を保障しているのであるから国会はできるかぎりこれに近づくよう最大限努力すべきであると考える私の立場（最高裁判決は、判決の最後でこうした論旨は理由のないことが明らかであると判示する）とははほど遠いが、これまで同様の論評をするのもむなしいかぎりなので、ここでは論評しない。

注目に値するのは、結論はともかく、多数意見の理由に異論を述べる少数意見である。林景一裁判官は、「格差約二倍を最終目標と考えるのは適当ではない」として「違憲状態」であると指摘し、鬼丸かおる裁判官は、格差が一・九倍を超える選挙区が二八もあることに着目して「違憲」と判断した。山本庸幸裁判官は、あとで見る参院選をめぐる平成二九年九月の判決に続き、選挙区の有権者数の全国平均を一とした場合に、〇・八を下回る選挙区から選ばれた議員は失職するとの見解を示した。山本裁判官の意見はややラディカルでついていけない面があるが、林、鬼丸両裁判官の意見には諸手を挙げて賛意を表したい。

(4) 令和三(二〇二一)年一〇月実施の衆議院選挙について

その後、衆議院選挙が令和三(二〇二一)年一〇月実施された。一票の格差訴訟は、これを生涯の使命とする弁護士グループやその意思を継ぐ弁護士が存在するかぎり途絶えることはない。新聞報道によると、弁護士グループが提訴した訴訟は全部で一八件で、令和四(二〇二二)年三月九日の広島高裁判決の合憲判決によりその全部の判決が出揃った。前回選挙では初めて格差が二倍未満になったのだが、今回もアダムズ方式の導入が間に合わず、前回選挙と同じ区割りで行われ、人口動態の変化もあって格差は二倍を超えた。合憲判決(九件)の多くは、「格差拡大の原因は都市部への想定外の人口流入で予想は困難だった」とし、アダムズ方式が導入される予定であることから「是正が図られている」と国会の取組みを前向きに評価するのであるが、一方、「違憲状態」とした高裁判決(七件)は、おおむね、前回は格差が二倍を超える選挙区はなかったのに今回は二九もあったことを重視し、「看過できない程度の著しい不平等状態にある」と問題視したものの、二倍を超えることを認識できたのは選挙四か月前だったことなどから、例の「合理的期間内に是正されなかったとはいえない」として、「違憲」には至らなかった。

これまで何度も述べているように、「導入されていない是正措置」を評価資料に容れている点で、合憲説の理由は納得できないが、今年中になされるであろう最高裁判決も、結局のところ、前回の「合憲説」を維持するのではないだろうかというのが、私の予想である。

ついでながら、アダムズ方式が次回の衆院選にて適用された場合、一五都県で「一〇増一〇減」を行う必要があり、それにより最大格差は二倍を下回る見通しとなっているが、定数が削減される選挙区の議員からは早くも「不当だから見直せ」との声があがっており、アダムズ方式が無傷で生き残るか予断を許さない。

6 参議院議員選挙における「一票の格差」の問題

(1) 別の難題を包含する参議院議員選挙の投票価値の問題

これまで、もっぱら衆議院議員選挙を対象として論じてきたが、ここでは、衆議院とは別の問題を有するものの、その重要性は衆議院に比し決して劣るものではない参議院議員選挙の投票価値の平等について、紙幅の許すかぎり、論じてみたい。

(2) 相応の厳しい姿勢を示した最高裁

最高裁は、参議院議員についてはかねて地域代表的性格、半数改選制・偶数定数制などを理由に、衆議院議員の場合よりも人口比例の要素を後退させてきたが、平成二四年一〇月一七日判決を契機に投票価値の平等を重視する姿勢を明らかにした。この判決は、結論的には「合理的期間の法理」で憲法違反には至らないとしたものの、平成二二年七月の選挙当時の選挙区間における一票の格差は最大五・〇〇倍であったのは、違憲の問題が生じる程度の著しい不平等状態（違憲状態）に至っていたものと断罪した。同判決は、これに加えて、「より適切な民意の反映が可能となるよう、一部の選挙区の定数増減にとどまらず、都道府県単位の区割りを改めるなど現行の仕組み自体の見直しが必要だ」と明確に言い切るなど、国会に対し抜本改革を迫ったもので、識者などから「最高裁の存在意義を示した」ものと評価されるに至った。私もこの判決を読んで「最高裁もやるではないか」と思ったくらいである。

国会は、最高裁判決の前記内容を知ってその本気度に驚いたのか、判決直後の平成二四年一一月に参院の定数を「四増四減」する改正公職選挙法を成立させたが、最高裁判決が求めた抜本的改正については実現の見通しがつかないまま（ただし、改正法の付則で「平成二八年の次々回選挙までには選挙制度の抜本見直しの結論を出す」とは記した）、平成二五年七月二一日、選挙が実施された。

最高裁は、同選挙（最大格差四・七七倍）について争われた訴訟において、平成二六年一一月二六日、従前の厳しい姿勢を維持し、投票価値の不均衡は前回同様に違憲の問題が生じる程度の著しい不平等状態とし、結論としては「合理的期間の法理」を適用したものの、多数意見のうち六人が是正の進まないことに不満を示す補足違憲を述べたほか、反対意見も前回よりひとり増えて四人となった。そればかりか、そのうちの元内閣法制局長官の山本庸幸裁判官は、投票価値の平等は、衆院と同様、「唯一かつ絶対的な基準として真っ先に守られるべきだ」と断定したうえ、議員一人当たりの有権者数が全国平均の八割に満たない選挙区の議員は身分を失うとの見解を示し、これにより約五〇人の当選が無効となるが、それ以外の選挙区を有効とすれば「国政に困難は生じない」とまで述べるに至った。同意見については、再選挙の明確なルールがない中で非常識といわざるをえない（読売新聞翌一七日付け社説）などと批判されたが、参議院議員の格差訴訟で「違憲」判決がなされていない状況下、参議院と衆議院を別扱いすべきでないと考える私からすれば「拍手喝采」ものだ。

(3)　しかるに理由なしに後退した最高裁平成二九年九月二七日判決

最高裁は上記のとおり二回にわたり「違憲状態」判決を下す中で、国会に対して格差是正を求めるメッセージを徐々に強めていたところ、国会もこれを無視することはできず、平成二七年に鳥取・島根と徳島・高知を合区とする改正公選法を成立させ、平成二八年七月の選挙を迎えた。選挙当時の選挙区間の最大較差は三・〇八倍であった。選挙後、従前同様「格差訴訟」が提起され、一六件の高裁判決がなされたが、そのうち「違憲状態」とした一〇件は「都道府県を選挙区単位とする仕組みを基本的に維持している」（仙台高裁秋田支部）などと是正策の不徹底を批判したが、「合憲」とした六件は「反対論がある中で改正法を成立させた」（高松高裁）と、改革への一歩を踏み出したと評価するなど、合区導入についての評価が分かれた。

はたして、最高裁は、平成二九年九月二七日、国会が「合区」という痛みを伴う改革に踏み出したことを尊重し、選挙法改正により格差が一定程度縮小したことは直近のふたつの最高裁大法廷判決の趣旨に沿うものであり、さらには、改正法附則で次回の通常選挙に向けて選挙制度の抜本的な見直しについて引続き検討を行い必ず結論を得ると定めており、さらなる較差の是正の方向性が示されるといえることを評価して、上記不均衡をもって違憲の問題が生じる程度の著しい不平等状態にあったものとはいえない、として合憲説に戻った。この判決には、弁護士出身の裁判官が違憲ないし違憲状態、前駐英大使の林景一裁判官が違憲状態、元内閣法制局長官の山本庸幸裁判官に至っては違憲無効とするなど、行政官の方が厳しい姿勢をしていることが注目される。

私は、同判決が従前の判決同様、そもそも未だ実現していない「見直しへの検討」を期待値として好意的に評価したことには反対であるが、それより問題なのは、理由中で「選挙区として都道府県という単位を用いること自体は不合理で許されないものではないとした」部分である。「広い範囲の選択肢の下で国会が選挙制度の改革に取り組むことを許容しただけで、投票価値の平等の要請が後退したわけではない」と好意的に評価する見方もあるが、素直に読めば、結局は国会に下駄を預けた感があるのは否めず、原告側弁護士が「理由を説明せずに従前の判例を変更したものである」とか「(人口の多い選挙区の投票価値が少ない選挙区)の三分の一しかない不平等な状況が、なぜ合憲なのか」などと怒りをあらわにするのもさもありなんと思う。

(4) 格差微減・評価すべき取組みなしでも合憲を維持した令和二年判決

その後、令和元年七月二一日、通常選挙を迎えるのであるが、選挙当時の最大較差は三・〇〇倍で、前回より〇・〇八ポイント縮小したにすぎず、前回明記された「抜本的見直し」についても合区の拡大などは見送られ、評価すべき取組みは皆無といってよかった。国会に託した是正の取組みがなされなかったのであるから、物事の筋道論からすれば、当然に「違憲」もしくはせめて「違憲状態」の結論を期待していいはずであるが、判決の流れからしておそらくそれは無理というのが衆目の一致するところであった。それほど、司法権に期待する声は薄れていた。

はたして、最高裁令和二年一一月一九日判決は、「国会の取り組みが大きな進展を見せているとはいえないが、合区を維持したうえ、埼玉選挙区の改選定数を一増し、格差を縮小した点を是正の方向性を維持するよう配慮したと評価するとともに、平成二八年選挙後も改革議論が行われた経緯を踏まえ、国会が格差是正を目指す姿勢を失ったとはいえない」として、「合憲」と結論付けた。

今回の判決については、二つの弁護士グループでは、奇妙なことに、「大きな前進」と評価するグループと「逃げた判決」と批判するグループとに分かれたが、いまの状態を著しい不平等とみる私はもちろん後者の立場である。

いつの場合でもそうであるが、ここでも反対意見（林景一裁判官、宮崎裕子裁判官、宇賀克也裁判官）の方が読み応えがある。林裁判官は、「一票の格差を公金支給に置き換え、例としてある県の住民への支給額が別の県の三倍とすれば不平等の声が挙がるであろう」と述べ、民主主義の根幹である投票価値ならなおさらであるとした。国会の改革姿勢についても反対意見は首を傾げ、出てきたのは定数の微調整と、合区により立候補できなくなった議員を比例代表で救うべく特定枠まで設けたとし、「抜本的見直しとはいえない」（宮崎裁判官）とか、「さらなる是正を指向するという評価は到底できない」（違憲状態とした三浦裁判官）などと、批判した。宇賀裁判官は、さらに進んで、違憲を克服する解決策として合区を増やすことやブロック制の導入を挙げ、「投票価値の平等を損なってまで都道府県単位性制を維持すべきでない」として、元に戻らんとする流れに釘を刺した。

残念なことに、裁判官一五人のうち一〇人が多数意見で、残るひとりが異なる理由での合憲説、別のひとりが「違憲状態」の意見で、反対意見の「違憲」は三人にすぎない。このところ、国会に忖度する多数意見をいらだたしさを覚えつつ走り読みした後、小気味よく論理を展開する反対意見で溜飲を下げることが続いているが、それだけでは事態が一向に解決しないことも明らかだ。

(5) 今後の展望

以上から明らかなように、衆議院選挙にせよ、参議院選挙にせよ、ある時期においては最高裁と国会との間においてキャッチボールの様相を呈していたことがあったが、これを仔細にみると、基本的には、国会において最高裁が要望ないし期待したほどの議員定数の是正策を打ち出さなかったにもかかわらず、最高裁が「伝家の宝刀」を抜かずして国会の弥縫朔を追認してきたことから、膠着状態に陥ったとみたとみるのが正しいのではなかろうか。ところが、ここにきて、衆議院議員選挙ではアダムズ方式の採用が、参議院議員選挙では合区の導入が、理論的正当性を踏まえつつ、格差是正の特効薬の役割をそれなりに果たした（あるいは果たす見込みがある）と見えることから、いずれの議員選挙においても「合憲」に大きく舵をとるに至っている。しかし、少しでも較差が縮小していくことで事足りるとするのは問題であるばかりか、仮にも「一票の格差問題」は終わったとして幕引きを図るとすればゆゆしき事態といわなければならない。

特効薬とされるアダムズ方式においても、一に満たなくても繰り上げで一になること是認すれば、縮小の度合いにも限界であって「かぎりなく一対一」に近づくことを放棄していることにほかならず、合区の増大に関しても、国会内ではむしろ合区の解消を強く望む意見にどの程度抵抗していけるのか、予断を許さない。一票の価値は平等であることが原則と考える私からすれば、参院選も衆院選も、「比例の定数を削って投票価値の低い選挙区の定数を増やすなど、抜本的な制度改正が必要だ」とする竹中治堅政策研究大学院大学教授の提案（朝日新聞令和二年一一月一九日付け朝刊）に大賛成だ。

問題は、選挙制度の改革ばかりでなく、最高裁判事の任命にも関係する。裁判官出身の裁判官すなわち官僚裁判官がほとんど多数意見に関与している現状をどのようにみるかが最重要であるが、泉徳治元判事の例もあるので軽々に論じることは避けたいと思う。むしろ、政権交代のないことが問題とされるかもしれないが、そうなると循環論に陥るおそれもあるので、ひとまずこのあたりでやめておこう。

（「調査情報」（株）ＴＢＳ五三〇号〔二〇一八年五—六月〕に加筆修正）

1　裁判官としての守屋先生
——守屋先生を偲んで

皆さん、こんにちは。すでに石塚章夫さんや安原浩さんが守屋克彦さんの人となりについてお話しされました。石塚さんからは、守屋さんとの間で、明治維新前夜の志士の密約のようなものがあったとのすごいお話がありました。安原さんは、公私にわたり長く守屋さんとお付合いがあったようです。しかし私にはそのような「売り」はありません。少し以前に、主催者の方から「守屋さんを偲ぶ催しでなにかお話をしてほしい」といわれて気安くお引受けしたものの、いざ振り返ってみると、実は、私は守屋さんとは個人的なお付き合いはあまりないのです。しかし、こうしてお話しする以上、もちろん守屋さんのことをお話しますが、どうして私が守屋さんのことを話すよう依頼されたのかも考えながら、ついでに私のことも少しだけお話しさせてください。

まず守屋さんは一九三四年生まれです。これは歴史上の事実ですね。私はそれに遅れること一二年後の一九四六年生まれです。私の干支はイヌ年ですので、したがって守屋さんもイヌ年です。イヌ年だから、きょうお話をする候補に選ばれたということはないと思うのですが、二〇年近く前に安倍晴彦『犬になれなかった裁判官』（NHK出版、二〇〇一年）という本が、内容もさることながらその題名で少し物議をかもしました。その本の著者の方も私の尊敬する裁判官で、ここで話題に出して申し訳ないのですが、守屋さんと私は最初からイヌだったのです。後年、守屋さんとお互いに「私たちはイヌ年だけれど、イヌには絶対にならない」と話し合ったことがあります。

さて、安原さんのお話にもありましたけれども、裁判所で一番大変な時期は昭和四六（一九七一）年でした。守屋さんは修習のときに病気をされて少し遅れられた関係で一三期、私は一〇年違いで二三期です。この昭和四六年に宮本判事補再任拒否という事態が勃発しました。宮本康昭さんは守屋さんと同じ一三期でしたが、この一三期の裁判官の再任拒否が問題になったときに、これは見落とされがちですけれども、新たに裁判官を志望していた者のうち七名にのぼる方が新任を拒否されたのです。裁判官の任期一〇年を終えて再任を拒否される事態が起こり、一方で、一〇年若い私たちは新任判事補として採用されるかどうかということに直面したわけです。

宮本さんの再任拒否が大問題になったとき、再任拒否も大事だけれども、同時に起こった新任拒否も見過ごしてはならないのです。同期で、ともに裁判官を目指した仲間が裁判官になる夢を奪われたことを、私は許すことができませんでした。この再任拒否問題を契機として全国の裁判官が集うことになり、昭和四六年一〇月二日、東京で第一回の全国裁判官懇話会が開催されたのですが、私はその際、準世話人だった石松竹雄さんに、「新任拒否について発言してもいいですか」ということを申し上げ、実際にその会場で新任拒否の問題性を訴えました。

私は、第一回の裁判官懇話会に参加し、その当時はまだ世話人ではなかったもののそうした運動を支えている裁判官の中心人物として、守屋さんがおられるのを知りました。そして、その後の準備会などで守屋さんの謦咳《けいがい》に触れるうちに、守屋さんを密かに私淑するようになりました。だって、守屋さんは「守屋克彦」、私は「森野俊彦」ですが、私の「森野（モリノ）」は「モリヤ」とも読めるのです。そうすると「克」と「俊」の一字だけの違いになる。守屋さんのあとについていけば、何とかなるのではないかと思い、その後塵を拝することにしました。そういう方向で、私の裁判官生活は決まってしまったのです。

先ほど申し上げたように、再任拒否問題を契機として、裁判官が最高裁に再任拒否理由の開示を求める動きが活発化し、全国裁判官懇話会という集まりができました。最初の世話人は、森田宗一さんとか中田早苗さんとか、私からみて「エラい」方々で、戦後第一世代とお呼びして差し支えない人たちです。第二回の裁判官懇話会は早くも昭和四七（一九七二）年の二月に大阪で開かれたのですが（正確には近畿裁判官懇話会、実質上、第二回全国裁判官懇話会といってよい）、まだ任官一年目の私や同期で石松さんの陪席だった新任判事補とともに会場探しに奔走したのをきのうのように覚えています。

その後、第一世代に近い方々が同志として集合するという形で世話人団が構成され、もちろん石松さんもその中に入られました。やがて、第七回（一九七八年）くらいになって、きょう会場に来ておられる花田政道さんたちが世話人になっていかれた。その後一九八六年になって守屋さんも世話人の名前に連ねられるに至りました。いわば第二世代といってよいと思います。私の勝手な分類ですが、だいたい花田さん当たりまでが第一世代、守屋さんの一期上の梶田英雄さん当たりから第二世代といってよいでしょう。この第二世代が一九九七年くらいまで長く続き、裁判官懇話会の栄光の時代を形作りました。

そうした後、一九九九年になって第二世代の有力メンバーが退官されるなどしたため、二〇期以降の裁判官が世話人に入ることになり、本NPO法人の現理事長である石塚章夫さんが名乗りを挙げられました。私も、守屋さんのあとをついていくことを使命と心得ていましたから、皆さんの末席に連なりました。そして、残念ながらその七年後の二〇〇六年一一月、裁判官懇話会はその使命を終えるのです。こうした歴史は、おそらくどのような試験にも出ないのですが、覚えておいてもらえたら幸いです。

さて若干長くなりましたが、裁判官懇話会は誤解をおそれずにいうと、宮本さんの再任拒否に異議申立てをするという出自から、最高裁に反対する勢力と受け取られる余地がありました。しかしながら、日本の裁判所では、そのようなものとして受け止められたままでは、裁判官は闘ってはいけないし、裁判所をよくすることはできないのではないかとの考えから、裁判の実務で頑張ろうということで、分科会方式が採用されました。それが始まったのが第七回裁判官懇話会、昭和五三(一九七八)年九月のことでした。そして、守屋さんは安原さんが先ほどいわれたように、刑事事件も詳しいけれども、少年事件について余人をもって代え難いということで、少年分科会を主宰されたのです。

折から、私はたまたま大分家裁で家事とともに少年事件を担当していましたので、当然に少年分科会に参加し、来賓で来られた三井明さんや議事進行をされた守屋さんから少年審判の教育的機能についての話をお聞きするという機会を得ました。守屋さんのお話は、少年事件を四年間担当していた私にとってそれこそ「目からウロコ」の感じでありました。その後、残念ながら守屋さんの難しい本はあまり読まなかったのですが、私は少年にとって優しく穏やかな、そしてなごやかな雰囲気の審判をすることをめざしたのです。

ここからは守屋さんの話ではなく、私の話になるのですが、私はその後も家裁勤務が長く（その点でも守屋さんを踏襲したことになります）、各所で少年事件を担当しました。その際、少年に対しやむなく少年院送致を言い渡すことになる場合、基本的に少年が納得するまで審判をしようと、かなり頑張りました。時には立合いの書記官や調査官がしびれを切らすほど、少年に語り掛け、決して罰を与えるのではなく、少年の更生のために教育を受けてもらうのだということを力説しました。結果として、私がした少年院送致は合計して相当な数に上りますが、それに対して抗告されたのは、ほんの数件に過ぎなかったように覚えています。守屋さんの教えをくんで少年事件を頑張ったということをいいたかったので、私のことを述べてしまいましたが、これでは与えられた時間が足りなくなりますね。

あとは雑ばくになりますが、思いつくまま話します。守屋さんは囲碁、将棋、マージャン、なんでもされるのです。きょうは会場に格別ともいうべき木谷明さんも来ておられますが、守屋さんは囲碁も強かったようですね。私も囲碁はするけれども強くなく、守屋さんがA級だとすると私はB級です。また、守屋さんは、『法服とともに』（勁草書房、一九九九年）を読みますと、古くからの西武ライオンズのファンなのです。会場の人で「青バットの大下弘」を知っている人は後期高齢者でしょう。守屋さんは大下弘が好きで西武ファンになったようですが、私は根っからのタイガースファンですので、この点だけ守屋さんについてはいけません。でも一つくらい違っていても、守屋さんは決して怒られないと思うので、それ以外では守屋さんの精神をいつまでも引き継いでいこうと思っています。

それから、平成四（一九九二）年八月のことですが、守屋さんからドイツの裁判所を見に行こうと誘いを受けました。そのときのメンバーのひとりが、刑事裁判や最高裁に対する反骨精神では守屋さんに匹敵する梶田英雄さんで、私に裁判官になれと強引に勧めた指導官だったことから、参加しました（『守柔――現代の護民官を志して』（日本評論社、二〇一七年）の二一二頁に出ています）。結果的にこのドイツ旅行で、守屋さんと一週間、最初で最後の密着したお付き合いをしました。このときの出来事は、いまでも鮮明に（必ずしも適当ではない表現かもしれませんが、未だに私にとっては「鮮明」でした）に覚えています。

まず、守屋さんは、先ほどの石塚さんの話に出た樋口陽一さんを「樋口」と呼び捨てにするのですよ。私は最初、「樋口」って誰かなと思ったくらいです。昔、伝統的な裁判官像云々というので、小田中聰樹さんと論争されたことで有名で、また裁判官懇話会を励ます文章も書かれておられるのですが、その樋口さんを呼び捨てにできるなんて、ものすごくうらやましく思いました。

それから鴨良弼さんのことを、私は聞いたのです。「守屋さんが恩師とする人は鴨さんですか」と。そうすると、守屋さんが「そうかもしれない」といわれたのです。私は駄洒落大好き人間なのですが、このときはお株を奪われました。

ドイツ滞在中、守屋さんが少しだけ真剣になって、これから裁判官懇話会をどうしようかという話をしました。石塚さんとで交わされたすごく高尚な密約ではないですけれども、「森野君、あなたは地でいけ。好きなことをやってもいいけれど、懇話会の周りについていきて、気が向いたら懇話会を世話してくれ」と。守屋さんからはこのことだけをいわれたのですが、それが私の、四〇年間何とか我慢して、虐げられても楽しくいこうという、裁判官生活のモットーになったのです。その意味では恩師なのです。

ドイツ旅行でのエピソードとしては、守屋さんから「森野君、ワインを買って帰りたいのだけれど、お勧めは？」と聞かれたのです。守屋さんがお酒を好きなことを初めて知りました。私はドイツ大好き人間で、ワインについても多少は知っていましたので、ヒントになるようなことを少々申し上げました。しかし、ワインの話はそれきりになったので、結局守屋さんは買われなかったのかなと思っていましたら、日本に帰る間際になって「森野君、ワインを買ったよ」と。「どこにあるのですか」と聞きますと、「箱で買った。船便で送ってもらう」とおっしゃられたのです。これには驚きました。すごいですね、そういう面白いというか茶目っ気がたまらないですね。これには後日談があります。日本に帰って二か月くらいして、守屋さんから電話がかかってきました。「森野君、ワイン着いたよ」と。嬉しそうなお声でした。

振り返っても、守屋さんとは以上に述べた程度で、皆さんとはくらべものにならない程度のお付き合いしかありません。でも、ドイツを旅行していたときに守屋さんが述べられた一言半句、そのときの語り口も含め、全部私の胸に残っています。

守屋さんの功績としては、いろいろな本を出されたということがありますが、きょうは『日本国憲法と裁判官――戦後司法の証言とよりよき司法への提言』（日本評論社、二〇一〇年）を持ってきました。これには石塚さんほか元裁判官の皆さんが書いています。法学館憲法研究所とタイアップして、日本の裁判官が憲法について述べている、ものすごくいい本です。ただ、この本には一つだけ瑕瑾《かきん》というか欠点がある。それは私を載せていない点です。後でそのことを知って、私は怒りました。「守屋さん、私を差し置いてこんな本をつくったらいけないではないか」と。私は、最高裁は別として、先輩や同輩に対してはめったに怒ったり文句をいったりしないのですが、このときは少し怒りました。そうすると、守屋さんは、「いや、森野君、分かっていたのだけれど……」と。

私は、執筆されることになった皆さんが法学館などで講演をされる前にいろいろなことを先に話したりしていたので、それが少し過激だったのかもしれません。「森野君には、今回は遠慮してもらった。森野君は懇話会をやれ」といわれました。守屋さんの親心を感じましたが、いまにして思うと少し残念です。

話し始めて大分時間が経ちましたが、守屋さんは私にとってはそういうお人柄だったということを、皆さんに全部お伝えしたい気持ちでいっぱいです。

最後にもう一つ。ERCJの事業の一つに守屋賞があります。大阪に裁判員ACT(〝裁判員ACT(アクト)〟裁判への市民参加を進める会)という団体があって、たとえば「傍聴カフェ」という、一般市民の人と法廷に行って弁護士がその解説をするといった活動などをしています。それで、私も弁護士になってから、一生懸命に市民の方々にその解説をしたりして、ACTに参加していました。そうしたら、ACTが前回(二〇一八年度)の守屋賞に選ばれました。ですから、裁判官を辞めてからも、私は守屋さんと関係しているのかなと因縁を感じました。

守屋さんは先ほど紹介した『法服とともに』というものすごくいい随筆集を出されています。仮に私が随筆集を出すなら『守屋さんとともに』という題で書こうと思っています。どうも失礼しました。

（追記）ここで講演会でのお話は終わりなのですが、大事なことを話すのを忘れてしまっていました。実は、私と守屋さんは同じイヌ年であるばかりか、誕生日も同じ九月二六日なのです。守屋さんも、かの哲学者ハイデッガーも同じ日に生まれたことも含めて、喜び合ったこともありました。そのことを話の最後に「オチ」として使おうと思っていたにもかかわらず、自分の話に酔ってしまって、それこそ落としてしまいました。守屋さんは、堪忍してくださると思いますが……。

（ＥＲＣＪ二〇一九年一二月二二日講演会）

2　姉貴分としての石渡さん

私が大阪地裁の判事補として裁判所に入ったとき、石渡さんはすでに裁判所の速記官として勤務されていました。そしていつのころからか、お会いするたびに「裁判官は少々のことをいっても大丈夫なのだから、ここぞという場面でしっかり発言してほしい」と発破をかけられるようになりました。二つほど年下であった私を、活動する仲間の弟分とみなしてくださったのかもしれません。

日本裁判官ネットワークが立ち上がってからは、同ファンクラブの代表として、われわれの裁判所民主化運動を身を粉にするように支えてくださいました。「ファンクラブの会員は増加する一方なのに、どうしてネットワークのメンバーは増えないのかしら」と、裁判官の状況をもどかしく話される口ぶりのなかに、同様に厳しい闘いを強いられている「速記官制度を守る会」の運動を目的達成まで貫徹するぞという、揺るぎない信念と強い闘志を感じました。

石渡さんとの一番の思い出は、なんといっても二〇一二年一月にご一緒したコスタリカ旅行です。石渡さんに誘われ、軍隊のない国として有名な中米の国を訪れたのですが、旅行中の石渡さんは、水を得た魚のように、観光にも勉強にも意欲的に行動され、ついていけなくなった私が「もう少しゆっくりしましょう」とブレーキをかけたほどでした。コスタリカを離れる前夜、憲法訴訟で有名なロベルト・サモア弁護士との懇談会が催され、石渡さんと私は、裁判官ネットワークのロゴの入ったTシャツをペアで着て皆さんに披露し、これは、日本において市民とともに裁判所をよくしていこうとする裁判官たちの運動の象徴ですと説明しました。同弁護士をはじめ、列席者から大きな拍手をいただき、私は、石渡さんと肩を並べる「闘士」になった気持ちで、誇らしさに胸がいっぱいになりました。

二〇一三年の夏には、石渡さんの依頼を受けて、地元の平群町に出かけて憲法のお話をさせていただきました。その時に頂戴した、気品あふれる紫がかったピンクの平群ローズの美しさは、いまも私の心に確かなものとして残っています。活動家であるとともに、花を愛する優しい女性であった石渡さん、不肖の弟ではありますが、これからも精一杯頑張りますので、どうか天国から見守って、応援してください。

（速記官制度を守る会大阪支部「ひまわり」二〇一六年）

3　石松さんとつかず離れずの約四七年

故　石松竹雄先生（二期）

石松さんとお互いを名乗りあったのは、私が昭和四六年四月新任判事補として、大阪地裁刑事一〇部に着任したときである。石松さんは、当時刑事七部の総括裁判官として、一〇部と同じ部屋で執務されていた。一〇部の裁判長は児島武雄さんで、お二人はそのころ「コジマ、イシマツ」の並称のもと刑事裁判官の西の雄として知られていた。児島さんは、当時いつも恐い顔をされていて、私は「鬼」と怖れ、おずおずと話かけるのがやっとであったが、それにひきかえ、石松さんは、物腰も柔らかく、気軽に話かけることができた。日頃は、それぞれ各部の事件に集中するので互いに議論を闘わすことは必ずしも多くなかったが、なにかの折りにお二人が話をされているのを耳にすると、決まって警察・検察批判で、刑事裁判のあり方の要諦をつぶさに聞くことができた。わずか二年間であったが、無辜の発見を刑事裁判の使命と思って刑事裁判官を目指した私にとっては、こんな素晴らしい刑事裁判官室はどこを探してもないだろうと、そこで執務し得た自分の僥倖をひそかに喜んだものである。

まもなく、私は、お定まりの転勤生活に入り、一方、石松さんは大阪高裁の陪席裁判官を経て部総括判事になられ、結局ほかに異動されないまま（ということはとりもなおさず所長にはならないまま）大阪でその裁判官生活を終えられたので、普通であれば、私は石松さんとはそれほどのお付き合いのないまま経過したはずであった。そうはならなかったのは、ほかでもない宮本裁判官の再任拒否や、任官希望者の大量拒否など司法の嵐が吹き荒れ、これらを契機として、いわゆる裁判官懇話会が発足したからである。石松さんはその世話人として、裁判官の身分保障のため、あるいは裁判所の風通しをよくするために退官まで尽力された。一方、不肖私も同期の夢を奪った出来事を体験した者として、約二年に一度程度に開かれた懇話会を支えるべくその下働きとしてかかわったうえ、その本番にも欠かさず参加したことから、石松さんと必ず顔を合わせるので、その都度、励ましと期待の言葉をかけていただいた。実は、私のような者が定年まで裁判所にとどまり得たのは、あるときに石松さんから掛けられた「無理しなくていいが、できれば最後まで頑張ってほしい」という言葉であった。

石松さんが素晴らしいのは、刑事裁判官として残された足跡にとどまらない。退官後の刑事弁護士としての刮目すべきご活躍は言うまでもないが、それに加えて良き制度の存続や復活を訴える良心の声としての活動も忘れてはならない。ひとつは速記官制度を守る会であり、ひとつは陪審制度を復活する会である。私はたまたま関西に勤務していたことから、両方に参加し、そこでも石松さんの謦咳に接することができた。幸せ者というべきであろう。

去る一月二二日、他の方と図って、石松さんを偲ぶ会を弁護士会館で開かせていただいた。石松さんの人徳を慕う総勢一四〇名の方が集ってくださった。まさに石松さんのお人柄を彷彿させる感動的なひとときとなった。奥様のもとに旅立たれた石松さん、どうか安らかにおやすみください（平成三一年一月記）。

（法曹同志会会報二〇一九年四月）

あとがき

ようやくにしてあとがきにたどりついた。

ここまで、全部ではないにせよ相当部分をお読みいただいた方（この「あとがき」から読み始めた方ももちろん）有り難う。原稿の取捨選択はともかくも、多くはかつて発表したものをそのまま掲載するということで安易に考えていたのがそもそもの誤りで、旧稿の読返しを始めた途端、明らかな思い違い、気に入らない表現、さらには「若気の至り」を発見して冷や汗の連続であった。

そしていま、ゴールをまぢかにして「はしかぎ」と「あとがき」を書こうとしたが、その「書き出し」が存外難しい。とりあえず参考にしようと、自宅にある裁判官（元裁判官も含む）の随想や回顧録をひっぱり出して読み出すと、皆さん、それぞれに工夫されていて興味深い。あるときは、名随筆集として名高い樋口和博さんの『峠の落し文』（錦明印刷、二〇〇四年再版）を見つけて、むしろ本文を二、三（たとえば「肩書」「M少年のこと」）再読して感激を新たにし、情感のない自分の文章を世に出す意味がどこにあるのかと落ち込んでしまったりした（もっとも、再版に当たって著された前文中に、裁判員のことに触れ「いずれ後日には陪審制度も復活し、陪審員として重要な判断を要請されることとなりましょう」という一文を発見して「わが意を得たり」という気分になれたのは思わぬ収穫であった）。

いろいろな「はしがき」や「あとがき」を読んで、その要件事実を発見した。当然といえば当然なのだが、「当初は本を出すことに逡巡していたが、尊敬する誰かに強く勧められ（ぴったりの漢語でいえば「慫慂《しょうよう》され」）重い腰をあげざるをえなかった」ということが、ほとんどの著作に織り込まれていた。一例として、刑事裁判官としてその名を知らない人はいない谷口正孝元最高裁判事の『裁判について考える』（勁草書房、一九八九年）のはしがきには「下村幸雄さんの強い勧め」があったことが同書公刊に踏み切った理由のひとつとされている。察しのよい読者はここで気づかれたかもしれないが、私も、誰かさんに慫慂された結果、本書を出すに至ったものであり、その誰かはなにを隠そう、畏敬する元裁判官の下村幸雄さんにほかならない（本書はしがきの第三段落中の「後期高齢者到達の記念として」をその趣旨に訂正する）。下村さんとは、残念ながら一緒に裁判の仕事をしたことはないけれども、大阪の「陪審制度を考える会」などでご一緒させていただいた折りには、いつもその刑事裁判官としての鋭い洞察力と小説や映画などに対する博識に驚嘆するばかりであった。今回は、東京からの電話による波状攻撃で、わが家の生活リズムは少しばかり変調をきたしたが、そうした熱意溢れる督促がなければ、本書の発刊は少なくとも一年くらい延びたことは疑いをいれない。

そのほか、本書成立の由縁をたどれば、私がいま今日元気に生きて、なお日々の生起する法現象や裁判所を取り巻く状況に興味と関心を持ち続けていることがその原動力になったことは間違いなく、そのためこれまで声援と叱咤をくださった多くの皆さんこそ、恩人というほかない。任官以来毎日のように声をかけあって互いに激励し、時を経て考えや生き方に違いが生じるに至っても年に一度の賀状だけでまた「生きる勇気」を再確認しえる同期の裁判官たち（残念ながら最近になって鬼籍に入られた方もいる)、あるいは、同期ながら当初から弁護士として活躍され、時に裁判所近辺でお会いした際には気軽に声をかけていただいた方々(そのうちの何人かの方は『司法はこれでいいのか。』(現代書館、二〇二一年)の出版に際して集い、阪口氏任官拒否事件のことをきのうのごとく語り合った「闘士」である)、さらには、四〇年余り勤めた裁判所での先輩、後輩の裁判官や職員の皆さん、裁判所の民主化のためになにをなすべきかを熱く論じ、決して希望の夢を見失なかった青法協裁判官部会、全国裁判官懇話会、及び日本裁判官ネットワークの面々、そしてそのネットワークに常に絶大なエールを送っていただいたファンクラブの方々に、こころからお礼を申し上げたい。

加えて、裁判官のことをほとんど知らないまま結婚し、直後から身体の弱い私の面倒をみながら、単身生活をさせてはならじと各赴任地において苦楽を共にし、裁判官人生の最後近くで日和かけた私を諌めた以外はほとんど「自由行動」を認め、今日に至る五〇年近くの永きにわたり、支えてくれた妻康子にもこころからの感謝を捧げたい。

なお、本書の編集・校正については、裁判官ネットワークの一員で少し先輩に当たる安原浩元裁判官の助言をいただき、さらに、日本評論社の串崎浩社長、同編集部の武田彩さんには多大な労を煩わした。厚く御礼を申し上げる次第である。

令和四年八月

著者

【著者紹介】

森野俊彦（もりの・としひこ）

1946年大阪市旭区生まれ。1969年大阪大学法学部卒業。第23期司法修習生。1971年裁判官任官。大阪地裁判事補を皮切りに転勤生活、主として西日本の裁判所に勤務。2011年9月福岡高等裁判所部総括判事を最後に退官。

担当職務はおおよそ民事20年、刑事10年、家事・少年10年。裁判官時代、一貫して中道左派の途を歩んだつもりであったが、最後はかなりレフト寄りになってしまったかもしれない（私は不動、裁判所が右にシフトしたせいと思っている）。

退官後、私立大学のロースクールで「要件事実」を教えるなどしたのち、2013年12月弁護士登録（大阪弁護士会）。もっぱら「マチ弁」としてごく普通の事件を手掛けるが、依頼者から紛争の中身を直に聴くことの楽しさ、時に「むつかしさ」を味わう。

一方、裁判官を辞めて11年になろうとするが、裁判所のことがまだまだ気にかかる。少数者の権利擁護に懸命な若い裁判官が少数者にならぬことを切に願う。

初心《しょしん》 「市民《しみん》のための裁判官《さいばんかん》」として生《い》きる

2022年９月10日　第１版第１刷発行

著　者　森野俊彦《もりのとしひこ》

発行所　株式会社日本評論社
〒170-8474　東京都豊島区南大塚3-12-4
電話　03-3987-8621（販売）　-8592（編集）
FAX　03-3987-8590（販売）　-8596（編集）
振替　00100-3-16　https://www.nippyo.co.jp/

印刷所　精文堂印刷
製本所　難波製本
装　幀　銀山宏子
検印省略

ISBN 978-4-535-52630-3　Printed in Japan